CZECH / UNGEFÄHRE HAUPTRICHTUNG

HERMANN CZECH

Ungefähre Hauptrichtung

SCHRIFTEN UND GESPRÄCHE ZUR ARCHITEKTUR

MIT EINEM BEITRAG VON CHRISTIAN KÜHN

WIEN
LÖCKER VERLAG
2021

Vorwort

Diese Schriften und Gespräche schließen zeitlich an die 1996 gesammelten an. Mehr als die früheren begleiten sie bestimmte Projekte und Anlässe: Das „Denken zum Entwurf“, also das Verhältnis von Abstraktem und Konkretem, wird mit der Zahl von Projekten enger, so dass Theorie und Praxis schwerer zu trennen sind. Immer deutlicher wird, dass die Schlüssigkeit von Entscheidungen weniger aus einer allgemeinen, abstrakten Ethik als aus dem Ansehen und Bedenken des Einzelfalls gewonnen wird.

Schlüssigkeit als Ziel führt die Theorie zu einer weiteren Frage: der nach dem Verhältnis von Werk zu Publikum. Soll der Beschauer, Benutzer (und die Benutzerin) betrogen und beeinflusst oder informiert und überzeugt werden? Steht er (oder sie) als bloßes Mittel auf niedrigerem Niveau – oder auf gleicher Augenhöhe, als Adressat einer Wahrhaftigkeit, und sei es einer zynischen?

Wien, Oktober 2021

Der Verfasser

Inhalt

Zukunft und Architektur

(1967)

In jüngster Zeit wird „Zukunft" gern als Argument für Architekturentwürfe verwendet. Dieses Argument ist äußerst praktikabel: denn es verdächtigt jeden Einwand als reaktionär und es entzieht jede Einzelheit und den Entwurf als Ganzes der Kritik, weil es „ja auch anders aussehen könnte".

Jeder Architekturentwurf bezieht sich auf Zukunft, insofern ihm zur Realität die Ausführung fehlt. Aber die Entwürfe dieser Ausstellung sind gar nicht im Hinblick auf Ausführung gezeichnet; keiner der Verfasser würde einen davon ernstlich dem zuständigen Bauherrn anbieten. Was gegeben werden soll, ist eine Vision, eine Beschreibung der künftigen Stadt, des künftigen Lebens.

Ich will nicht untersuchen, wie neu die gezeigten Ideen tatsächlich sind. Neuheit ist kein Qualitätskriterium. Mir scheint aber doch die Wirkung, die von solchen Tendenzen ausgeht, auf einer gewissen Uninformiertheit darüber zu beruhen, was es heute schon gibt. Zum Beispiel zeigen sich manche dieser Entwürfe beeindruckt von Röhren und Knoten der Verkehrsanlagen, die herausgehoben und dramatisch betont sind: vergleicht man aber diese Vorstellungen mit den seit der Jahrhundertwende errichteten Untergrundbahnen in London oder Paris oder selbst mit der Wiener Stadtbahn, so erweisen sie sich als naiv und armselig.

Diesen Punkt erwähne ich deshalb, weil gerade von dieser Seite – trotz des vorgeblichen Engagements für Zukunftsaspekte und Stadtplanung – keine Stellungnahme zu dem höchst aktuellen und wichtigen Problem der Wiener U-Bahn erfolgt, keine *verantwortliche* Stellungnahme in dem Sinn, dass das zur Ausführung bestimmte Projekt der Gemeinde Wien, das nicht grundsätzlich falsch ist, analysiert, seine Fehler hervorgehoben und dadurch Einfluss auf deren Korrektur genommen würde.

Zukunftswissenschaft – abstrakte Fragen

Lassen wir also den Aspekt der Neuheit beiseite und legen wir uns die Frage vor, welche Mittel uns zur Erkenntnis der Zukunft zur Verfügung stehen. Derartige Fragen haben sich bereits als *Zukunftswissenschaft (Futurologie)* etabliert und bestimmte Mehoden entwickelt. Beim Vergleich historischer Utopien zeigt sich, dass diese immer dort irrten, wo sie künftige Möglichkeiten, künftige Lebensumstände genau, also beschreibend darstellten, weniger aber dort, wo sie abstrakt blieben.

Eine solche abstrakte Frage, die sich die heutige Zukunftswissenschaft vorlegen könnte, ist die, ob in Zukunft der einzelne Mensch mittels eines kleinen Düsen- oder Raketenaggregats imstande sein wird, sich individuell in der Luft zu bewegen, wie dies in einem der gezeigten Entwürfe dargestellt ist. Und da kann man aus ebenso abstrakten Überlegungen antworten, dass das sehr wahrscheinlich *nicht* der Fall sein wird. Es ist nämlich ein Trugschluss, zu meinen, durch eine derartige Erschließung des Luftraums würde auch nur eine weitere Verkehrsebene gewonnen. Da ja der Sinn eines solchen Gerätes in der *individuellen* Verkehrsmöglichkeit läge, müsste jedem Verkehrsteilnehmer jederzeit die Rückkehr zum Boden oder der Anflug eines Zielpunktes offengehalten werden. „Mit größter Wahrscheinlichkeit würde man die strenge

Einhaltung bestimmter Flugwege verlangen. Wenn das zur Verlegung unserer Straßen in die Luft führen würde, wären die Vorteile dieser Beförderungsart nicht mehr so überwältigend, wie es auf den ersten Blick erscheint", schreibt der bestimmt nicht zimperliche *Buchanan-Report*.

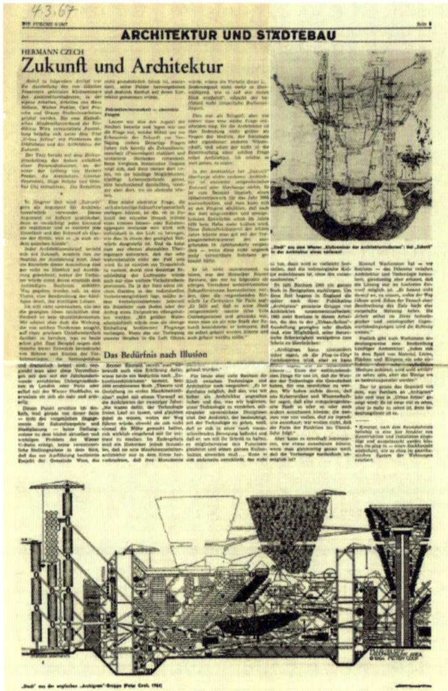

4.3.67

ARCHITEKTUR UND STÄDTEBAU

HERMANN CZECH

Zukunft und Architektur

Das Bedürfnis nach Illusion

Dies nur als Beispiel; aber wie immer man eine solche Frage entscheiden mag: für die Architektur ist ihre Bedeutung nicht größer als Fragen der Medizin, der Soziologie oder irgendeiner anderen Wissenschaft, und schon gar nicht ist die Beantwortung einer solchen Frage selbst Architektur. Ich möchte so weit gehen zu sagen:

In der Architektur hat „Zukunft" überhaupt nichts verloren. Architektur ist entweder zeitgenössischer Entwurf oder überhaupt nichts. Es ist zum Beispiel läppisch, einen Möbelwettbewerb für das Jahr 2000 auszuschreiben, und man kann sich an den Fingern abzählen, dass nach den dort eingesandten und preisgekrönten Entwürfen schon im Jahre 1970 kein Hahn mehr krähen wird. Diese Zukunftsträumerei der letzten Jahre könnte man gut mit der Vergangenheitsträumerei des ausgehenden 19. Jahrhunderts vergleichen – wenn diese nicht ungleich mehr verwertbare Substanz gebracht hätte.

Es ist nicht uninteressant, zu hören, was der Historiker *Reyner Banham*, den wir im folgenden als eifrigen Verfechter architektonischer Zukunftsvisionen kennenlernen werden, über die wegweisenden Entwürfe *Le Corbusiers* für Paris sagt: „Es fällt auf, dass er seine Stadt ‚zeitgenössisch' nannte (Une Ville Contemporaine) und gekränkt war, wenn man sie als eine Stadt der Zukunft bezeichnete; er beteuerte, dass sie sofort gebaut werden könnte und auch gebaut werden sollte."

Das Bedürfnis nach Illusion

Reyner Banham liefert aber unbewusst auch eine Erklärung dafür, wieso heute ein Bedürfnis nach „Zukunftsarchitekturen" besteht. Sein 1960 erschienenes Buch „Theorie und Gestaltung im ersten Maschinenzeitalter" endet mit einem Vorwurf an die Architekten der zwanziger Jahre: „Sie waren dafür, der Technologie freien Lauf zu lassen, und glaubten dabei zu wissen, wohin der Weg führen würde, obwohl sie sich nicht einmal die Mühe gemacht hatten, sich wirklich eingehend mit ihr vertraut zu machen. Im Endergebnis muss ein Historiker jedoch feststellen, dass sie eine Maschinenzeitalterarchitektur nur in dem Sinne hervorbrachten, dass ihre Monumente während eines Maschinenzeitalters gebaut wurden."

Für heute aber sieht Banham die Kluft zwischen Technologie und Architektur noch vergrößert: „Es ist durchaus möglich, dass das, was wir bisher als Architektur angesehen haben und das, was wir beginnen, unter Technologie zu verstehen, miteinander unvereinbare Disziplinen sind. Der Architekt, der beabsichtigt, mit der Technologie zu gehen, weiß, dass er sich in einer rasch voranschreitenden Bewegung befindet und dass er, um mit ihr Schritt zu halten, es möglicherweise den Futuristen gleichtun und seinen ganzen Kulturballast abwerfen muss … Wenn er sich anderseits entschließt, das nicht zu tun, dann wird er vielleicht feststellen, dass die technologische Kultur entschlossen ist, ohne ihn voranzuschreiten."

So lässt Banham 1960 ein ganzes Buch in Resignation ausklingen. Um diese Zeit begann in England die später nach ihrer Publikation „*Archigram*" genannte Gruppe von Architekten zusammenzuarbeiten; 1965 sieht Banham in diesen Arbeiten, die den in der „Urban-fiction"-Ausstellung gezeigten sehr ähnlich sind, eine Möglichkeit, seine theoretische Schwierigkeit wenigstens zum Schein zu überbrücken:

„Archigram kann niemandem sagen, ob die *Plug-in-City** funktionieren wird, aber es kann einem sagen, wie sie ausschauen könnte … Eines der enttäuschendsten Dinge für uns ist, dass die Wunder der Technologie die Gewohnheit haben, für uns unsichtbar zu werden. Wir haben nichts davon, dass uns Kybernetiker und Wissenschaftler sagen, dass eine computergesteuerte Stadt so oder so oder auch anders ausschauen könnte; die meisten von uns wollen, *dass sie irgendwie ausschaut*; wir wollen nicht, dass die Form der Funktion ins Unendliche folgt."

Aber kann es ernsthaft interessieren, wie etwas *ausschauen könnte*, wenn man gleichzeitig genau weiß, dass die Vorhersage methodisch unmöglich ist?

Konrad Wachsmann hat – vor Banham – das Dilemma zwischen Architektur und Technologie formuliert, gleichzeitig aber erkannt, dass die Lösung nur im konkreten Entwurf möglich ist. „Es kommt nicht darauf an, zu wissen, wohin der Weg führen wird. Schon der Versuch einer Beschreibung des Ziels hieße eine vorgefasste Meinung haben. Die Arbeit selbst im Sinne technologischer und soziologischer Gegenwartsbedingungen wird die Richtung weisen."

Freilich gibt auch Wachsmann andeutungsweise eine Beschreibung künftiger Architektur: „Indem sich in dem Spiel von Material, Linien, Flächen und Körpern ein sehr einfaches, aber sehr empfindliches Medium anbietet, *wird wohl weniger zu sehen sein, aber das Wenige um so bedeutungsvoller werden*."

Das ist genau das Gegenteil von dem, was Banham an „Archigram" lobt und was in „Urban fiction" gezeigt wird: Es ist zwar viel zu sehen, aber je mehr zu sehen ist, desto bedeutungsloser ist es.

* Konzept, nach dem Raumeinheiten beliebig in eine fixe Struktur von Konstruktion und Installation eingefügt und ausgetauscht werden können (to plug in – einen Steckkontakt anstecken), wie es etwa im amerikanischen System der Wohnwagen exisitiert.

Das Arbeitsamt in Liesing und seine Wiederherstellung

(2000)

1930 erhielt der 27-jährige, aus den USA zurückgekehrte Ernst Plischke vom „Baufonds der industriellen Bezirkskommission Wien" den Auftrag, ein Arbeitsamt in der zu dieser Zeit noch nicht eingemeindeten Stadt Liesing zu errichten. Im folgenden Jahr war das Gebäude fertiggestellt (Baubewilligung: 13. Juni 1930, Verhandlung zur Benützungsbewilligung: 30. März 1931).

In den ersten Jahren nach seiner Errichtung wurde das Arbeitsamt Liesing durch internationale Publikation zum Signal für das radikale Auftreten der Moderne in Österreich. Es ist einer der ganz wenigen Bauten in Wien, die man vorbehaltlos dem „Internationalen Stil" zuordnen kann.

Als öffentliches Gebäude erweitert es durch die zurückgesetzte Straßenfront den Straßenraum. Nur das nach beiden Seiten verglaste Stiegenhaus springt mit einer geschlossenen Stirnwand an die Baulinie vor; rechts (westlich) davon bleibt ein Grundstückstreifen frei; auch die spätere Bebauung des nächsten Grundstücks wird in „offener Bauweise" anschließen. Die „Feuermauer" eines links (östlich) bereits bestehenden Gebäudes in geschlossener Bauweise, an das also angebaut werden muss, wird – jenseits eines breiten Durchgangs in der Hauptfront – durch eine Wand mit einer Balkonbrüstung[1] und darunter liegenden Nischen, die schon damals für Fahrräder und Müllgefäße gedacht gewesen sein mögen, gedeckt. Diese – wie alle anderen Straßenfronten zweigeschossige – „Maske" fasst den Straßenhof von links ein.

Der Baukörper des Stiegenhauses ist zweifach zu lesen: Von rechts gesehen bildet er eine frei stehende äußere Gebäudeecke zur Straße; von links gesehen dagegen die rechte innere Front zum Straßenhof. Diese Ambivalenz wird durch die Verglasung der Seiten noch ausgespielt: Der Baukörper ist in Richtung längs der Straße durchsichtig und übersetzt dadurch die klassischen Gesten der inneren Seitenflügelfront und der äußeren Ecke in ein Vokabular der Moderne, „löst" sie „auf".

1 Der dahinter geführte Balkongang war allenfalls für Besucher des Obergeschosses, z.B. Kursteilnehmer, benutzbar.

In einer offenbar von Plischke selbst verfassten englischen Beschreibung[2] heißt es:

> Das Amt ist eine Agentur für freie Stellen; außerdem wird die Arbeitslosenunterstützung ausgezahlt und die Arbeitslosigkeit statistisch erfasst. Üblicherweise fanden diese verschiedenen Funktionen irgendwo in einem großen Raum statt, in schlechtem Licht, Überfüllung und Lärm. In diesem Bau sind fünf getrennte Warteräume vorgesehen.

Der Grundriss des Erdgeschosses gruppiert diese Warteräume für Arbeitssuchende verschiedener Branchen[3] um alle vier Seiten einer zentralen von oben belichteten Halle.

> Der Grundriss ist streng rationalisiert. Der Weg, den jeder Beamte zur großen Registratur gehen muss, war eine Hauptüberlegung im Entwurf. Deshalb brauchte die Zahl der

2 *An Employment Office.* Typoskriptdurchschlag, Archiv Alessandro Alverà (ebenso die folgenden Zitate); übers. v. H.C.

3 Qualifizierte Arbeiter, Bauarbeiter, männliche Hilfsarbeiter, weibliche Hilfsarbeiter, Aufnahme – nach Eva B. Ottillinger / August Sarnitz (Hg.): *Ernst Plischke. Das Gesamtwerk*, München u.a. (Prestel) 2003.

Beamten trotz der fünf Warteräume statt wie vorher eines einzigen nicht erhöht zu werden. Jedes Pult war nach den einzelnen Anforderungen entworfen, Aktenfächer waren eingebaut etc ... Die Registratur ist faktisch das Zentrum des Grundrisses.

Das klassische Publikationsfoto des Originals (das aufgrund des sehr tiefen Aufnahmestandpunkts das Gebäude viel größer erscheinen lässt)

In dieser Mittelhalle mit der Kartothek saßen die Beamten hinter Schaltern mit Schiebefenstern aus Holz; der Fußboden der Halle war gegenüber dem der Warteräume um 30 cm erhöht. Die Warteräume waren von außen, vom Freien aus, zugänglich; die Arbeitssuchenden standen also – im Winter wohl im Mantel – in Augenhöhe mit den sitzenden Beamten.

Getrennte Eingänge waren eigens gefordert. Während der Amtsstunden bildet das ganze Erdgeschoß einen großen Raum. Nach dem Parteienverkehr kann das eigentliche Büro zu den Warteräumen mit großen doppelten[4] Vertikalschiebefenstern abgeschlossen werden, um Heizkosten zu sparen.

Das Erdgeschoß ist eine einzige geschlossene Betriebseinheit. [Dagegen ist] das Stiegenhaus ... vom Hauptgebäude vollständig getrennt und führt zu anderen, von einander unabhängigen Abteilungen wie Berufsberatung, Übungs- und Wiederholungskurse, Sitzungsraum und Hausmeisterwohnung.

Die funktionelle Begründung der Grundrissorganisation – von außen zugängliche Warteräume, die mit Schaltern an eine zentrale Halle andocken – legt eine radiale Struktur des Erdgeschosses nahe.[5] Plischke organisiert

---

4 Gemeint sein kann nur die große Breite und mehrfache Scheibenteilung sowie die Anordnung mehrerer Fenster nebeneinander.

5 Walter Gropius' Arbeitsamt in Dessau von 1927/28, größer als das in Liesing, kommt bei analogen, etwas komplizierteren Abläufen zu einem halbkreisförmigen Grundriss.

E. A. Plischke: Spätere Isometrien (1970er Jahre)

das Bauwerk orthogonal; dabei spielt der Aspekt der Symmetrie eine Rolle.

Die drei Warteräume hinter und beiderseits der Halle bilden den Ansatz eines Kreuzgrundrisses; die beiden vor der Halle bilden im Erdgeschoß die Front zur Straße, mit zu einem Paar zusammen geschobenen Eingängen beiderseits einer Stütze. Diese im Zugang frei stehende Stütze ist die mittlere von fünf, die in der übrigen Front hinter einer Verglasung liegen, die dadurch in vier Felder geteilt wird.[6] Da im Obergeschoß Verglasung und Stützenstellung des dahinter liegenden Gangs diese Teilung fortsetzen, entsteht in der vorderen Ebene eine Schaufront, die unmittelbar nichts mit der inneren Funktionalität zu tun hat, aber metaphorisch die „Transparenz" der inneren Vorgänge zum Ausdruck bringt: Unten sind Schalter und Wartende sichtbar, oben Türen und Benutzer der speziellen Dienstleistungen.

Die durch das Eingangspaar und die dazwischen frei stehende Stütze betonte Symmetrieachse dieser Straßenfront ist nun *nicht* mit der Achse des im Erdgeschoß dahinter liegenden Kreuzgrundriss-Ansatzes identisch, sondern um ein halbes der inneren Stützfelder verschoben. (In der Achse der Straßenfront liegt eine Scheidewand, in der Achse der inneren „Betriebseinheit" ein Schiebefenster.)

Zusammen mit der Durchfahrt neben der verglasten Hauptfront deutet schließlich auch der ganze Straßenhof eine – klassisch fünfachsige – Symmetrie an. In der gestaffelten Rückfront drückt sich dagegen die funktionelle Kreuzform des Erdgeschosses aus. Es liegen also mehrere gegeneinander verschobene Symmetrieordnungen in Schichten hintereinander.[7]

Die hier sprachlich analysierte Komplexität wird in der Erscheinung und im Gebrauch des Bauwerks kaum bewusst, da sie ganz simplen Entwurfsfakten folgt. Sie resultiert in der Wahrnehmung einer über die reine Nutzungsleistung hinausgehenden Dichte und Schlüssigkeit.

*

Während der Kriegs- und Nachkriegsjahre wurden bis 1963 – teilweise aus betrieblichen Gründen – laufend Veränderungen und Zubauten vorgenommen, die das Gebäude stark veränderten und entstellten. 1980 wurde das Arbeitsamt Liesing im Zuge der Umorganisation der Arbeitsmarktverwaltung aufgelöst. Nachdem das Gebäude jahrelang nutzungsfrei gestanden war, erwarb 1995 die „seg – stadterneuerungs- und eigentumswohnungsgesellschaft m.b.H." die Liegenschaft unter der Auflage und mit der Absicht einer denkmalgerechten Erneuerung.

Bemerkenswert ist, dass es von Plischke selbst ein Wiederherstellungs- und Erweiterungsprojekt des Arbeitsamts aus den Jahren 1974–76 gab.[8] Eine Realisierung dieser größeren Nutzfläche hätte die Finanzierung erleichtert; aber abgesehen davon, dass das Projekt keine Verbesserung des Originals darstellte, wäre es unverantwortlich gewesen, zwanzig Jahre später eine Einreichplanung Plischkes ohne seine Mitwirkung umzusetzen.

---

6 Auch die Front des Hauses Gamerith hat fünf Stützen, die vier Felder bilden.

7 In seiner Lehre trat Plischke grundsätzlich gegen Symmetrie auf. In einem Diskussionsreferat anlässlich einer der Dienstag-Vorlesungen argumentierte ich für die fallweise mögliche Sinnhaftigkeit symmetrischer Lösungen und zeigte auch Beispiele von Le Corbusier (u.a. Garches), denen ich Symmetrie, wenn auch eine gestörte, zuschrieb. Plischke antwortete: „Also dann machen Sie eine gestörte Symmetrie."

8 Dokumentiert von Elisabeth Goldarbeiter-Liskar in: *Steine sprechen, Zeitschrift der Österreichischen Gesellschaft für Denkmal- und Ortsbildpflege*, Wien, Nr. 90, Dezember 1989, 13–15.

Im Einvernehmen mit dem Bundesdenkmalamt wurde vielmehr beschlossen, das verunstaltete Gebäude

1) in den ursprünglichen Zustand rückzuführen (bzw. fehlende und veränderte Bauteile zu rekonstruieren) und

2) für eine Büro- (Erdgeschoß) und Wohnnutzung (Obergeschoß) – so weit wie möglich nach derzeitigen Standards und Bauvorschriften – zu adaptieren.

Grundlage der Wiederherstellung durch mein Büro[9] waren Schwarz-Weiß-Fotos des Originalzustandes, zeitgenössische Publikationen, Original-Einreichpläne und Erkenntnisse, die der Baubestand im Zusammenhang damit erlaubte.

Bei der Restaurierung oder Rekonstruktion von Bauwerken der Moderne stellt sich ein neuartiges Problem: Ihre Bautechnik enthält bereits Elemente einer industrialisierten Technologie; diese Technologie ist aber inzwischen weiter fortgeschritten.

Nach dem Abbruch der späteren Zubauten konnte die originale Stahlbetonskelettkonstruktion fast zur Gänze erhalten werden. Sie weist die erforderliche Tragfähigkeit auf, entspricht

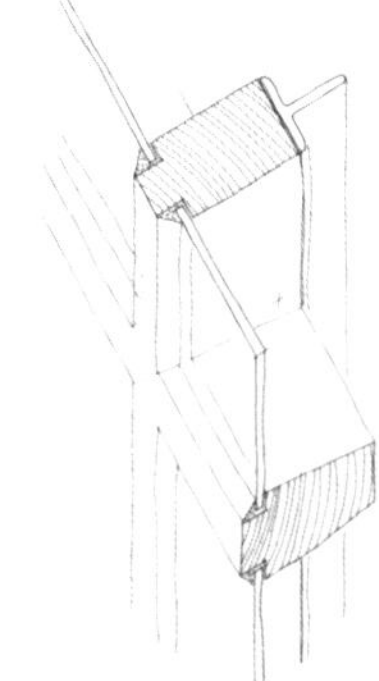

Rekonstruktion des Originals

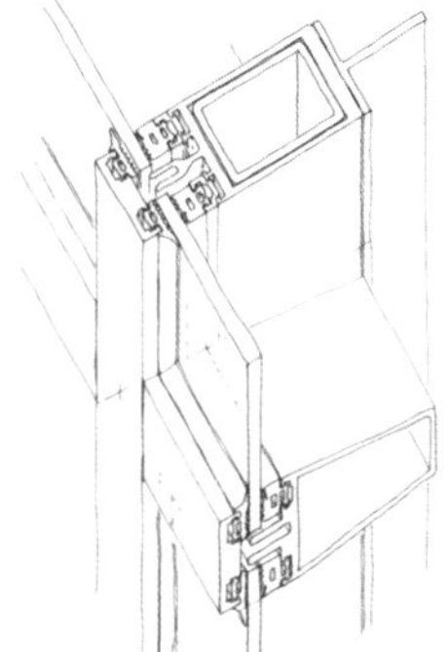

Ausführung Einfachverglasung

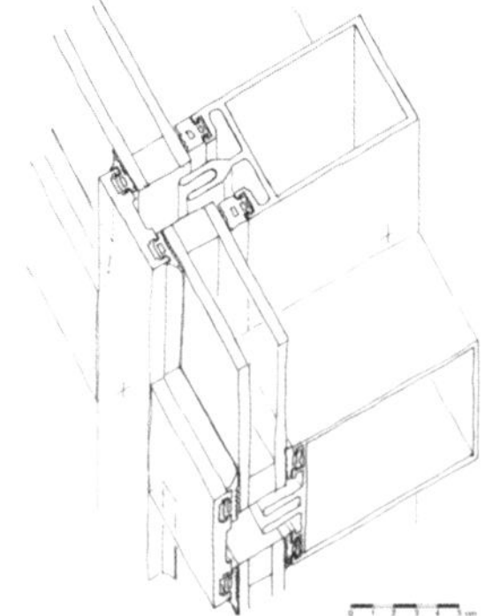

Ausführung Isolierverglasung

aber nicht durchwegs den heute gültigen technischen Richtlinien. Die originale Straßenfassade war mit Eternit (Faserzement) verkleidet gewesen. Dieses Baumaterial ist auch heute – sogar in nicht gesundheitsschädlicher Qualität – verfügbar.

Die straßenseitige Verglasung jedoch mit ihren im Original teilweise aus Holz, teilweise aus damaligen Industrieprofilen gefertigten Sprossen ist nach heutigen Erkenntnissen weder statisch noch bauphysikalisch ausführbar. Sie wurde nachgebildet; allerdings nicht quasi „skulptural“, sondern unter Verwendung von *heute* handelsüblichen – fallweise modifizierten – Industrieprofilen, und zwar abschnitts- bzw. geschoßweise unterschiedlich: Vor ungeheizten Räumen (Stiegenhaus, Obergeschoßgang) entspricht die neue Lösung dem originalen Erscheinungsbild genauer als vor geheizten. Die zweischalige Organisation – von außen zugängliche Warteräume und Gänge, innere Aufenthaltsräume –, die auch eine Entschärfung der Heizungs- und bauphysikalischen Probleme der großen, im Original (mit Ausnahme der Kastenfenster) durchwegs einfach verglasten Flächen dargestellt hatte, war bei neuer Nutzung nicht aufrecht zu erhalten.

Dass die Sprossen der Verglasung blau waren, hatte Plischke selbst noch mitgeteilt. Überraschenderweise wurde bei den Arbeiten festgestellt, dass auch die inneren Wandflächen der Gang- und Stiegenbereiche sowie die Decken des Obergeschosses von einer intensiven Farbigkeit waren und keineswegs der Schwarz/Weiß/Grau-Erscheinung entsprachen, die historische Fotogra-

9 Mitarbeit: Manfred Haas, Wolfgang Reder; Statik: Albert Röder, Bauphysik: Werner Pfeiler.

Originale Gartenansicht

Rekonstruierte Gartenansicht

fien nahelegen (es sind keine Farbfotos des Originals bekannt).

Die Wärmedämmung der Außenwände und des Flachdachs wurde auf heutigen Standard gebracht. Da die Glasebenen im Ausmaß der Dämmschichtstärken nach außen nachgerückt wurden, ergab sich nur an einer Stelle (beim Anschluss des straßenseitigen Obergeschoßparapets an den Balkonträger über der Durchfahrt) eine Diskrepanz zur Originalerscheinung. Zum hohlen Klang einer Vollwärmeschutzfassade gab es keine technische Alternative; nur die rekonstruierte straßenseitige Eternit-Verkleidung konnte ohne Verfälschung bauphysikalisch korrekt ausgeführt werden. Das im Original einfachverglaste Oberlicht (dessen Länge im Obergeschoßgrundriss Plischke falsch dargestellt hat) wurde mit einer Isolierverglasung versehen.

Der Erdgeschoßgrundriss und die Innenverglasung (die Schiebefenster ohne Funktion) wurden rekonstruiert, der im Original ja von außen zugängliche (Parteien-)Sanitärbereich jedoch aus seiner prominenten Lage entfernt. Für die neuen Wohnungen im Obergeschoß ging der große ehemalige Schulungsraum mit der symmetrischen Stützenstellung verloren.

Gartenseitig wurden zusätzliche neue Fenster für den horizontalen Ausblick geschaffen, da die hinteren War-

Rekonstruierte Straßenfassade mit Eternitverkleidung

teräume des Originals – nicht für dauernden Aufenthalt vorgesehen – nur durch die hoch liegenden Fensterbänder belichtet gewesen waren. Diese neuen Fenster sind in Farbe und Konstruktion deutlich vom Originalbestand unterscheidbar; die gleichen Öffnungen – im Hoch- statt im Querformat – bilden im Obergeschoß Türen zu zwei neuen Wohnungsterrassen. Die hinteren Fronten des Gebäudes sind dadurch in charakteristischer, jedoch ablesbarer Weise verändert.[10]

In verschiedenen Punkten war das „originale" Gebäude also keine eindeutige Vorgabe, nämlich dort,

1) wo der Originalzustand nur andeutungsweise bekannt war (z.B. das Blau der Verglasungssprossen und Kastenfenster),

2) wo der Originalzustand technologisch nicht mehr herstellbar war (z.B. Sprossenprofile) und

3) wo der Originalzustand die heutige Nutzung verhindert hätte (z.B. zusätzliche Fenster und Türen, nicht mehr gangbare Außentüren der ehemaligen Warteräume).

Der entstellendste Unterschied ist in jedem Fall mit der geänderten Nutzung gegeben. Der solitäre und doch in die Straße integrierte Bau, für Hilfe suchende Menschen rundum von außen zugänglich, mit ganz zurücktretendem Diensteingang für die Beamten, die man innen schon vorfand, ist mit der Nutzung verloren. Unter gleichwertigen Zugängen machte die unterschiedliche architektonische Interpretation des „symmetrischen" Doppelzugangs an der Straße – der ja kein Haupteingang ist – Sinn. Lediglich die Rolle des Stiegenhauszugangs (jetzt zu den Obergeschoß-Wohnungen) entspricht der im Original.

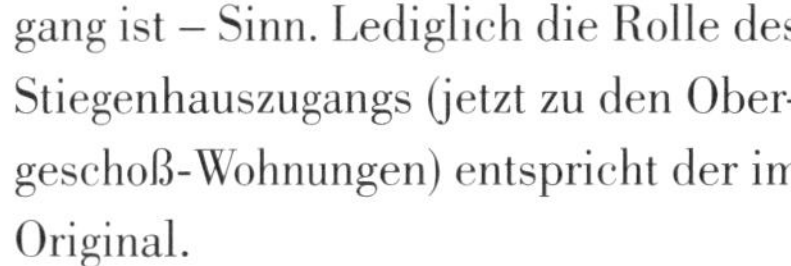

Das Geheimnis von Plischkes Bau liegt in der Verschränkung von simplen Funktionsabläufen und ihrer – bei größter baulicher Einfachheit – komplexen Deutung nach architektonischen Archetypen, die gleichzeitig aufgelöst werden.[11] „Künstler ist nur einer, der aus der Lösung ein Rätsel machen kann" (Karl Kraus).

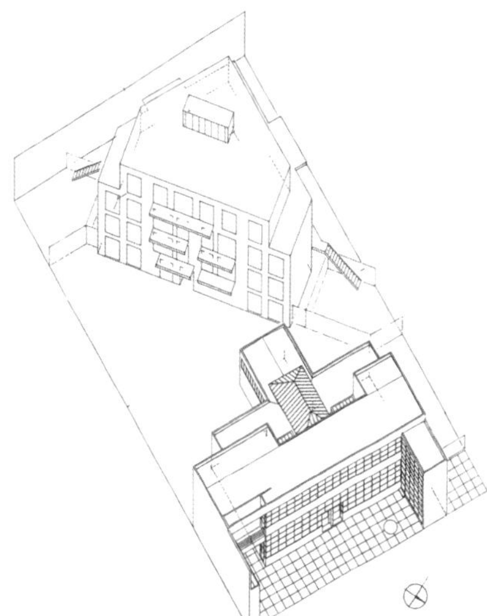

10 Leider errichtete die „seg" in der Folge wegen der wirtschaftlich erforderlichen zusätzlichen Nutzung der Liegenschaft einen Wohnbau, der die Hinterseite von Plischkes Bau massiv bedrängt und verdeckt. Ein skizzenhafter Vorentwurf von mir, der dem – auch vom Bundesdenkmalamt ausgesprochenen – Erfordernis entsprach, die gesamte gestaffelte Rückfront Plischkes aus der Tiefe frei sichtbar zu lassen, wurde nicht verfolgt.

11 Nicht zuletzt dadurch unterscheidet sich Plischkes Arbeitsamt von dem von Gropius.

Cleaning the Tools for Design*

(1999)

I am very interested in the relationship between philosophy and architecture, or should I rather say, the relationship between architecture and language, architecture and text — in short, architecture and theory. I hesitate about making a simple analogy between these two activities. Nasrine Seraji and Jean Attali have stated: "The philosopher creates and develops concepts and the architect creates and develops projects". Something is not quite correct there. I don't think that a philosopher creates and develops as many concepts in his lifetime as an architect develops projects. So there is some difference, and in fact the architect also develops concepts as a basis for projects, and all his or her projects are examples of these concepts.

There is also the quest for creating *new* concepts. Now it is clear that in the course of his work an architect creates new projects. But is it really the objective, is it necessary, to create new *concepts*? This would mean that the notion "avant-garde" still makes sense. Conversely, one could put the question: Is there such a thing as an "architectura perennis", just as there used to be the notion of "philosophia perennis" — in the sense that there is one philosophy (or one architecture) which has to be rethought and redeveloped and reacquired in every epoch or in every generation. The notion *architectura perennis*, by the way, was first formulated by Jože Plečnik, an Austrian architect most of you are probably familiar with. Well, I don't want to answer this; I'd just like to *pose* the question.

As I see it, another problem is a basic difference in levels. What we are dealing with here is thinking about architecture, thinking about building, thinking about designing in the sense of thinking about craftsmanship, while philosophy is thinking about thinking. If we walk between the lines, we should know what is on either side. Overstepping limits should contribute to our understanding, not to our confusion.

We have talked about metaphors. The difficulty with metaphors, I think, is not that they don't mean anything in architecture. Essentially, a metaphor has a real meaning in the physical world. For example, "transparency" is something which has a definite meaning in the physical world — even in architecture — and then it can also be used metaphorically in literature or politics or whatever, and you know what it means, but it does not denote a special object or a special policy.

It becomes a little ridiculous when metaphors go in one direction and then back again. For example, the notion of the *fold*. This notion went from actual physical reality into philosophy and then back again into architecture, and now students are producing folded shapes — any which way — and putting a meaning into this notion that does not really exist. They are just working with this analogy, — actually not even an analogy — with this similarity, which is just an illustration of something pretending to be an idea.

Also, the notion of deconstruction or deconstructivism is taken back from philosophy into architecture as a literal thing and creates what James Stirling once called "train crash architecture". Another very dangerous notion in my opinion is

* Some general topics of architectural theory are given here together with the introductory argument forwarded during a panel at the Vienna Academy of Fine Arts in October 1999. The title of this panel was "Tools for Concepts".

the *void*. We know the "void" from any plan for the second floor of a two-story hall — when this void is then used as an illustration of what in philosophy is nothing or nothingness, and then comes back to architecture and we have a talked about space seemingly laden with the philosophical notion of "void" — this, I think, is really a fake meaning, a pretence of meaning, a bogus pregnancy — in German I would call it *Bedeutungsschwindel*.

In any case, we could accept the role of even fake meanings, of quasi-philosophical feelings as tools for generating form — if this is the ultimate goal of architectural design.

But is this our ultimate goal? Is it worthy of modern man (to put the question as Adolf Loos put it) to invent new forms, a new style, new decorations, new illustrations? I am only putting the question — because my personal approach to form is actually a destructive one. I try to deny, to avoid form as such, to use existing forms in other contexts, etc., to destroy form. (To destroy form does not at all mean to use "destroyed" forms.)

Essentially, form is not an innocent beauty: Where it is not the necessary product of thought, it deceptively lulls us into a false security — it is decorative.

So, in its core, architectural theory is thinking to the purpose of design (in pedagogical terms: to enable to design). I mean this in a very concrete sense: A valid architectural theory must help you to design, even down to the constitutive detail. It must help you to shape a handrail, to select a colour, etc.

Along these lines, I would like to state a few theoretical questions, or rather, to list a few themes, a few notions I think worthy of dealing with theoretically. These notions might not involve central questions of philosophical cognition, being rather reflections on craftsmanship, on the skill of the architect — questions from the architectural "housewife" to the philosopher.

Abstraction is a basic conceptual activity in design. In architectural discourse today, the relationship between abstraction and concreteness seems disturbed. On the one hand, architectural thinking only deals with the individual object. The step of abstraction towards the planning context — however this context would have to be conceived anew — is abandoned, actually delegated to the investor. Valid abstraction is, to a large extent, replaced by quasi-philosophical, metaphorical constructions unrelated to the factual issues. On the other hand, the search for innovation in architecture abstracts from the context — structures and materials sometimes are isolated to an extent that their unreflected rigidity turns into a concreteness that even can be called rustic.

New media suggest communication in virtual space without the necessity of physical presence. This is not, in fact, a new experience: "The Nonplace Urban Realm" or "Community without Propinquity" were titles of planning literature in the sixties, and the delight with this abstraction has in the meantime been followed by an enthusiasm for the concreteness of actual urban density. "Globalisation" is a political and economic term; it does not change our perception of the world any more. In any case, abstractions of today will also become perceivable one day — just as the infrastructure of a 19th century metropolis was abstract to its contemporaries who were not familiar with aerial photos.

Banality. An exclusive architecture can stay autonomous as a drawing or a model — as long as it is not confronted with everyday life. From that point on, a strategy is required — which could right away be an inclusive architecture — one that incorporates, in its essence, the external, the superficial that surrounds us, one that incorporates, in its unity, all possible multiplicities.

A theme which at one time was theoretically constitutive for architectural design has completely vanished from the scene: participation of the user. It is true that the disingenuous fiction that architects had given up their claim to create their own expression in favour of the users' self-realisation has proven stupid or dishonest. What is necessary is a strategy to deal with decisions where the effects lie partially or wholly outside one's control. This strategy requires an attitude of intellectuality, of consciousness; further, a sense for the irregular and the absurd, the banal and the trivial, for that which breaks away from contemporary precepts: the attitude of mannerism. Mannerism is the conceptual approach of an acceptance of reality at its momentarily appropriate level; it grants the frankness and imagination that is necessary to set even alien processes in motion and to tolerate them in a conceptual frame that is broad enough. A culture of participation is possible only when based on mannerism.

Umbau. This German word is only insufficiently translated with the terms "remodelling" or "adaptation", etc. It is a central notion of architectural theory, constitutive for architectural intervention in general. Everything is adaptation. The city cannot function in time without change — and because its different scales have different time horizons, elements have to be adapted piecemeal while the system is in operation. Every intervention is a change within the existing. What can be controversial is the kind of approach toward the existing: Are we making a contrasting statement — in favour of a new context or not caring for any context — or are we continuing the existing in our comprehension of it?

Detail. One tends to use this word for what is insignificant in comparison to the whole. But the architect knows that God or the devil is in the detail — not only because this is where the water comes in, but also because the detail is what is repeated and establishes the cohesion of the fabric.

One could also say: Detail is what distinguishes real architecture that can be seen and touched from virtual architecture. But what is considered to be a detail can always also be considered to be a whole and vice versa. Detail is the subject of the decision to be made. Scales of decision interlock. "Detail" is thus a transitory term that directs attention towards another element of the project at a given moment, indicating that the perspective is changed. Christopher Alexander's theory of the genesis of forms is based on this approach. His "patterns" are in fact relationships between different elements, but these elements are themselves patterns.

Comfort should also be a central notion of modern architecture, as modern architecture undoubtedly has set out with the claim to provide us with an easier life. But our average door handles, terrace thresholds, coffee cups, alarm clocks, etc., are less comfortable to use than the ornamented ones that have been done away with; when we open an average hotel room window, we get bleeding knuckles; when we pass behind somebody sitting in a designer's chair we trip over its leg(s). Some might think it inferior to make the comfort of the user an objective of architecture — but in fact, he or she who refuses to do so upholds an inferior concept of architecture: If the essential content of architecture could exist only beyond everyday purposes, then — since everyday purposes can only be avoided in exceptional cases — architecture actually would be an "applied", i.e., contaminated art. What unconsciously underlies any sensible architectural understanding has to be worked out theoretically: Function is not a straitjacket or a handicap to be overcome in fortunate cases. It is the very artistic material of architecture — not imposing its conditions on architecture from outside, but being *created by* architecture.

Yet in analysing comfort in this comprehensive way, we cannot ignore the question whether discomfort also can, or even must, be a valid aesthetic means of artistic communication. Only when we architects, for the sake of pure originality, tend to reinvent the wheel in every generation, we should see that it does not first come out square each time.

These are some random topics of architectural theory as I would like to see it understood — as a tool for design.

Denkmal als Hindernis

Die ehemalige Reithalle ist das Übel.
Sie ist es, die das Museumsquartier im Innersten nicht zusammenhält.
(2001)

Von vielen – zum Beispiel von Franz Endler – für ein Werk Fischer von Erlachs (Vater oder Sohn – alleseins) gehalten (etwa wie wenn jemand die „Rhapsody in Blue“ für ein Beethoven-Klavierkonzert hielte), bedeutete schon ihre Errichtung 130 Jahre nach Johann Bernhard Fischer von Erlachs Gesamtentwurf dessen endgültige Zerstörung. Fischer hatte auf dem seichten Grundstück eine Tiefenachse simulieren wollen – einen Hof mit Wasserbecken, beides hinten halbkreisförmig abgeschlossen –, was sich nicht mit einem noch dazu kulissenartig die zentrale Achse verstellenden Hauptgebäude verträgt.

Selbst wenn man zugesteht, dass das Fehlen einer Winterreithalle einem repräsentativen Komplex von Stallungen nicht zumutbar war, so offenbarte der ausgeführte Bau – eben kein Werk eines Gershwin – seine architektonische Inferiorität schon in der Hilflosigkeit den Anforderungen gegenüber: Aus der Tribüne für Freilichtvorführungen im verbleibenden Hof machte er einen massigen Schein-Portikus, der auch früher nie in die Halle geführt hat und heute erst recht jede spontane Orientierung vereitelt.

Der Reiz der Halle lag in den Dimensionen ihres einfachen, prismatischen Innenraums – 20 mal 90 Meter, fast 13 Meter hoch – und der zumindest originellen Anordnung einer erhöhten „Kaiserloge“ und eines erhöhten Zugangs an den einander gegenüberliegenden Schmalseiten, jeweils mit Blick in die Längsrichtung. (Ich selbst habe 1989 als Letzter – in der Gestaltung der Ausstellung *Wunderblock* – mit diesen Gegebenheiten operiert.)

Von den 7 Wettbewerbsgewinnern der 1. Phase 1986/87 hatten 6 die Reithalle im Projekt entfernt; nur Ungers hatte sie als Skulpturenhalle vorgesehen – eine durchaus angemessene Verwendung. Noch nach der Überarbeitung in der 2. Phase 1989/90 mit präzisiertem, teilweise neuem Raumprogramm blieb sie in 4 von den 6 Projekten ein Abbruchkandidat (nunmehr auch bei Ungers); ein Projekt (Friedler/Rieder/Wörndl) sah sie optional als „Medienforum“ vor.

Ortner und Ortner, die die Gelegenheit zu einer völligen Neufassung des Projekts ergriffen hatten (mit Recht sah die Jury es als methodisch sinnlos an, die Grenze zwischen Überarbeitung und neuem Projekt zu definieren), inthronisierten die Reithalle als zentrales Verteiler-Forum mit Anschluss an die Hauptnutzungen. Das hätte – bei Aktivierung des niedrigen Erdgeschoßzugangs unter dem Portikus und Schaffung einer neuen Hauptebene darüber – durchaus gelingen können.

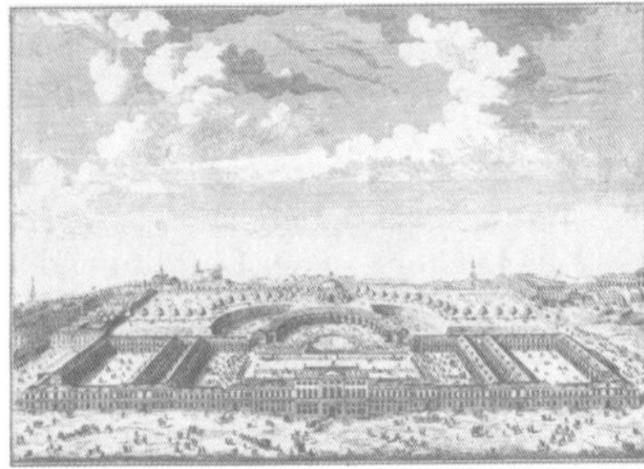

Welch verschlungene Wege von Kompromissen haben aber dazu geführt, dass die Reithalle mit großem Aufwand restauriert, unterkellert und ihr Raum dann durch eine permanente Version der zuvor jeweils temporär für die Festwochen hineingebastelten Zuschauertribüne zerstört wurde? Um die Desorientierung perfekt zu machen, suggerieren Übersichtspläne und Seiteneingang dem Besucher, dieser Baukörper sei die Kunsthalle, die sich in Wahrheit dahinter im ersten Stock befindet. Man sieht die Reithalle von außen, geht hinein und sie ist verschwunden. Für dieses Zauberkunststück hat man sie erhalten müssen?

Wie kam es überhaupt zu dem geradezu panischen Wunsch, die Reithalle zu erhalten? In der von mir zusammen mit Erich Bramhas und Helmut Kunze verfassten Ausschreibung der 1. Wettbewerbsphase waren die denkmalpflegerischen Einschränkungen so zusammengefasst:

Die Zustimmung des Bundesdenkmalamts zu einer Zerstörung oder starken Veränderungen des Fischer'schen Haupttraktes, insbesondere aus anderen als wichtigen bautechnischen oder baurechtlichen Gründen, ist nicht zu erwarten.

Die Zustimmung des Bundesdenkmalamts zu einer Zerstörung oder Veränderung der im 19. Jahrhundert und bis 1918 errichteten Gebäude kann erwartet werden, und zwar nicht nur, wenn sie aus bautechnischen Gründen erfolgen soll, sondern auch, wenn die Veränderungen in höherem Maße dem öffentlichen Interesse dienen als die Belassung des gegenwärtigen Zustandes.

Die Zustimmung des Bundesdenkmalamts zu einer Zerstörung oder Veränderung der nach 1918 errichteten Gebäude kann jedenfalls erwartet werden.

Diese Einschätzung entsprach der damals vorliegenden generellen Stellungnahme des Bundesdenkmalamts von 1984; wir befürchteten, dass die teilnehmenden Architekten eher zu vorsichtig an das Areal herangehen würden. Das war nicht der Fall; die konservierenden Projekte waren weit in der Minderzahl und nicht überzeugend (lediglich das von Wilhelm Holzbauer wurde unter seinem Wert geschlagen).

Vor der 2. Phase des Wettbewerbs fand – neben Versuchen, den Wettbewerb als ganzes zu kippen – jene Programmdiskussion statt, die unsere Ausschreibung der 1. Phase expressis verbis vorgesehen hatte.

Man muss sich vor Augen halten, dass vorher seit 1981 von Expertengruppen über ein Museumskonzept diskutiert worden war, das eine Neustrukturierung der Bundesmuseen ergeben sollte. Die Möglichkeit der musealen Nutzung des „Messepalasts" löste Vorstellungen von umfangreichen Rochaden innerhalb der Bundessammlungen aus, die zu einem Mittelaltermuseum, einem Ostasienmuseum, einer Zusammenlegung von 19. und 20. Jahrhundert mit der Jahrhundertwende als Krönung in der Mitte, einer Zusammenführung der Antikensammlung etc. führen hätten sollen. Dazu kam der bloße Erweiterungsbedarf der Sammlungen. Aber es konnte im Grunde nur über Listen diskutiert werden; schon von Flächenausmaßen hatte niemand eine Ahnung.

Ebenso wenig hatte eine Vorstellung davon bestanden, was auf dem Areal

„Messepalast“ möglich war. Welche Nutzungen neben der Wiener Messe konnte man loswerden, was war verwendbar, was erhaltenswert, wie viel Neukubatur vertrug der Komplex, wie würde das ausschauen? Und schließlich: Welche Rolle spielte das Areal in der Stadt, war es der einzige denkbare neue Museumsstandort? – All diese Fragen hatten zudem nur eine sehr beschränkte Öffentlichkeit gefunden.

In dieser Situation hatte Heinz Fischer als Wissenschaftsminister die gordische Lösung gewählt und den Wettbewerb beauftragt; wichtig war dabei nur, die 1. Phase – bei größtmöglicher Präzision im Einzelnen – konzeptionell so offen wie möglich zu halten.

Nunmehr freilich war die intellektuelle öffentliche Meinung mobilisiert; jeder Maturant fragte empört, warum das Problem, das er jetzt verstanden hatte, nicht schon vorher gelöst worden war. Das Ergebnis der 1. Phase – als „Übersiedlungsprogramm“ verhöhnt – bot nichtsdestoweniger die Grundlage für die schließliche Auswahl und konzeptionelle Ergänzung der 2. Phase, die der nunmehrige Minister Erhard Busek beauftragte. Außerdem war die Architektenfindung im Laufen – die Realisierung sollte noch lange genug dauern. Ohnehin blieb auch Dieter Bogners und Dietmar Steiners Vision neuer Institutionen wie eines „Medienforums“ unverwirklicht. Und keines der 1986 tatsächlich noch nicht erwogenen Institute – Architekturzentrum, Depot, Basis Wien – hätte sein heutiges Format, wenn man damals weiter auf ein finales Konzept gewartet hätte; auch die Stiftung Leopold kam erst durch die Schubkraft des Wettbewerbs zustande.

Aber – und jetzt sind wir wieder bei der Reithalle – die Mobilisierung der öffentlichen Meinung weckte auch die Angst vor großen baulichen Veränderungen. Das Bundesdenkmalamt selbst schränkte seine Zusagen 1988 „im Lichte des Gesamtergebnisses der ersten Stufe des Architektenwettbewerbes“ ein und legte sich auf die Reithalle fest.

Zwar wendeten sich auch die „Voraussetzungen und Ziele“ der 2. Phase dagegen, „historisch-formalistisch … alles hier ‚vor 1918‘ Gebaute als ein für allemal ‚stadtbildwirksam‘ (zu) erklären“ und Erhard Busek hatte entschieden, „daß Entwürfe zulässig sind, die etwa die Winterreithalle – verändern bzw. den Abbruch … vorschlagen“. Aber die dumpfe Tendenz, die mitten in das Raumkonzept des älteren Fischer von Erlach hineingeplumpste Halle nicht zu entfernen, sondern mit diesem zu identifizieren, war absehbar. Ortner und Ortner waren bei ihrer Einbeziehung der Halle politisch nicht schlecht beraten.

Alles andere ist Fortzeugung: die Erhaltung des Ovaltrakts bis in den stadtseitigen Dachumriss (die Dachateliers darin sind auf Kunstlicht angewiesen), die dazwischengezwängte Kunsthalle, schließlich der fehlende Leseturm, der die unangemessene Dominanz der Reithalle etwas entschärfen würde – wer einmal die Rationalität im Umgang mit Altsubstanz aufgibt, ist verloren.

Das Lokal
(2001)

Taarloos! Kein Mensch merkt den Unterschied und ein jeden muß doch auffallen, daß das ganz was anderes is, na was sagen S'?

Karl Kraus: *Die letzten Tage der Menschheit*, I. Akt, 8. Szene

Ob Architektur eine Kunst ist, ist kontrovers beantwortet worden. Adolf Loos hat das strikt verneint; Josef Frank hielt es für sinnlos, diese Frage entscheiden zu wollen: „Der Architekt muß Fähigkeit und Willen haben, etwas Schönes zu machen, das kein Kunstwerk ist."

Aber wenn Architektur Kunst ist, dann ist sie jedenfalls nicht eingeschränkt oder verunreinigt dadurch, dass Menschen sie gebrauchen können oder dass sie nicht einstürzen darf. Der Begriff einer „angewandten" Kunst, die gewissermaßen minderwertiger als die eigentliche Kunst ist, war schon in klassischer Kunsttheorie falsch – Architektur hat eben nicht bloß Baustoffe, Konstruktionen, Licht oder Raum zum Material, sondern zunächst und schließlich das lebendige Verhalten von Menschen. „Funktion" ist nicht etwas dem Entwurf Vorgegebenes, sondern sie wird durch ihn erst geschaffen.

Ein Lokal schafft Bedingungen für das Verhalten von Gästen; es ist das Ausdrucksmittel dessen, der dem Gast entgegentritt, nämlich des Wirts. Über das Essen und den Raum hat der Wirt den Gast im Griff.

Wie der Wirt nicht selbst kochen muss, sondern diese Aufgabe an einen Koch delegieren kann, so kann er auch die Sprache des Lokals delegieren: an einen Architekten – oder wer immer diese Rolle einnimmt.

(Gast, Wirt, Koch und Architekt können weiblich wie männlich, in der Mehrzahl wie in der Einzahl sein – *political correctness* empfiehlt sich in der Politik, wogegen ein Text von der korrekten Sprache lebt.)

Wirte können zuweilen kochen, aber kaum ein Gastronom ist imstande, auch nur seinen vertrauten Arbeitsbereich maßstäblich zu skizzieren – noch weniger, die Platzverhältnisse in einem Lokal anlässlich eines Umbaus oder gar einer Neuplanung abzuschätzen. Und wie jeder Laie sieht er zunächst die Leistung des Architekten im Warten auf Einfälle und hält das Honorar für eine Abendgage. Anders Reinald Nohàl – der weiß, was los ist, weil er selbst als Architekt gearbeitet hat. Schon wegen der vielen Arbeit hat er sie delegiert.

Das Prinzip der Delegation – jedem Yuppie geläufig – kommt in der Bauherrn-Situation, die ja die meisten selten im Leben einnehmen, schwer an. Es bedeutet: vorgeben, *was* man will, aber nicht *wie*. (Aber schon diese Unterscheidung ist immer konkret und oft strittig.) Der Bauherr kann sich auf Überblick und Kontrolle zurückziehen, muss aber zugleich akzeptieren, dass die Lösung des Architekten etwas Unvorhergesehenes ist – übrigens ohnehin auch für den Architekten selbst.

Nohàl wusste, worauf er sich einließ – Barbara Hoidn und Wilfried Wang schufen einen weiteren Text, mit dem er und Michel Würthle nun zum Gast sprechen können, dessen höchstes Kompliment die Frage ist: Dafür haben Sie einen Architekten gebraucht? Denn ein Lokal soll man nicht merken – aber man soll es *sich* merken. Es soll auf den Punkt genau sein; es soll aber nicht durch eitle Absichten belästigen.

Das gilt für Architektur überhaupt; es gibt allerdings kaum eine andere Aufgabe, bei der man so direkt am Mann (und an der Frau) arbeitet wie bei einem Lokal. Man kann unmittelbar ablesen, was angenommen wird und was nicht. Trotzdem ist es immer eine Gratwanderung. Nur eine Ausstattungsfirma weiß vorher, wie das Lokal ausschauen wird – nämlich uninteressant. Jene profunde Selbstverständlichkeit, die unter die Haut geht, entsteht erst, wenn jedes Problem mit Bauchweh durchgearbeitet und eben keines zugunsten vorgefasster „Ideen" unter den Teppich gekehrt wird – währenddessen ist man sich aber nie sicher. Für Überlegungen, wie man etwas „gemütlich" oder „cool" macht, bleibt da gar kein Raum.

Denn die Bedingungen für das Verhalten von Menschen sind ein mühevolles, verwirrendes Feld; und wer sich einmal darin bewegt, dem sind „Design"-Entscheidungen bald von Herzen zu blöd. Nehmen wir die elementarste Bedingung, die das Lokal schafft (wenn man einmal von der Temperatur absieht): den Sitz – die labile Lage des Beckens beim Sitzen, das Bedürfnis, das Becken abzustützen, um es nicht vorwärts oder rückwärts rollen zu müssen, die Stützkurve klassischer Polsterungen des 19. Jahrhunderts, die erst durch ergonomische Untersuchungen der 1960er Jahre wieder entdeckt wurde – wie sehr interessiert da ein „Designer"-Stuhl, über dessen Beine man fällt, wenn man dahinter vorbeigeht?

Oder auch das bequeme Stehen – wie hoch ist die Bar, wo liegt die Fußraste? Wie breit ist die Bar? Kann man trotz der handelsüblichen tiefen Kühlpulte einen Kontakt zwischen Gast und Barkeeper herstellen? – Wie eng kann man Tische stellen? Die Regeln der Entwurfshandbücher, die man kennen muss, wenn man sie übertreten will – denn was tatsächlich im Gebrauch zugemutet werden kann, ist immer wieder eine Frage des Experiments. Die Akustik eines Gastraums – nicht die Verständlichkeit eines Vortragenden im schweigenden Auditorium, mit der sich das Fach Raumakustik meist beschäftigt, sondern die des Gesprächspartners, wenn alle sprechen –: Warum sind vor allem kleinere Räume häufig zu „laut"? Weil punktuelle Schallereignisse – ein Auflachen, Klirren, Sesselrücken – zu stark hervortreten und einzelne Gesprächssilben überdecken, was wieder zu lauterem Sprechen veranlasst.

Spiegel im Raum – der Unterschied zwischen einem wie ein Bild an die Wand applizierten und einem Raum illusionierenden Spiegel: Bei diesem kommt es nicht auf die Größe an, sondern auf die Plausibilität der Öffnung; der bleibende Reiz entsteht durch die Ambivalenz zwischen dem Wissen, dass es ein Spiegel ist, und der wiederholbaren Illusion der Öffnung. Spiegel haben eine tatsächliche physische Wirkung: Das Auge, für das jede kurze Sehdistanz eine Anstrengung bedeutet, kann sich auf die gespiegelte Distanz einstellen. Dann tritt Ermüdung und Beengtheit in kleinen Räumen erst später auf.

Das sind zufällige Themenkreise aus den zahllosen Verhaltenselementen, aus denen sich ein alltäglicher Vorgang wie ein Lokalbesuch zusammensetzt. Mit Recht bezweifelt ein kognitiver psychologischer Ansatz, dass ein Computer je einen Restaurantbesuch – vom Eintritt über Platznehmen, Karte und Bestellung bis Bezahlung und Abgang – absolvieren könnte (was ja auch nicht nötig ist). Die Wahlfreiheit in diesen Verhaltenselementen hat wenig mit Neuerung, aber viel mit Kontinuität zu tun; und die mannigfaltigen Kriterien dafür lassen sich in einem Oberbegriff zusammenfassen: dem des Komforts.

Die Architektur, deren Moderne zweifellos mit dem Anspruch aufgetreten ist, dass das Leben leichter würde, hat da in unserer alltäglichen Umgebung nur begrenzte Fortschritte erzielt. – Manchem erscheint es vielleicht hausbacken, den „bloßen" Komfort des Benutzers für einen gedanklichen Inhalt der Architektur zu nehmen. In Wahrheit muss sich gerade, wer dazu nicht bereit ist, einen inferioren Architekturbegriff vorwerfen lassen. Denn wenn ihr geistiger Gehalt nur außerhalb profaner Zwecke bestehen könnte, dann wäre Architektur – da sich die profanen Zwecke nur ausnahmsweise umgehen lassen – eben doch eine „angewandte“, verunreinigte Kunst.

Berlin und Wien sind ähnliche Typen von Metropolen des 19. Jahrhunderts. Beide waren in einer Hinsicht Kleinstädte geblieben: sie hatten eindeutig lokalisierbare Zentren. Jeder wusste, wo die Mitte der Stadt war: in Wien beim Stephansdom, in Berlin beim Schloss. Schon damals hätte niemand die Mitte von London, Paris oder Rom angeben können. Im Zentrum einer solchen Metropole kann nun ein kleines Objekt, das typologisch sehr stark ist, eine große Bedeutung gewinnen. Ich behaupte, dass die Loos-Bar in Paris oder London zwar für die Architektur gleich bedeutend wäre, aber für die Stadt nicht das selbe Gewicht hätte wie in Wien. – Die jüngste Geschichte als Doppelstadt hat Berlin in dieser Hinsicht völlig verwandelt und ans andere Ende der Skala verschoben. Orte in der Stadt können sich nicht mehr über die Geometrie des Stadtkörpers definieren. Im dicht bebauten Stadtgebiet kann kein Lokal „zentraler“ liegen als ein anderes.

Wenn man nun die Frage stellte, wie ein Lokal seinen Ort in dieser Stadt definieren und unvergesslich machen könnte, käme man auf keine stärkere Lösung als auf die Verdoppelung. Verdoppelung als Wiederholung – nicht als Vergrößerung. Nach der – offenbar unrealisierbaren – ersten Idee Michel Würthles einer Kopie auf der gegenüberliegenden Straßenseite ist die symmetrische Wiederholung jenseits des Hauseingangs die zweitbeste Variante.

An sich ist die Wiederholung eine der stärksten Variationen; das zweimalige Vorhandensein ändert die Substanz eines Elements, auch wenn man nicht angeben kann, welches Exemplar das Original ist. (Ein drittes Exemplar ist kaum noch eine Steigerung, im allgemeinen sogar eine Schwächung.) Sich auf eine exakte Kopie der Paris-Bar einzulassen (mit Überprüfbarkeit jedes Details) wäre dümmlich gewesen – das Verschiedene im Gleichen, die verwandelnde Replik ist der Komplexität eines Innenraums angemessen.

Eine Variation gerät Hoidn und Wang zum Lehrstück: die des Lichts. Einem durch punktförmige Lichtquellen beleuchteten Raum mit helleren und dunkleren Zonen steht ein gleichmäßig erleuchteter gegenüber, in dem überall nahezu gleiche Bedingungen herrschen. Unbewusst wie diese Veränderung bleibt, betont sie die Ähnlichkeiten der Räume und schafft doch eine verschiedene Grundbefindlichkeit.

Komfort – ein Gegenstand der Architekturtheorie?

(2003)

Der architekt hat etwa die aufgabe, einen warmen, wohnlichen raum herzustellen. Warm und wohnlich sind teppiche. Er beschließt daher, einen teppich auf den fußboden auszubreiten und vier aufzuhängen, welche die vier wände bilden sollen. Aber aus teppichen kann man kein haus bauen. Sowohl der fußteppich wie der wandteppich erfordern ein konstruktives gerüst, das sie in der richtigen lage erhält. Dieses gerüst zu erfinden, ist die zweite aufgabe des architekten. Das ist der richtige, logische weg, der in der baukunst eingeschlagen werden soll. So, in dieser reihenfolge, hat die menschheit auch bauen gelernt. Im anfange war die bekleidung.

Adolf Loos: Das prinzip der bekleidung, 1898

Wenn die moderne Architektur mit der Verheißung angetreten ist, dass das Leben leichter würde, so hatte das zwei Tendenzen: Mit der entwickelten Technik würde uns alle unschöpferische Arbeit durch Maschinen abgenommen – und mit dem verpönten Ornament würde physisch und psychisch aller kulturelle Schutt wegfallen, der uns bei der Selbstverwirklichung im Wege lag.

Wann ist diese umfassende Konzeption des Komforts eigentlich verloren gegangen? Wer heute in einem durchschnittlichen Hotel achtlos das Fenster öffnet, hat blutige Fingerknöchel – ohnehin nimmt das Monstrum des offenen Flügels dann den Platz ein, auf den man sich stellen wollte. Wir alle kennen den Designersessel, über dessen Hinterbein(e) man fällt, wenn man hinter dem Sitzenden vorbeigeht, die dickwandige Tasse des unzerbrechlichen Hotelgeschirrs, aus der ohne zu kleckern nicht zu trinken ist, und den Terrassenausgang, über dessen Schwelle man kaum einen Fuß, geschweige denn einen Servierwagen setzen kann.

Pragmatismus

Es ist bemerkenswert, dass amerikanische Architekturtheoretiker sich nunmehr der eigenen Philosophiegeschichte des Pragmatismus besinnen – und deutsche Rezipienten auf diesem Wege den österreichischen Architekten Josef Frank entdecken*. Denn Architekturtheorie ist Denken zum Entwurf. Architekturtheorie, die bei Entwurfsentscheidungen helfen soll, kann nicht im Metaphorischen stehen bleiben. Sie muss bei der Ausbildung einer Ecke, bei der Wahl einer Farbe, bei der Form eines Handlaufs, bei der Vorstellung einer Stadt brauchbare Kriterien bieten.

Reden wir von etwas Neuem? Geht es nicht um die Vitruv'sche Kategorie der *utilitas*, deren englische Übersetzung *convenience* sich ja etwas breiter darstellt als die deutsche „Zweckmäßigkeit“? Oder doch auch um die Vitruvsche *venustas*, also eine Anmut – eben auch des Gebrauchs –, die Wohlgefallen hervorruft?

---

* Siehe das *ARCH+* Themenheft „Neuer Pragmatismus in der Architektur?“, Nr. 156, Mai 2001. Die Artikel von Peter Galison und Hans-Joachim Dahms erwähnen Franks Verbindungen zum logischen Positivismus des „Wiener Kreises“ (über seinen Bruder, den Physiker Philipp Frank) und zum Bauhaus Dessau (über eben den „Wiener Kreis“ und insbesondere Otto Neurath) – mit teilweise unbekannten Hinweisen. Außer Acht bleibt dabei die pointierte Skepsis Franks gegenüber doktrinären Formalismen, die seine Schlussfolgerung aus einer „wissenschaftlichen Weltauffassung“ darstellt. „Ich bin der Ansicht, dass ein jeder, der den Wunsch hat, sein Hinterteil auf einem Rechteck auszuruhen, im Grunde seiner Seele einen totalitären Glauben hat.“ (Frank 1948)

Marcel Breuer: „Ein Bauhaus-Film, fünf Jahre lang … Es geht mit jedem Jahr besser und besser. Am Ende sitzt man auf einer elastischen Luftsäule“ (1926). Schon hier liegt der Fortschritt des Sitzens keineswegs im Komfort, sondern in der technischen Realisierung.

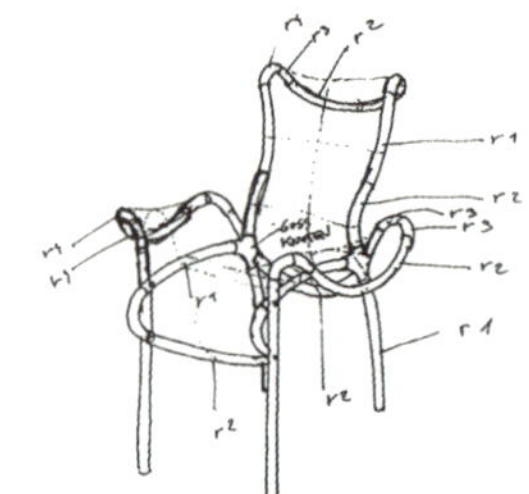

Hermann Czech: Fauteuil aus Holzprofil und Netzbespannung (Swiss Re, Zürich 2000) und Sitzbank aus MDF-Platten (Theatercafé, Wien 1998). Das Sitzprofil auf jeweils eine zeitgenössische Technologie reduziert – der Körper ausschließlich durch die elastische Netzbespannung oder durch ungepolsterte Platten gestützt.

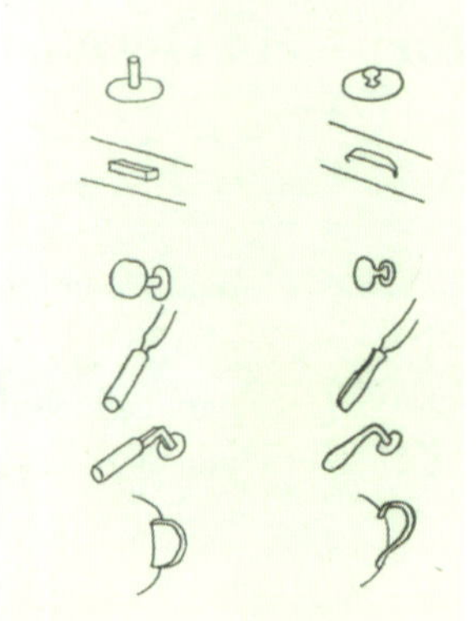

In einer Zeichnung von 1934 vergleicht Josef Frank polemisch „Bauhaus“-Griffe (linke Spalte) mit den „Griffen für denselben Zweck, wie sie gewöhnlich ausschauen und wie sie die Industrie herstellt. Sie erfüllen eine Funktion, wer würde sie aber jemals ‚funktionalistisch‘ nennen“ (rechte Spalte). Franks Argument geht heute ins Leere; was die Industrie als selbstverständlich liefert, ist lächerlicher und unbequemer als was sich doktrinäre Entwurfstheorien ausdenken konnten. — Den Türgriff Modell „Elegant“ gibt es tatsächlich noch.

Walter Gropius: Adler-Cabriolet (1930). Hier sind die Begriffskreise von Komfort, Luxus/Eleganz, Modernität, Massenproduktion zur Deckung gebracht. Aus heutiger Sicht eine Einheit, die verloren gegangen ist.

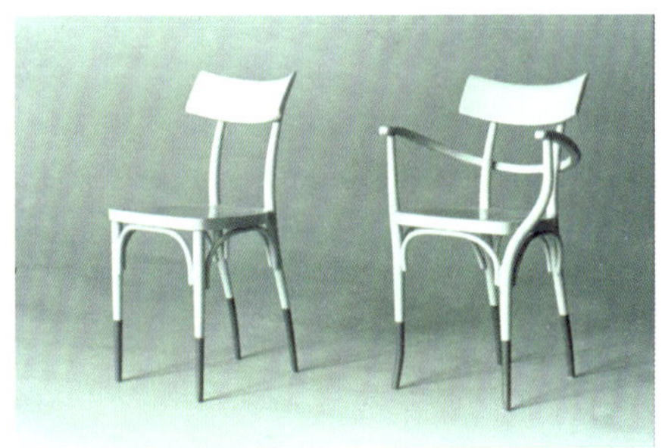

Hermann Czech: Bugholzsessel, 1993. Modifikation des über lange Zeit billigsten Thonet-Modells (vermutlich eines Werksentwurfs der 20er-Jahre), dazu eine Variante mit Armlehne. Ersichtlich wird, wie viel und wie wenig sich unsere Sitzgewohnheiten geändert haben: Die Rückenlehne ist etwas breiter und stärker geneigt.

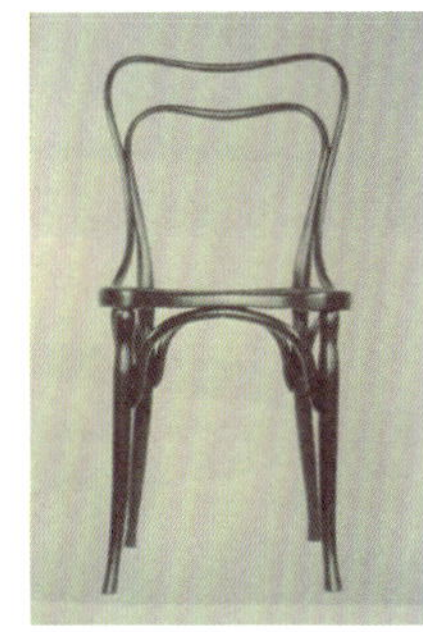

Adolf Loos' Bugholzsessel für das Café Museum in Wien (1899) modifiziert die vorhandene Technologie, indem das kreisrunde Holzprofil durch ein ovales ersetzt ist: Bei nahezu gleicher Biegesteifigkeit ist der Sessel noch leichter. (Dass man einen Kaffeehaussessel leicht mit einer Hand bewegen können sollte, ist im heutigen Design völlig vergessen.)

Ein Fauteuil des durch Le Corbusier bekannten Typs ist durch einen Griff ergänzt, der sowohl der Hand entgegenkommt wie das Aufstehen erleichtert (Hermann Czech: Fauteuil für Swiss Re, Zürich 2000).

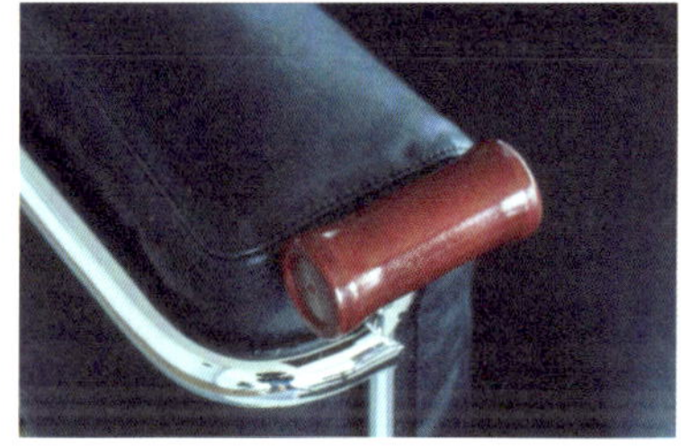

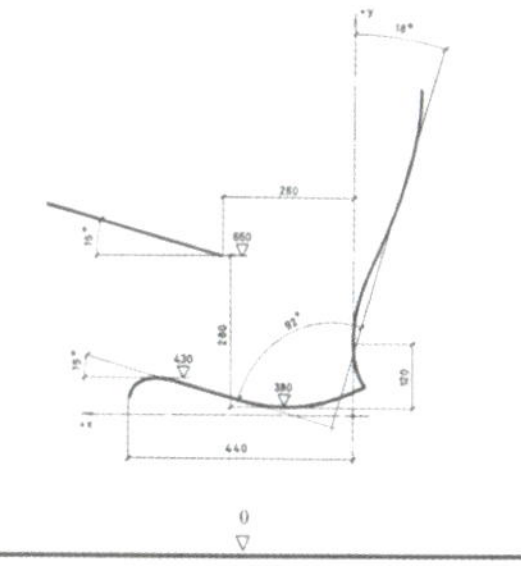

Klassische Polsterung (Hermann Czech) zu einer Zeit, als weithin eine „moderne" Polsterung aus zwei Schaumgummiklötzen bestand. Mit der traditionellen Polsterung, vom Handwerk fast verlernt, konnte man jedoch die Sitzkurve erzielen, die ergonomische Studien von E. Grandjean und anderen in den 1960er Jahren entwickelt hatten – ein vergessener Komfort, den es zuvor das ganze 19. Jahrhundert hindurch gegeben hatte.

Haftungsfreiheit und News-Wert

Aber die platt fortgeführten alten Kriterien *Festigkeit, Zweckmäßigkeit* und *Schönheit* greifen ohnehin nicht; die ersten beiden sind zur *Haftungsfreiheit* verkommen, die letztere in den durch *Star-Architektentum* vermittelten *News-Wert* gestolpert.

Vielleicht ist die Dreiheit in anderer Fassung brauchbar: etwa als *Struktur* – nicht nur als Konstruktion, sondern als konzeptionelles bauliches Gerüst; als *imagery* – eine Bild- und Bedeutungssprache (die das Schweigen einschließt); was als Drittes bliebe, wäre so etwas wie das *Befinden* des Benutzers.

Manchem erscheint es vielleicht hausbacken, den „bloßen" Komfort des Benützers für einen gedanklichen Inhalt der Architektur zu nehmen. In Wahrheit muss sich gerade, wer dazu nicht bereit ist, einen inferioren Architekturbegriff vorwerfen lassen. Denn wenn ihr geistiger Gehalt nur abgetrennt von profanen Zwecken bestehen könnte, dann wäre Architektur – da die profanen Zwecke sich nur ausnahmsweise umgehen lassen – tatsächlich eine „angewandte", verunreinigte Kunst.

Die „Zwecke", die als Zwangsvorgabe von außen kommen, sind nämlich ein Missverständnis. Wie Musik mit Ohren vernehmbar sein muss, so ist der Bau seinem Wesen nach benutzbar. Die „Funktion" ist dem Entwurf nicht vorgegeben, sondern immer erst *im Entwurf vermittelt*. Vorher ist sie nicht da; wie Raum und Konstruktion wird sie erst durch die Architektur geschaffen. Ja, das eigentliche künstlerische Material der Architektur ist nicht der Baustoff, die Konstruktion, die skulpturale Form, nicht einmal der Raum oder das Licht – es ist das Verhalten von Menschen. Das ist nicht linear kontrollierbar – schon deshalb hat Architektur weitgehend mit nicht oder nur beschränkt kontrollierbaren (Form-)Prozessen zu tun. Sie kann sich darin der theoretischen Traditionen anderer Metiers bedienen, denen der Umgang mit ganz oder teilweise außerhalb ihrer Kontrolle liegenden Wirkungen geläufig ist: vor allem der Gartenkunst und der Schauspielkunst.

Diskomfort

Im Sinne dieses höheren Begriffs von Funktion stellt sich freilich die Frage, ob in der Architektur nicht – wie in der Kunst überhaupt – auch oder gerade der Diskomfort ein gültiges Mittel oder Ergebnis sein kann. Schon der reduktionistische Ansatz der modernen Architektur enthielt ja nicht nur den Aspekt der Bequemlichkeit, sondern auch den der Askese. Und über diesen ideologischen Hintergrund eröffnete sich ein dem Komfort entgegengesetzter Anspruch: der moralische. Als verpflichtender Zeitausdruck konnte er sogar den Entzug von Komfort verfügen.

Deshalb hat ja Loos eine radikale Unterscheidung von Kunst und Architektur gefordert: „Das haus hat allen zu gefallen. Zum unterschiede vom kunstwerk, das niemandem zu gefallen hat … Das kunstwerk will die menschen aus ihrer bequemlichkeit reißen. Das haus hat der bequemlichkeit zu dienen" (1909). Frank hat diesen Unterschied konzilianter gesehen: „Der Architekt muß Fähigkeit und Willen haben, etwas Schönes zu machen, das kein Kunstwerk ist." Und: „Es ist durchaus lebensfremd, die Keuschheitskommissionen des 18. Jahrhunderts nun über Fassaden und Sessel einzusetzen" (1931).

Freilich ist Architektur nicht nur dem Nutzer verpflichtet; und zweifellos kann sie emanzipatorische Züge haben und weiter sehen als der Auftraggeber. *Realisierte* Architektur allerdings muss zumindest einen mächtigen Teil der Gesellschaft auf ihrer Seite haben. – Es wäre unkorrekt, diese Frustration den Nutzer ausbaden zu lassen. Dass die reale Utopie nicht möglich ist, darf nicht dazu verleiten, die Leute mit Komfortverlust zu quälen.

Eine Strategie für das Unplanbare

(2003)

Leicht ist es nicht mit der Natur; schon gar nicht, wenn man zu ihr zurück will.

Denn wohin könnten wir da wollen? Die uns geläufige „natürliche" Umwelt ist weithin *Kultur*. „Natur" ist Natur *von uns*.

Weiter: „Natur" ist Natur *für uns*. Wem gilt die Sorge um die „Umwelt"? Der Umwelt ist gleichgültig, ob es Menschen auf der Erde gibt. (Auf der Sonne ist auch Umwelt – für uns nur in der Entfernung nicht katastrophal.)

Und unsere eigene – die menschliche – „Natur"? Ist des Menschen „zweite" Natur nicht, zu reflektieren und sich unnatürlich zu verhalten?

(Dass schließlich alle „objektive" Erkenntnis im Bewusstsein vermittelt ist, muss den an den Dingen tätigen philosophischen Laien nicht stören; bloß im Hinterkopf sollte man's behalten.)

Das mögen Binsenwahrheiten sein – Gemeinplätze sind es eben nicht. Jede Bemühung um das Natürliche verstrickt sich in diesen Widersprüchen und wird verlogen bis lächerlich, umso mehr, je weniger sie von ihnen wissen will. Oder sagen wir genauer: jede *administrative* Bemühung. – Die *konkrete* Leistung fürs Natürliche (die eine kulturelle ist) ist auch in Naivität möglich.

Denn immer geht es um den Einzelfall. Kann ich diesen Baum stehen lassen? Muss ich diese Oberfläche sanieren? Sind die von dieser Pflanze angezogenen Bienen wirklich ein Risiko für Schulkinder? Der Blick für den „Wildwuchs" ist ein konkreter; das allgemeine Prinzip dahinter ist, jeweils vom allgemeinen Prinzip abzusehen; Regel ist die Ausnahme.

Als Architekt interessiert mich methodisch nun „Wildwuchs" nicht nur als Flora (und Fauna), sondern als alles, was jeweils außerhalb des Horizonts der Planungsentscheidungen liegt, aber in diesen Horizont eintritt. Im Grunde besteht die Entscheidungsreihe des Entwurfs darin, den Wildwuchs, die faktische Wirklichkeit nach und nach – durchaus analysierend – zu erfassen und (wie Hegel sagt) „so zurechtzuarbeiten, dass sie als kunstgemäße Außenwelt dem Geiste verwandt wird". Das ist freilich kein hoheits-, sondern ein leidensvoller Weg, auf dem man nicht nur die Fakten, sondern auch die eigene Sicht in Frage stellt. Denn der „Wildwuchs" bringt Reichtum; seine Vernichtung bringt Verarmung.

Bei Hegel durch Architektur „zurechtzuarbeiten" ist übrigens bloß „die äußere unorganische Natur", also quasi das Baumaterial. Ein breiterer Begriff des architektonischen Materials muss allen Wildwuchs einschließen, neben natürlichen Gegebenheiten auch die menschengeschaffene Umwelt samt ihren Trivialitäten.

„Wildwuchs" ist zunächst das Unvorhergesehene, den ersten Gedanken Störende, also das, was – für die Methodik überraschend – vorhanden ist, und zweitens das Ungeplante, Unplanbare, also das, was – von der Lösung unbeabsichtigt – schließlich eintritt. Zunächst ist er also negativ bestimmt: unerklärbar, unvorhersehbar.

Der Weg kann nun nicht sein, in dieser durch den Wildwuchs aufgedeckten Schwäche des Gedankens zu verharren, sondern „noch sachlicher" (im Sinne Adornos) die Erkenntnis auf den Eindringling auszudehnen (unter anderem deshalb war ich ein Gegner des Slogans „Wildnis g'spürn" für die Unternehmung dieser Veranstaltung und dieses Katalogs). Dass die emotionelle Erfahrung in der Kunst durch Erkenntnis nicht geschwächt, sondern gestärkt wird, hat schon Bertolt Brecht dargelegt.

Die erforderliche Grundhaltung hat zwei dialektische Aspekte: Sie bleibt offen für das Irreguläre und Absurde – und ist gleichwohl eine Haltung der Intellektualität, der Bewusstheit. Es ist eine Haltung des Manierismus.

Architektur ist also auch nach ihrer „Fertigstellung" dem Wildwuchs ausgeliefert. („Die Natur ist gegen den Bau" hat uns Konrad Wachsmann als chinesisches Sprichwort mitgeteilt.) Aber in breiterer Perspektive ist Wildwuchs der Sinn der Architektur. Wie Musik mit Ohren vernommen wird, so wird der Bau durch Benutzung konsumiert.

Warum nicht so weit gehen, die Nutzung – im Vollsinn der Aneignung (nicht den eingeschränkten Begriff der „Funktion") – als den Gegenstand der Planung zu sehen – einen Gegenstand, der nun freilich nicht linear kontrollierbar ist? Das eigentliche künstlerische Material der Architektur wäre dann nicht der Baustoff oder die Konstruktion, nicht Form oder Skulptur, nicht einmal das Licht oder der Raum, sondern das Verhalten und Befinden von Menschen (oder sagen wir mit Christian Ludwig Attersee: „Architektur ist für Mensch und Tier").

In dieser Sicht hat Architektur mit nicht oder nur beschränkt kontrollierbaren Prozessen zu tun. Das steht in keinem Widerspruch zu – architektonisch – tragfähigem Gedankeninhalt, im Gegenteil. Offen für Spätere bleibt Architektur nicht durch vorgebliche Neutralität.

Den zentralen architekturtheoretischen Topos des *Umbaus* enthält eine solche urbane und partizipatorische Architekturauffassung freilich nicht nur als aktive Herangehensweise, sondern auch als Leidenserfahrung der Entstellung.

„Die Ausstellung tappt in eine Falle“

Im Gespräch mit Matthias Dusini

(2004)

Dusini: *Waren Sie überrascht, in einer Ausstellung über das von Ihnen kritisierte Austrian Phenomenon vorzukommen?*

Czech: Die Ausstellung müsste eigentlich „*One* Austrian Phenomenon“ heißen. Peter Cook meinte damals mit „The Austrian Phenomenon“ einen bestimmten Ausschnitt, der ja durchaus heterogen und unterschiedlich war. Aber außerhalb dieses Ausschnitts gab es jedenfalls andere zeitgenössische Positionen. Ich war vielleicht der einzige, der dieses „Phänomen“ explizit kritisiert hat, aber sicher nicht ein Teil davon.

Sie haben 1971 einen Aufsatz geschrieben, wo Sie die Projektarchitektur der jungen Gruppen als Schmunzelkunst bezeichnet haben. Was meinten Sie damit?

Fritz Kurrent bringt den Unterschied noch heute auf den einfachen Punkt: Er hat sich konzeptuelle Entwürfe immer *gebaut* vorgestellt. Mich störte weniger der utopische Ansatz als der Formalismus, den diese „Konzepte“ und „Experimente“ mit sich brachten. Ich habe an diesem „Aufbruch“ nur das Dekorative gesehen. Für mich stand Form nicht am Beginn eines Entwurfs, sondern war allenfalls ein Ergebnis. Funktionalismuskritik war schon in Ordnung, aber hier spielte sie sich auf einem Nebenkriegsschauplatz ab.

Inwiefern lässt sich ihre damalige Kritik auf die AzW-Ausstellung übertragen?

Die Ausstellung tappt, so wie die ganze Rezeptionsgeschichte der Nachkriegszeit, in eine Falle. Sie gibt wieder, was in den Medien war. *Das* ist ja damals gelungen: die Medien zu interessieren. Deshalb gibt es eine breite Quellenlage für dieses „Phänomen“, aber nur eine punktuelle für die vorangegangene und gleichzeitige Architektur. Aufgrund dieser Quellen und ihres Rezeptions-„Sogs“ wird konstant das Gerücht kolportiert, dass die österreichische Nachkriegsarchitektur 1963 mit Hollein und Pichler in der Galerie St. Stephan begonnen hätte. Es hat aber vorher und gleichzeitig eine Szene gegeben, die konzeptionell gedacht hat, die aber das Bauen zum Ziel hatte. Die fällt unter den Tisch, denn es geht ja nur um „utopische“ Konzeptionen. Also haben wesentliche Werke der Nachkriegsarchitektur wie das Kolleg St. Josef in Aigen oder das Seelsorgezentrum Steyr-Ennsleiten (Arbeitsgruppe 4, Johann Georg Gsteu), die in dieselbe Zeit fallen, hier keinen Platz. Aber von denen, die irgendwie im „Phänomen“-Raster landen, gibt es dann doch Gebautes in der Ausstellung – sogar von Karl Schwanzer.

Was die Medienpräsenz betrifft, wäre ein Vergleich mit dem Wiener Aktionismus naheliegend.

Diesen Vergleich habe ich schon damals nicht akzeptiert. Der Aktionismus hat provoziert, aber die Medien zu *gewinnen*, war nicht seine vordergründige Absicht. Genau in diesem Punkt unterscheiden sich die Bestrebungen. Die Architekten waren nicht gegen das System, sondern sie wollten *ins* System, auch wenn sie Aktionen imitierten – ich habe gegen diese Koketterien polemisiert, gegen „alle Obszönität, die nicht um ihrer selbst willen veranstaltet wird“. – Architektur kann sich nämlich nicht außerhalb des Systems stellen; zur Realisierung muss sie einen mächtigen Teil der Gesellschaft auf ihrer Seite haben.

Und die neuen Baustoffe und Technologien …

Also mit pneumatischen und wandelbaren Membrankonstruktionen habe ich mich selbst beschäftigt und konnte – zum Unterschied von Journalisten – den weitgehend symbolhaften Charakter dieser Vorschläge beurteilen. Da waren mir literarische oder satirische Statements lieber, wie Max Peintners „Zerstörungsfreie Durchdringung von Verkehrsmitteln durch computergesteuerte Zeitverschiebung“ oder Heinz Franks „Allesmacher“, übrigens Oswald Wieners „bio-adapter“, der eigentlich auch in die Ausstellung gehörte. Wenn ich an die gläubig-utopischen Verkehrsträume denke – bis zum individuellen Raketenflug –, deren Sinnhaftigkeit von Zukunftsforschern schon damals widerlegt war … Man muss sich vergegenwärtigen, dass in dieser Zeit die Wiener U-Bahn konzipiert und begonnen wurde. Die konstruktive Kritik an diesem Vorhaben, am ursprünglichen „Grundnetz“, das Durchsetzen eines Wettbewerbs – alles, was dazu beigetragen hat, dass das eine der besten U-Bahnen der Welt ist, wurde von anderen geleistet. *Dazu* gab es von der Seite des „Phänomens“ keinen Muckser.

Haben Sie sich nicht auch in Bezug auf die Geschichte der Architektur von den Utopisten unterschieden?

Das „Phänomen“ – wenn wir das so zusammenfassen wollen – hat sich a-historisch oder anti-historisch gegeben. Die haben alles, was vorher oder gleichzeitig war, entweder nicht gekannt oder gering geschätzt und standen damit im Gegensatz zur Wiederentdeckung und Aufarbeitung der österreichischen Moderne. Die hat ja eben nicht durch Kunsthistoriker, sondern durch Architekten stattgefunden: Kurrent, Spalt, Uhl, Achleitner, Gsteu oder Peintner, durchaus auch Hollein. Deshalb hatte sie einen produktiven Einfluss auf das Denken und Entwerfen; man konnte seine eigenen Aufgaben und Motivationen besser durchschauen, wenn man die früheren verstanden hatte. – Auch was das „Phänomen“ betrifft, sehe ich in der Ausstellung eine Anregung zur Aufarbeitung der Gegenpositionen. Es würde ja auch kaum mehr jemand den Anfang des 20. Jahrhunderts nur an Hand von Josef Hoffmann und der Wiener Werkstätte abhandeln und beispielsweise Adolf Loos auslassen oder – die äußerste Perversion – Loos als „Jugendstil-Architekten“ subsumieren.

Wie würden Sie Ihre eigene Position beschreiben?

Ich habe sie 1973 im Artikel „Zur Abwechslung“ beschrieben, als einen Weg von mehreren Schritten, über *Methode – Ironie – Das Vorhandene* – bis schließlich zu *Mehrschichtigkeit*, jedenfalls eine Position, die nicht auf die Erfindung von Formen aus ist. Indem die Ausstellung auch so was wie diesen Artikel enthält, zeigt sie ja den Weg, dass man über die bloße Materialsammlung hinauskommen muss.

Ihre Kritik am Austrian Phenomenon greift insofern ins Leere, als sich deren Art von Selbstvermarktung als unverzichtbare Qualität erwiesen hat. Die Medien feiern Stararchitekten wie Hans Hollein oder Zaha Hadid, für deren neuen Wohnbau in der Spittelau es Hunderte Interessenten gibt. Wohnt man heute in einem Zaha Hadid-Gebäude wie man einen neuen Audi fährt?

Die ökonomische Anziehungskraft von Architektur würde ich nicht überschätzen. Sie spielt eine geringere Rolle als die Frage, wo die Leute hinreisen, welche Autos sie kaufen oder welche Kleidung sie tragen. Und anders als in der Kunst kann man mit Architektur nicht reich werden. Das gilt auch für Stars wie Hollein oder Zaha Hadid. Es gibt keine Verdienstmöglichkeiten wie in Kunstsparten, die auf Reproduktion beruhen; es kann immer nur ein Haus da stehen. Und Architektur steigert nicht den Wert einer Liegenschaft, sondern vermindert ihn.

Was ist dann der Lohn der Architektur? Macht sie glücklich?

Eines von Holleins besseren Bonmots lautet: Die Architektur dient dem Überleben – vor und nach dem Tod. – Aber mit der unverzichtbaren Selbstvermarktung scheinen Sie recht zu haben. Nur: Wenn alle Wirbel machen, wird ein weißes Rauschen entstehen. Ich weiß dagegen kein anderes Mittel, als gleich den Mut zu haben, nicht bemerkt zu werden.

Die Sprache der Verführung

(2005)

„Nostalgie", „Spektakel", „Populismus" listet Stanislaus von Moos[1] die Versuchungen, dem reinen, autonomen Architekturentwurf einen Mehrwert zu verschaffen – oder ihn zu korrumpieren.

Nicht unbedingt erwartet der Außenstehende, dass diese Diskussion in der Schweiz so hoch entwickelt ist, präziser als etwa in Wien (soweit da noch diskutiert wird), vielleicht weil es klarere Ausgangspositionen gibt.

In der Kritik von Objekten und Ereignissen wird die Sprache der Verführung analysiert, wie sie gehört wird. Sie klingt nicht nur übel; Stanislaus von Moos beschreibt ihre Ambivalenzen; er macht wichtige Unterschiede und erschließt ihre Reize.

Aber wie wird sie gesprochen? Es könnte interessant sein, ihre Artikulation von der Produktionsseite her zu betrachten. Was nimmt sich der oder die Entwerfende vor? Versieht er nach Vollendung des stringenten Entwurfs diesen mit dosierbaren Zutaten? Oder bewegt er sich in einer zwingenden Entscheidungsreihe, für die Assoziationen jeder Art ebenso tragfähige Grundlagen sind wie Fakten der Konstruktion oder der Nutzung, ja für die alle Fragestellungen ineinander übergehen und qualitativ gar nicht unterscheidbar sind?

In einer generellen Betrachtung beginnt die Diskussion mit der über den Stil und über das Ornament. In Fall-Vignetten lassen sich einzelne Schritte darstellen, beginnend mit Heinrich Hübschs „In welchem Style sollen wir bauen?" (1828): Auch wenn seine Frage

Kristallleuchte im Palais Schwarzenberg, Wien 1984. Die niedrig positionierten Leuchten bedürfen einer Reduzierung der Blendung – was ja eine klassische Wirkung der durch Glaskristalle vervielfachten Lichtpunkte ist. Das damit verbundene Klischee des glitzernden Lusters ist willkommen (durch die dümmliche Idee eines „modernen" Kristalllusters ginge es verloren). Die verwendeten Kristallkörperformen stammen sowohl aus dem Barock wie aus dem Klassizismus und werden von der Industrie nach wie vor erzeugt.

1 Stanislaus von Moos: *Nicht Disneyland*, Zürich (Scheidegger & Spiess) 2004, 7.

nicht nur rhetorisch wäre (er weiß die Antwort: im technisch begründeten Rundbogenstil), drückte sich darin nicht bloß Ratlosigkeit aus. Der Stil als etwas Wählbares ist der Gedanke, der den Entwurf und seine Kriterien darüber erhebt. Schon die Bewusstheit des Historismus beinhaltet seine Überwindung.

Ein späterer Fall: Bei Adolf Loos spielt die Säule in allen monumentalen Entwürfen eine Rolle, quasi als Signal für „Repräsentation". Er verwendet sie aber nicht als Stilkopie, im Rahmen einer Säulenordnung, sondern isoliert sie und durchdenkt die Beziehungen zu Gebälk, Unterbau, Pfeiler und Wand von Neuem. So erreicht er etwa beim Michaelerhaus in Wien durch den konstruktiven Assoziationswert von Einzelformen, dass die Säulen entspannt im System zu schweben scheinen. Es entsteht ein Geschäftsportal von Ehrfurcht gebietender Arroganz (das freilich mit späteren Vorstellungen von Werbung nicht vereinbar ist).[2]

Otto Wagner war ein Architekt des Historismus gewesen und hatte sich davon befreit; er konnte sich der Säule noch nicht zitierenderweise bedienen. Er kam nicht durch Abwerfen, sondern durch langsame Reduktion des Ornaments zur glatten Fläche: Bei der Postsparkasse in Wien simuliert die Verkleidung zwischen den Fensterachsen eine Riesenpilasterordnung mit Basen und Kapitellen; eine bereits versteckte Information, die sich der Betrachtung mit zusammengekniffenen Augen erschließt.

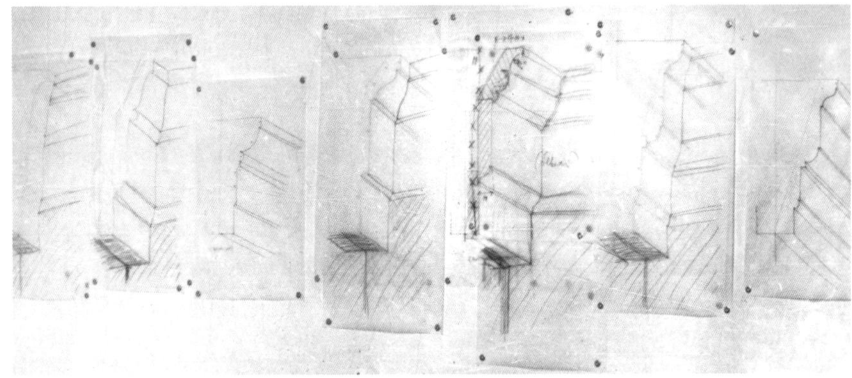

Kleines Café I, Wien 1970. Das klassische Gesimsprofil verstärkt hier die Plausibilität eines Illusionsspiegeleffekts. – Ein Steinprofil in Holz nachzubilden schafft bereits eine ironische Distanz, so dass die zunächst beabsichtigte Verwendung eines Palladio-Profils – das selbst bereits manieristische Verzerrungen enthält – einen bühnenbildähnlichen Effekt gehabt hätte. Gewählt wurde ein Profil von Alberti.

*

Ornament ist dagegen immer noch das, was man weglassen kann. Es bringt nichts, diesen Loos'schen Ansatz anzuzweifeln. Auch heute sind wir nicht in einer historischen Situation, in der wir von der „Wiedereinführung des Ornaments" etwas gewinnen könnten. Das wäre tatsächlich ein anti-analytischer, theoretisch inferiorer Versuch, Symptome mit einem Medikament zu behandeln, Erkenntnis durch Zutaten zu ersetzen.

Aber schon Loos' Standpunkt ist eben komplexer als weithin verstanden wurde. Sein Kampf gegen das Ornament ist nicht ein Kampf für die glatte

2 Hermann Czech / Wolfgang Mistelbauer: *Das Looshaus* (1965), Wien (Löcker) 1984³, 105, 109–113.

Fläche, sondern gegen jede Form, die nicht Gedanke ist – und sei es eine glatte Fläche.[3]

Auch bedeutet die Zurückweisung des Ornaments nicht den Glauben an die simple Lösung. Die simple Lösung gibt es nicht, wenn die Komplexität der konkreten Situation erfasst und aufgearbeitet wird. Selbst wenn alle einander überlagernden Systeme zur Deckung kommen und das Ergebnis scheinbar durchsichtig ist, wird das mehrschichtige Netzwerk sich durch ein Vibrieren verraten. (Architekten können sich entspannen: Wir brauchen Komplexität nicht zu *erfinden*.)

*

Ich erinnere mich an das Argument eines Architekten für sein Projekt im Zentrum einer historischen Stadt: Er sagte, die moderne Architektur fehle im Zentrum, deshalb müsse dort etwas Modernes gebaut werden. Hier zeigt sich, dass der Modernismus ein Stil unter anderen ist – ein Stil, den man auswählen kann. Eine Vielfalt von Stilen steht zur Auswahl, historische wie zeitgenössische. Warum sich vor Klischees fürchten? Oft liegen sie am Weg zu vernünftigen Entwurfslösungen; sie sind ja einmal durch vernünftige Anforderungen entstanden. Eklektizismus kann auch Abkürzungen zu Bedeutungen und Assoziationen liefern, die anders nicht erreichbar wären. Stile und ihre Auswahl können also brauchbare Mittel im Entscheidungsprozess des Entwurfs darstellen. – Freilich nur als Mittel, nicht als Bedingung können sie die Quelle architektonischer Qualität sein.

*

Architektur ist nicht geradlinig, sondern *komplex* und *widersprüchlich*.[4] In den Ebenen der Wahrnehmung, im Wechsel der Bedeutungen bewegt sich der architektonische Gedanke. Die Rechtfertigung heischende Frage „warum?“ ist längst durch die Gegenfrage „warum nicht?“ entkräftet – vielfach eine Frage der Schwäche, die weniger aus Willkür als aus Hilflosigkeit gespeist ist. Der Notwendigkeit einer Profilierung, des Bemerktwerdens steht die Machtlosigkeit des Architekten im faktischen Produktionsprozess gegenüber. Diese äußeren Bedingungen zu inneren zu machen, gibt der Skepsis Robert Venturis gegenüber einer „straightforward architecture“ einen weiteren Sinn.[5]

Die einander überlagernden, vielfach widersprüchlichen Gedankengänge von Entwurf und Umsetzung produktiv zu machen, ist nicht ohne theoretische Tradition. Vielfach sind die Begriffe dazu allerdings in einer reinen Lehre in Verruf gekommen.

Das *Malerische* („Picturesque“) zum Beispiel verwendet noch Venturi ohne nähere Bestimmung negativ[6], während ich diesen zentralen und durchaus exakten Begriff der englischen Gartenkunst des 18. und 19. Jahrhunderts und ihrer Theorie als konstitutiv eben für eine komplexe und widersprüchliche Architektur heranziehen konnte: nämlich beim Versuch, Josef Franks *Akzidentismus*-Formel produktiv zu fassen, die besagt, „dass wir unsere Umgebung so gestalten sollen, als wäre sie durch Zufall entstanden“.[7]

Den Begriff *Manierismus*, von der

3 Ebd., 102.

4 Wolfgang Mistelbauer und ich haben diese beiden Kriterien um 1965 bei der Analyse des Looshauses am Wiener Michaelerplatz verwendet (Anm. 2, 113) – zufällig gleichlautend mit dem Titel von Robert Venturis 1966 erschienenem Buch s. Anm. 5.

5 Robert Venturi: *Complexity and Contradiction in Architecture*, New York (The Museum of Modern Art) 1966, 22, 23, 25.

6 Ebd.

7 Hermann Czech: „Ein Begriffsraster zur aktuellen Interpretation Josef Franks“ (1985); in: *Zur Abwechslung. Ausgewählte Schriften zur Architektur. Wien*, erw. Neuausgabe, Wien (Löcker) 1996, 111–122, bes. 119–121.

historischen Periodenbezeichnung abstrahierend, hat wohl Colin Rowe als erster (1950) für eine kritische Theorie der Moderne in Anspruch genommen.[8] Ich habe ihn 1977 nach den Bestimmungsstücken *Bewusstheit* und *Sinn für das Regelwidrige* definiert, um eine Basis für das Delegationsprinzip der Partizipation zu gewinnen.[9] Venturi und Scott Brown definieren in ihrem 2004 erschienenen Buch Manierismus ebenfalls in einem allgemeinen Sinn „als verzerrte Konvention – oder als Konvention, die die Mehrdeutigkeit akzeptiert".[10]

*

Wir können uns hier also des theoretischen Rüstzeugs von Metiers bedienen, denen der Umgang mit teilweise außerhalb ihrer Kontrolle liegenden Wirkungen geläufig ist. Ich habe dazu wiederholt auf die Gartenkunst und die Schauspielkunst verwiesen. Mit diesem Rüstzeug lässt sich wohl auch aus den unter *Branding*, *Theming*, *Imagineering* firmierenden Strategien ein kritisches Potential gewinnen. (Auch die kaufmännische Tätigkeit ist ja von der Art, dass sie definierte Entscheidungen in ein nur beschränkt kontrollierbares Feld setzt. Aber sie misst ihren Erfolg nicht an der Bewegung des Konsumenten, sondern am Profit, der schließlich auch durch Bauernfang zustande kommen kann.)

*

Denn wir wollen freilich verführen – aber wir wollen, dass der oder die Geliebte freien Willens unseren Willen tut, wir wollen „eine Freiheit als Freiheit besitzen".[11] Das Kriterium scheint also gleichwohl ein moralisches zu sein, wo Wahrhaftigkeit – und sei es eine zynische – und nicht Manipulation gefordert ist, wo der Rezipient als Zweck und nicht als bloßes Mittel gebraucht sein soll. Wir landen wieder bei der Maxime, sich nicht blöd machen zu lassen und es auch bei anderen nicht zu versuchen.[12]

---

8 Colin Rowe: „Mannerism and Modern Architecture", in: *The Architectural Review*, London, May 1950, 289–299, Deutsch: „Manierismus und die Moderne", in: Rowe: *Die Mathematik der idealen Villa und andere Essays*, Basel (Birkhäuser) 1998.

9 Czech: „Manierismus und Partizipation" (1977), in: *Zur Abwechslung*, 90–91 (s. Anm. 7).

10 Robert Venturi / Denise Scott Brown: *Architecture as Signs and Systems For a Mannerist Time*, Cambridge, Mass.–London (The Belknap Press of Harvard University Press) 2004, 74–75.

11 Jean-Paul Sartre: *Das Sein und das Nichts* (1943), Reinbek (Rowohlt) 1991, 643 etc.

12 12 Czech: „Selbstkritik der Moderne" (1995), in: *Zur Abwechslung*, 144–148 (s. Anm. 7).

„Übrigens bin ich einigermaßen schwindelfrei“

Im Gespräch mit Christoph Mayr Fingerle

(2005)

MAYR FINGERLE: *Beginnen wir das Interview ganz allgemein und zwar von den Anfängen her. Wie bist du zur Architektur gekommen und welches waren für dich einschneidende Architekturerfahrungen und -erlebnisse?*

CZECH: Ich und meine Umgebung haben mehrere Berufe erwogen. Eine Überlegung war, in die Gastronomie einzusteigen; meine Eltern waren Gastwirte. Ich erinnere mich an ein Berufsberatungsheft, in dem für Architektur verschiedene passende Eigenschaften angegeben waren, unter anderem räumliches Vorstellungsvermögen – auch Schwindelfreiheit, wo ich mir nicht sicher war –, aber ich muss ja, dachte ich, keine Hochhäuser bauen. (Übrigens bin ich einigermaßen schwindelfrei.) Ich habe gleichzeitig begonnen, Film und Architektur zu studieren und außerdem Philosophievorlesungen besucht.

Ab welchem Zeitpunkt hast du gewusst ich will Architekt werden?

Sowohl der Film als auch die Architektur tendieren zum Gesamtkunstwerk. Beim Film ist aber, wie mir klar wurde, eine ganz andere Temperamentlage erforderlich. Beim Film muss man viel schneller sein, ein Schwachpunkt in der Ausführung ist kaum mehr auszubessern, wogegen man in der Architektur fortgehen kann, um sich Zeit zu nehmen, was zu überlegen und das Ergebnis anzureichern. Es gibt ja immer Situationen, in denen man sagt, das wäre anders besser gewesen, wenn man das Ergebnis sieht.

Du hast ja bei verschiedenen Leuten studiert, bei Wachsmann, Plischke – welche waren deine wichtigsten Lehrer?

Neben den Architekten der Wiener Arbeitsgruppe 4, vor allem Friedrich Kurrent und Johannes Spalt, waren es, wie du sagst, Konrad Wachsmann und später dann Ernst A. Plischke.

Konrad Wachsmann ist heute nicht mehr so ein Begriff, was war bei ihm das Besondere?

Er hat an die Industrialisierung des Bauens und an die Vorfabrikation geglaubt; aber er hat damit eine hohe Verantwortung verbunden, weil ja dann jede, auch kleinste Entscheidung in hunderttausendfacher Vervielfältigung halten muss. Zweitens hat er durch den Gedanken der Modularität, dass die Bauteile in einer mehr oder weniger komplizierten Geometrie im Raum zueinander passen müssen, auch eine differenzierte Raumvorstellung initiiert. Durch sein Verständnis historischer Architektur konnte er darauf hinweisen, wie z.B. eine gotische Halle funktioniert oder wie die Ecke von einem Renaissancepalast ausschaut. Er hat mit der vordergründig technologischen Herangehensweise eine geistige Dimension der Architektur verbinden können. Das war die wirkliche, geradezu moralische Erfahrung, die man mit ihm machen konnte. Er hat eine Arbeitsmethodik entwickelt, die einen neuen Begriff von Teamarbeit gebracht und die Autorenrolle relativiert hat. Wenn ein Team wirklich ineinandergreifend funktioniert, dann identifiziert sich ja jeder mit der Gesamtleistung, d.h. jeder glaubt, alles ist von ihm. Aber da er weiß, dass nicht alles von ihm ist, hält er nach außen die Teamdisziplin: Man denkt nicht mehr daran, was von wem ist, sondern alles ist von allen und man nennt als Autoren alle Teammitglieder.

Gibt es solche Teamarbeit auch bei dir, hast du in solchen Situationen schon mal gearbeitet?

In der Studienzeit und bei frühen Entwürfen gab es solche Teamkonstellationen, u.a. mit Wolfgang Mistelbauer, mit dem zusammen ich 1958 in Salzburg bei Wachsmann war.

Das Gerüst der Teamarbeit bei Wachsmann war die Struktur von sieben Gruppen zu je drei Personen. In der Salzburger Sommerakademie hat er jeweils die ersten 21 aufgenommen, die sich gemeldet haben; das konnte man damals, weil das die Interessiertesten waren. Das waren dann sieben Dreiergruppen. Die Psychologie einer Dreiergruppe ist sehr effizient, weil eine Dreiergruppe Pattstellungen aufhebt und man in der Rolle vom Paar zum Außenseiter wechseln kann. Für die sieben Dreiergruppen hat er sieben Themen aus der Architektur, Konstruktion, Modularität, Installation usw. herausgegriffen und sie innerhalb dieser sieben Gruppen rotiert. Das war eine ganz exakte Struktur; es gab jeweils 2 Arbeitstage und einen Berichtstag: am dritten Tag sind die Ergebnisse vorgestellt und diskutiert worden. Dann ist das Thema rotiert worden zur jeweils nächsten Gruppe. Es hat kein Papier weggeworfen werden dürfen. Alle Notizen wurden auf vorgeschriebenen Bogenformaten festgehalten und ebenfalls weitergegeben.

Zu dieser einerseits kumulativen, anreichernden und andererseits kritischen, reinigenden Methode kommt der gemeinsame geistige Hintergrund und das daraus entwickelte kollektive Selbstbewusstsein. Teams funktionieren auch immer dort dauerhaft, wo die Leute von der Ausbildung her zusammengewachsen sind, eine gemeinsame Sprache haben, eine gemeinsame Bewertung von Dingen, wo man mit demselben Gesichtsausdruck sich über dieselben Sachen lustig machen kann etc.

Mit der üblichen Teamarbeit, die es in der Architektur gibt – übrigens auch beim Film –, also mit der Zusammenarbeit verschiedener Fachsparten, hat das nichts zu tun.

Du hast ja in der ersten Zeit verschiedene Texte geschrieben und dich theoretisch auseinandergesetzt: „Das Looshaus“ mit Wolfgang Mistelbauer und „Zur Abwechslung“. Ab einem gewissen Zeitpunkt hast du dann angefangen zu bauen und weniger zu schreiben. Ist das Schreiben für dich jetzt vorbei oder kommt das hin und wieder als Ergänzung zum Bauen?

Es war eher umgekehrt: Wir, etwa auch Wolfgang Mistelbauer, fanden, dass das Schreiben vom Bauen nicht trennbar ist. Ich wollte immer bauen, aber dem Bauen eine theoretische und sprachliche Grundlage geben. Text und Entwurf hingen eng zusammen. Wolfgang Mistelbauer hat gegenüber dem Begrifflich-Verbalen auch die Position eines bildnerischen Denkens vertreten. Zusammen mit Reinald Nohàl haben wir 1961 in Wien das Restaurant „Ballhaus“ (wie Mistelbauer sagt: „das erste postmoderne Lokal“) gemacht, dem Friedrich Achleitner später die Übernahme von Methoden der Literatur – Montage und Collage – zugeschrieben hat.

Aber du hast dich doch auch mit Übersetzen beschäftigt und einige Jahre das Buch „A Pattern Language“ von Christopher Alexander übersetzt. Was war da dein Antrieb, denn jeder der Übersetzungen macht weiß, dass es harte Knochenarbeit ist. Was hat dich dazu bewogen dieses Buch zu übersetzen?

Ich halte es für den wichtigsten Denkansatz zum Bauen in der zweiten Hälfte des 20. Jahrhunderts, nicht überholt in seiner Schlüssigkeit, vielleicht etwas gefärbt durch ein Harmoniebedürfnis, durch das Bild einer ungestörten Ordnung, das in meiner Sicht nicht aufrechtzuerhalten ist. Aber die Methodik und die begriffliche Einsicht sind unabhängig von diesem Bild: Christopher Alexander und seine Mitautoren nennen das Buch selber *eine* Mustersprache und nicht *die* Mustersprache; die gedankliche Methodik ist auch auf disparate Entwurfsinhalte anwendbar.

Du hast eine große Bibliothek und bist am aktuellen Architekturdiskurs und Geschehnis sehr interessiert. Gibt es aus den letzten 10–20 Jahren Arbeiten oder Publikationen, die für dich besonders wichtig sind und warum?

Ich würde nicht sagen, dass ich umfassend informiert bin; nebenbei, glaube ich, ist das heutzutage gar nicht mehr möglich. Es gibt z.B. ein neueres Buch von Nikolaas John Habraken, „The Structure of the Ordinary" (1998), das sich auch mit Christopher Alexander auseinandersetzt. Sonst fällt mir Peter Sulzers Arbeit über Jean Prouvé ein, oder Georg Francks erhellende Analyse der Prominenz und des Startums. Ignasi Solà-Morales' Konzept der „Weak Architecture" hat mich sehr interessiert.

Etwas wie „structure of the ordinary" ist doch eher gegen den Trend, denn der Trend in der internationalen Architekturszene ist doch etwas Auffallendes zu schaffen wie z.B. die Projekte von Zaha Hadid, also immer mehr aufzufallen und ein zu Zeichen setzen. Eine Architektur der Landmarks oder Eventarchitektur. Wie siehst du diese Entwicklung?

Die mediale Rezeption der Architektur führt ins Showbusiness, auf verschiedenen Niveaus – nur dass die Honorare nicht mithalten. – Viele Entwürfe sind überhaupt nur zusammen mit einem prominenten Namen zumutbar; die betreffenden Wettbewerbsverfahren wären undenkbar, würden sie wie behauptet streng anonym durchgeführt. Es gibt auch Leute, deren Starruhm tatsächlich durch hohe Qualität gedeckt ist, etwa Herzog & de Meuron oder Koolhaas, Leute wie Zumthor, Siza, Shigeru Ban. Das Medienfeld beherrschen jedoch überwiegend Humbug und Fake. Zu Neujahr 2005 habe ich die Rundfrage einer Tageszeitung nach Strategien zur Architektursituation mit „Instandsetzung der Architektur aus dem Geiste des Trash" beantwortet – durchaus zweideutig: sowohl pro wie contra Trash.

Ist es nicht so, dass die Gesellschaft heute nicht nur will, dass die Architektur gut funktioniert, wenigstens Teile der Gesellschaft, sondern, dass sie einen besonderen Attraktionswert darstellt, also zusätzlich die Wirtschaft ankurbeln und ganze Gebiete neu beleben soll. Und dass da vielmehr hineingesteckt und gefordert wird als Architektur eigentlich leisten kann. Durch solche Zeichensetzungen in der Architektur wie z.B. mit dem Museum in Bilbão von Frank Gehry wird versucht eine Stadt neu aufzuwerten und die Wirtschaft neu zu beleben. Ist das ein Teil des heutigen Gesellschaftsprozesses?

Da es aussichtslos ist, eine Entwicklung aufhalten zu wollen, müsste es gelingen, aus den kommerziellen Strategien: *Branding*, *Theming*, *Imagineering* und wie diese Fachausdrücke heißen, ein kritisches Potential zu gewinnen, wie das seit den 50er Jahren – beispielhaft durch Josef Frank und Robert Venturi – mit den trivialen Elementen der Alltagskultur gelungen ist.

Der Architekt Glenn Murcutt sagt z.B., er kann nicht irgendwo anders bauen als in Australien, weil er über Klima, Tradition und Kultur nur von Australien Bescheid weiß. In Japan z.B. ist er dazu nicht in der Lage, da er dort die Situation überhaupt nicht kennt. Man redet oft von Global Player, wie siehst du das, ist es möglich, dass man überall bauen kann? Es gibt heute eine große Bauentwicklung in China, wo viele Europäer bauen. Ist es, wenn man Murcutt zitiert, doch schwierig und wäre es auch bei dir schwierig in China oder Japan zu bauen, da deine Architektur sehr stark auf einen mitteleuropäischen Hintergrund bezogen ist?

Ich würde sogar sagen, Wiener Hintergrund. Ich sehe es nur nicht so, dass ich z.B. nicht wie hier auch in New York etwas machen könnte. Natürlich wäre es schwieriger in Afrika oder in Asien zu bauen, weil ich dort den Kontext und die Hintergründe nicht parat habe. Es bedürfte einer Affinität, wenn jemand von mir dort etwas will. Der Wiener Architekt Rainer Pirker z.B. macht für einen chinesischen Auftraggeber ein Projekt; der interessiert sich für seinen Hintergrund und er wiederum sich für den chinesischen. Das ist ja, was wir uns aus einer sich weiterentwickelnden Kultur erhoffen, dass einander diese Hintergründe beeinflussen und bereichern.

Wenn wir noch einen Moment bei der internationalen Architektur bleiben, bevor wir dann nach Kaltern übergehen: wie siehst du die Position Mies van der Rohes heute?

Das ist fast so wie wenn du mich fragst: wie siehst du Borromini oder Semper heute. Für mich hat es bei Mies van der Rohe keine schwankende Einschätzung gegeben. Er ist ein ganz großer und konzeptueller Architekt. Wenn man heute nach New York kommt, ist das Seagram Building immer noch ein Apparat der dort steht und brummt. Am ehesten hat sich meine Einschätzung von Gropius geändert; er ist in Amerika in schlechtes Psychologisieren verfallen. Man kann immer noch sagen, das Bauhaus ist ein ganz bedeutendes Bauwerk. Aber wenn ich heute auf die ETH Zürich am Hönggerberg hinaufgehe, finde ich keinen Eingang und kann mich nicht orientieren, obwohl die Gebäude orthogonal aufgebaut sind. Dieses Problem hat mit dem Bauhausgebäude begonnen. Wenn Christopher Alexander sagt, es ist einfach ganz gut, wenn man weiß, wo der Eingang ist und wie man von dort weiterkommt, selbst wenn ein Gebäude aus verschiedenen Einheiten besteht, so spricht er einen elementaren Gedanken an, der zwischendurch verloren gegangen ist.

Weil wir beim Stichwort ETH sind: Du bist seit einem Jahr Gastprofessor an der ETH in Zürich. Welche Schwerpunkte setzt du bei deinem Unterricht?

Es sind weitgehend pädagogisch motivierte. Mir geht es darum, dass ein Student möglichst verschiedenartige Entwurfserfahrungen macht, die ihm in der Berufssituation dann nicht mehr völlig neu sind: z.B. dass er sich bei einem Einraumgebäude über die innere Raumqualität eines Versammlungsraumes und gleichzeitig über die äußere Erscheinung dieses kleinen Gebildes im zentralen Stadtraum von Zürich auseinandersetzen muss. Dass er sich überlegt, wie schaut das aus. Das ist eine ganz wesentliche Erfahrung: wie wirkt das, was immer ich mir da überlegt habe, auf andere. Da kann etwas ganz komisch wirken oder Assoziationen hervorrufen, die man gar nicht beabsichtigt oder erwartet hat. – Jetzt läuft gerade das Thema „Umbau“: Jeder Student, jede Studentin musste ein früheres Projekt bringen und dieses Projekt ist rotiert worden zu einem anderen Studenten. Auf Grund neuer – durchaus nicht unrealistischer – Voraussetzungen muss aus dem Projekt etwas ganz anderes gemacht werden. Ein riskantes Unternehmen; es hätte viel schief gehen können. Wir haben aber zu jedem etwas Plausibles gefunden, Dinge, die man über ein normales Programm sonst kaum stellen würde – z.B. ein Geburtshaus oder ein Asylheim, aber eben als Umplanungen. Jeder macht die Erfahrung, dass er mit Entscheidungen von jemand anderem umgehen muss, aber auch die, dass mit seinem Projekt etwas Neues geschieht, was er nie vorhergesehen hat.

Mit dem Thema Umbau sind wir auch beim Thema Weinhaus in Kaltern. Wie bist du an dieses Projekt herangegangen und was waren die Gedanken und Ideen, die dich bei diesem Projekt begleitet haben?

Man wollte hier etwas Profundes schaffen, einen Grundstein legen für eine Qualität, die es schon gegeben hat und die vielleicht verloren gegangen ist, konkret die Qualität des Weins, die man jetzt wieder neu belebt. Dafür gibt es schon eine Kampagne, in Hinsicht auf das Produkt, aber auch in Hinsicht auf Architektur, wie etwa Walter Angoneses und Rainer Köberls Bauten für das Weingut Manincor und andere. Für diese Bestrebungen wollte man ein zentrales Haus mit Öffentlichkeit. Präziser ist die Aufgabenstellung gar nicht gewesen; die Vorgaben waren sehr offen. Man hat dieses Haus gefunden, aber niemand hatte konkrete Vorstellungen was hier möglich ist. Mir kamen die Voraussetzungen entgegen: eine Art Lokal, das schon immer da gewesen sein könnte. Vor allem konnte man darauf eingehen, was das Gebäude hergibt.

Hat dich der Ort besonders inspiriert bzw. hast du die Architektur und den Ort schon gekannt. Welche Eindrücke hast du von Kaltern?

Ich bin das erste Mal da gewesen. Es gibt keinen direkten Einfluss; das Lokal könnte auch in einer Großstadt sein.

Ich kann nicht sagen, wenn da nicht der Marktplatz wäre, hätte ich alles anders gemacht, aber natürlich gibt allem was man macht der Marktplatz noch ein zusätzliches Gewicht. Zum Platz hin eine Stiege nach unten zu machen, ist naheliegend; dazu kommt, dass schon vorher der Kellereinstieg dort gewesen ist. Aber eben deshalb ist diese Stiege schmal; und man braucht gesetzlich ohnehin zwei Stiegen, die andere breitere ist eben hinten. Aus solchen konkreten Überlegungen baut sich die Raumfolge auf – möglichst ohne Leerläufe.

Die vorhandene Architektursprache und die Schichten die du freigelegt hast, dieses Gewachsene, kommt das deiner Philosophie oder Architektur entgegen?

Jeder Entwurf, auch ein neuer, entsteht aus vielen, teilweise widersprüchlichen Gedankengängen. Dieses Netzwerk bleibt sichtbar, auch wenn die Dinge zum Einklang kommen; das macht die ästhetische „Informationsdichte" aus. Bei einem Umbau sind solche Informationen schon vorhanden; es wäre eine Verarmung, darauf zu verzichten.

Was mir aufgefallen ist, dass heute im Weinlokal verschiedene Leute gesagt haben: „schau es ist ja warm". Vielfach wird zeitgenössische Architektur als kalt empfunden, etwas Modernes wird oft so gesehen, dass diese Architektur unfreundlich ist und nicht bequem. Welche Rolle spielt dieser Aspekt für dich?

Na ja, warm oder kalt würde ich nicht unbedingt gegenüberstellen. Ein Aspekt ist sicher der Komfort, wie man sich wo entfalten und sich angenehm, jedenfalls adäquat aufhalten kann. Das ist der Sinn eines Innenraums. Architektonische Raumgedanken, auch strenge und großzügige, sind dazu kein Widerspruch, im Gegenteil. Bequem muss nicht unbedingt „freundlich" sein. Meine Einstellung zu Form ist sogar destruktiv; ich versuche Form zu vermeiden, vorhandene, etablierte Formen zu verwenden, aber nicht im etablierten Zusammenhang. Form zerstören heißt ja nicht „zerstörte" Formen verwenden.

Welche Bedeutung hat für dich der Humor in der Architektur und wie drückt sich so etwas aus?

Humor – auch exakter: Ironie – ist ein tragendes Element einer intellektuellen, bewussten Entwurfshaltung. Auch der Witz im engeren Sinn ist nicht ausgeschlossen; nur hat der Witz in der Architektur seine Grenzen. Einen Witz kann man nicht ununterbrochen erzählen; wenn er einmal verstanden wurde, ist er vorbei. Die Architektur muss außer dem Witz noch andere Reserven haben, den Komfort beispielsweise, die bleibenden Entwurfsgedanken. Vielleicht wird der Witz nach 20 oder 50 Jahren gar nicht mehr unmittelbar verstanden und bleibt bloß als seltsames Element übrig.

Du hast dort ein besonderes Spiegelelement eingebaut. Aus dem Theater kennt man so etwas wie einen „deus ex ma-

china". Suchst du in deinen Projekten oftmals nach etwas Besonderem, sozusagen nach einer speziellen Erfindung, oder ergibt sich das aus den Vorgaben?

Es ergibt sich aus den Vorgaben; aber es kann sich eben etwas Besonderes ergeben, das man weiterverfolgen muss. Der hintere Kellerraum ist der größte und höchste, damit musste er im Raumzusammenhang der wichtigste werden. Deshalb auch der Fußboden aus großen schwarz/weißen Steinplatten unter dem großen Tisch neben dem sichtbaren Weinlager. (Diese Schachbrett-Verlegung ist übrigens nicht rechtwinklig; wegen der leichten Schräge des Raums sind auch die Platten in Winkeln von 88,42 und 91,58 Grad zugeschnitten, so dass es ein exaktes Fugenbild und keine Anschnitte gibt.) Mit diesem Höhepunkt der Raumfolge hat man bei Nacht kein Problem; aber es stellt sich die Betriebsfrage: wie bringe ich am Tag die Leute in den Keller hinunter? Wenn ich Tageslicht hineinbringe, dann ist die Kellersituation etwas entspannt und der Raum auch tagsüber zumutbar. Es gab drei Kellerfenster zur Lüftung; nur eines am hinteren Ende haben wir zu dieser Licht- und Sichtverbindung ausgebaut. Die singuläre Lösung war auch technisch und kostenmäßig die optimale.

Ich kenne einige deiner Projekte wie das Kleine Café, die Wunder-Bar, das Salzamt usw. Mir ist aufgefallen im Unterschied zu den vorher genannten Projekten, dass Farbe in diesem Falle für dich eine sehr wichtige Rolle gespielt hat. Warum hast du gerade diese Farben ausgewählt und welche Rolle spielt Farbe bei deiner Architektur?

Es gibt zwei Aspekte in Bezug auf Farbe. Der eine ist die Rolle, die die Farbe im Farbkreis spielt, im Verhältnis zu anderen Farben. Es geht ja nie um eine Farbe allein, sondern um die Kombination von mehreren Farben. Es gibt Schwarz, Weiß und drei Grundfarben (oder vier: Grün ja oder nein), zwischen denen sich der Farbkreis aufspannt, oder besser: der Farbraum – als Kugel, Doppelkegel oder wie immer. In diesem Farbraum haben verschiedene Farben jeweils eine Lagebeziehung, über die man sich ihre Kombinationswirkung klar machen kann.

Dann gibt es in der Architektur eine andere Rolle der Farbe: Eine Farbe kann einfach im Objekt aufgehen. Am einfachsten ist das bei einer Materialfarbe vorzustellen. Aber auch eine deckende Farbe kann durch Assoziationen oder Gewohnheiten nicht mehr als Farbe zu sehen sein, weil ich sie aufgrund des Gebrauchs in einem gewissen Zusammenhang so gewohnt bin. Das ist das was mich interessiert: wo nicht eine Farbe hervortritt, sondern das Objekt oder das Material einfach diese Farbe hat. Dass Farben da sind, aber gleichzeitig vernichtet werden, das ist in der Architektur möglich – es ist ja interessant, dass du dich beim Kleinen Café etc. nicht an Farben erinnerst. Wenn z.B. eine Sprossenteilung eine gewohnte Farbe hat, sehe ich gar nicht die Farbe, sondern die Farbe geht in die Sprossenteilung über, auf Grund der Gewohnheit. Solche Gewohnheiten verschieben sich natürlich in Jahrhunderten, oft schon in Jahrzehnten.

Die Wandfarben der Stiegen, wo man im Weinhaus Kaltern in den Keller geht, überhaupt die neuen Putzflächen im Keller, das ist jetzt fast eine Modefarbe, eine relativ starke Farbe, die einfach verschwindet. Es interessiert mich, wie dieses Ocker bzw. Khakigrau (es ist sogar eine RAL-Farbe) sich auflöst. Das Blau an der Decke im Erdgeschoss ist dagegen eine Farbe, die nicht verschwindet. Ich habe da an gotische Gewölbe gedacht, aber das wäre dann ein dunkleres Blau gewesen – z.B. Indigo –, was gefährlich wäre für diesen Tageslichtraum, der dann ziemlich dunkel würde. An diesem Blauton haben wir ziemlich lange experimentiert. Es sollte eine charakteristische Farbe sein, die wie von nirgendwo herkommt. Man soll sie auch wahrnehmen, genau wie das Rot im Raum darunter.

Soll das Rot eine Assoziation zum Wein herstellen?

Nein, um Gottes Willen, keinen Bezug zum Wein. Dieser Kellerraum mit

dem Tonnengewölbe aus dem 17. Jahrhundert sollte einfach merkbar werden. Am Boden ist dagegen ein Braungrau verwendet, weil diese Farbe nicht die Speisen oder Getränke aussticht. Peter Kubelka, ein bedeutender Filmmacher, aber auch eine Autorität in Fragen des Kochens und damit zusammenhängender Kulturfragen (in der Frankfurter Städelschule hat er sowohl Film wie Kochen unterrichtet), sagt, dass die Bodenfarbe eines Speiseraums ebenso wie die Tischfläche nie stärker sein darf als das Essen, sie sollen nicht mit den Farben der Speisen konkurrieren. Das gilt natürlich auch in Bezug auf den Wein und darum ist die Farbe unten relativ neutral, erst oben ist das Rot.

Warum gerade dieses Rot?

Es ist ein sattes mittleres Rot, nicht Zinnober und nicht Karmin. Es sollte diesen Raum im Untergeschoss aufwerten, intimer machen. Deshalb ist auch die eine Raumwand zwischen Sprossen verspiegelt, so dass der Raum hinter dieser Wand optisch weitergeht. Das Rot in diesem kleineren Raum bewirkt übrigens, dass das nächste, größere und völlig unbehandelte Kellergewölbe in seiner Erdfarbe viel edler erscheint.

Jetzt hast du hier auch verschiedene Materialien und Hölzer eingesetzt, was nicht üblich ist, wie die Kombination zwischen Eiche, Buche und Lärche. Hast du eine bestimmte Philosophie die du dabei verfolgst?

Wenn ich dazu überhaupt eine Philosophie habe, dann die, dass ich nicht an die Verwendung von gleichen Hölzern glaube. Zunächst einmal kommen im Raum Hölzer zusammen von ganz verschiedenen Gewerken – wenn ich den Fußboden, die Täfelung, den Tisch, den Sessel aus dem gleichen Holz mache, kann ich ganz sicher sein, dass sie nicht gleich ausschauen werden. Also die Idee einer einheitlichen Holzart ist ja völlig lächerlich; das ist auch nie gemacht worden. Man hat jedes Objekt aus dem Holz gemacht, das dafür am besten geeignet war. Außerdem ist mir die Variation sogar noch recht, wenn ich z.B. Glasleisten in einer Eichentür habe, dann mache ich sie absichtlich in einem anderen Holz, in dem Fall aus Lärche, weil es eben anders ausschaut, weil ich dann die Glasleisten in ihrem Unterschied sehe. Boden, Tisch und Täfelung würde ich schon absichtlich nicht gleich machen, wie bei der Sitzloge. Hier kommen Buche und Eiche vor, in lockerem Umgang: wo man drauf sitzt und was man angreift ist aus Eiche und wo man drauf steht ist aus Buche.

Welche Rolle spielen Zufälligkeiten? Wenn z.B. ein Maurer aus seiner Sicht etwas ganz „besonders schön" macht, was vorher überhaupt nicht so gewollt war. Spielt die Theorie des Akzidentismus von Josef Frank bei dir eine bestimmte Rolle?

Mir sind Ungenauigkeiten oder Unregelmäßigkeiten, wenn etwas anders ist als beabsichtigt, gleichgültig, solange der Gedanke nicht zerstört wird. Der „Gedanke" kann vielerlei sein: eine Raumwirkung, die Beziehung zwischen zwei Fugenteilungen, die Wahrnehmung eines Bauteils, eine Sichtbeziehung – jedenfalls Dinge, die – auch unbewusst – zur Befindlichkeit eines sensiblen Benutzers beitragen, natürlich auch dessen unmittelbarer Komfort. An der Stelle, die du meinst, ist ein Gedanke tatsächlich zerstört worden. Alle neuen Putzflächen im Keller liegen ja etwas tiefer hinter der Steinmauerfläche – sozusagen als Inlay; dort hat ein Maurer eine neue Putzfläche mit dekorativ eingesetzten Steinen verziert, wodurch natürlich auch die übrigen Flächen im Raum korrumpiert werden. Der Aufwand, das richtigzustellen, wäre zu groß gewesen. Abgesehen von der Missstimmung, so etwas als Mängelbeseitigung durchzusetzen, hätte es die Terminsituation verschlechtert. – Aus der Formel von Frank, unsere Umgebung so zu gestalten, „als wäre sie durch Zufall entstanden", folgt übrigens nicht, dass man zufällig vorgeht, also quasi abwartet wie es ausfällt. Gerade dann erreicht man das „zufällig" erscheinende Ergebnis nicht, sondern es kommen Dinge heraus, die nach irgendwelchen Absichten ausschauen.

Inwieweit ist für dich das Erkennen und das Absetzen von Alt und Neu wichtig? Welchen Stellenwert hat für Dich der Denkmalschutz und wo setzt du die Grenzlinie zwischen Alt und Neu?

Es kann beides sinnvoll sein, ich halte da nichts von einer akademischen Regel. Man kann in einem Fall sagen: das ist jetzt was anderes, hier ist ein Unterschied – oder man kann die Chronologien verschleiern: War das schon vorher? Was ist da neu gemacht worden? Es ist beides berechtigt, es kommt darauf an, was mehr bringt oder auch was praktischer ist.

Wie war für dich jetzt die Auseinandersetzung bei diesem Projekt mit der örtlichen Denkmalpflege und wie ist es bei deinen Projekten allgemein. Findet eine intensive Auseinandersetzung mit dem Denkmalamt statt?

Es gab Konfliktpunkte, bei denen es hauptsächlich um die „Merkbarkeit" von Eingriffen ging. Die Denkmalpflege steht in Mitteleuropa wirklich auf unterschiedlichem Niveau. Ein häufiger Irrweg ist die Strategie: bis hierher muss alles erhalten bleiben und ab da können Sie ändern. Eine solche Entscheidung, die sich bloß auf den Bestand bezieht, ist verständnislos gegenüber der Maßnahme; tragfähig kann nur eine Entscheidung sein, die sich auf das Gesamtprojekt bezieht. Das ist in Österreich insofern gedeckt und wahrscheinlich im Gesetzeswortlaut auch in Italien, dass die wesentliche Grundlage der Denkmalpflege das öffentliche Interesse ist. Da muss ich eben abwägen, was kommt an die Stelle des Altbestands hin, und von wem? Es muss im Verhältnis stehen, denn wenn ein Mist hinkommt, ist keine Änderung vertretbar. In den 60er Jahren wurde in meinen Analysen der Wiener Stadtbahn von Otto Wagner so argumentiert: Wenn die Stadtbahn einem neuen schlüssigen Verkehrskonzept im Wege steht – dann weg damit! Aber wenn sich herausstellt, dass wer die Stadtbahn nicht versteht kein solches Verkehrskonzept hat, muss man sich auf den Standpunkt der Denkmalpflege stellen.

Wie siehst du diese Regeln, wie sie hier üblicherweise gehandhabt werden, dass z.B. eine Dachgaube grundsätzlich nicht breiter sein darf als 1,10 m usw.?

Wenn ich Dächer ausbauen lasse, dann kann ich diese Veränderung nicht verschleiern. Auf manche Dächer gehören überhaupt keine Gauben; da kann sogar die echte Aufstockung besser sein. Das ist der zweite häufige Trugschluss: je weniger man merkt, desto besser: das bauernschlaue Tourismus-Argument. Aber man merkt es natürlich als Verlogenheit. Das ist das große politische Missverständnis der Rolle der Denkmalpflege: Man glaubt, wenn man ein Denkmal restauriert, dann hat man die Verantwortung zurückgegeben ans 17. oder 18. Jahrhundert, oder welches immer. Aber es ist ein Irrtum: wenn man das Denkmal angreift, dann ist es ein Werk des 20. oder 21. Jahrhunderts, aber häufig eben ein verlogenes. – Regeln sind in diesem Metier, das ja ein schöpferisches Metier ist, an und für sich methodisch falsch, allenfalls durch die fatale „Beispielwirkung" begründet.

Wie siehst du das Thema „zurückbauen", es wird ja vielfach aus gesellschaftlichen oder politischen Erwägungen gefordert, dass gewisse radikale Eingriffe wie sie z.B. in den 60er Jahren gemacht worden sind, wo man noch viel lockerer mit der Bausubstanz umgegangen ist, zurückgebaut werden sollen?

Wohin zurückgebaut? Ein ursprünglich im 19. Jahrhundert errichtetes Gebäude kann man zwar zurückbauen, aber es ist dann erst recht nicht aus dem 19. Jahrhundert. Es ist ein Gebäude der 2000er Jahre, im Unterschied zu dem der 1960er Jahre, wo etwa Pfeiler entfernt worden sind, aber es ist sicher kein Gebäude von 1880. Übrigens ist das inzwischen auch keine seriöse denkmalpflegerische Problematik. Aufgabe der Denkmalpflege im heutigen Selbstverständnis ist nicht Rekonstruktion, sondern Erhaltung von Substanz.

Gewisse Begriffe sind bei deiner Arbeit sehr wichtig wie z B. Manierismus und Partizipation. Was heißt das für dich und kannst du den Begriff kurz in Worte fassen?

Manierismus ist ein kunsthistorischer Begriff für eine bestimmte Epoche, die späte Renaissance. Von Colin Rowe ist er 1950 verwendet worden als ein Interpretationsansatz für die moderne Architektur. Ich habe diesen Begriff in einem Text von 1976 – eben „Manierismus und Partizipation" – definiert aus zwei Bestimmungsstücken: erstens, dass Manierismus eine intellektuelle Haltung, eine Haltung der Bewusstheit ist, also nicht eine irrationale Haltung, dass man also weiß, was man macht, und zweitens, dass diese Haltung offen ist für das Irreguläre, für Sachen, die geltende Regeln durchbrechen. Gemeint ist aber nicht das Regelbrechen als Selbstzweck. Es kommen ja mit den Nutzern neue Inhalte, neue Themen, neue Situationen, andere Ästhetiken herauf, die man nicht auf etablierte Regeln zurechtbügeln kann, sondern die man akzeptieren und damit etwas anfangen muss. Diese Haltung befähigt dazu, auch Absurdes und zunächst völlig Unverständliches zu verstehen und einzubeziehen. Bewusstheit und Irregularität sind also die zwei Bestimmungsstücke des Manierismus. Er ist eine Strategie für das Entwerfen, und zwar zum Erfassen der Wirklichkeit. Schon in dem genannten

Text von 1976 habe ich gewarnt, nämlich vor der Intellektualität als leerer Hülse und vor der Irregularität als bloßem Versatzstück.

Im Gegensatz dazu arbeitet der Dekonstruktivismus ohne historischen Hintergrund und mehr mit dem Beeindruckenwollen, etwas zu bauen, das man vorher nicht gekannt hat, mit einer starken formalen Geste. Er produziert Bilder, welche dir ein neues Raumerlebnis versprechen?

Ich möchte natürlich auch, dass jemand von meinem Raum beeindruckt ist, aber nicht so, dass dieser Eindruck nach dem zweiten oder zehnten Mal schwächer wird. Mir ist wichtig, dass der Raum immer noch Reserven hat, dass man nie alles gesehen hat, wie in der Hagia Sofia in Istanbul – oder in der Loos-Bar in Wien. Da kann man sooft reingehen wie man will, es wird nie schwächer. Das Dresdner Kino von Coop Himmelblau z B. hat das nicht, dass es nach dem fünften Mal noch interessant ist, das ist der Unterschied. Soll jemand glauben, so etwas noch nie gesehen zu haben – oder will ich das Beste, das möglich ist. Das sind zwei verschiedene Zielsetzungen.

Ist es für die eigene Kreativität und den Entwurf vielleicht hinderlich, wenn man zuviel über Architektur und Architekturgeschichte weiß?

Das wäre der größte Schwachsinn; je mehr ich weiß, desto sicherer und reichhaltiger bin ich sowohl in meinem Erlebnis wie in meinen Entscheidungen. Wenn ich eine gotische Kathedrale anschaue, dann ist die umso eindrucksvoller, je mehr ich über gotische Kathedralen weiß. Bertolt Brecht hat dieses Argument schon erledigt: das Gefühl beflügelt den Verstand und je mehr ich verstehe, desto stärker wird das Gefühl.

Gibt es in deinen Projekten auch einen psychologischen oder psychotherapeutischen Hintergrund? Hast du in Kaltern Dinge eingebaut, wie z.B. Rückspiegel, die etwa auf so einen Aspekt hinweisen?

Vielleicht psychologisch im engeren Sinn. Es ist ganz einfach: In einem Spiegel sehe ich immer noch, was im Raum vor sich geht, obwohl ich zur Wand hin stehe oder sitze. Wenn ich will, sehe ich mich auch selbst. So etwas psychotherapeutisch oder analytisch zu nennen, ist zu hoch gegriffen. Therapie kann man von der Architektur nicht erwarten. Aber wenn die Relation der Architektur zur Sprache interessant ist, dann auch die zur Psychoanalyse.

Aus der Psychoanalyse kann man eine Menge Material gewinnen über das assoziative Potential eines Entwurfs. „Wie etwas ausschaut", kann vielfache, auch z.B. sexuelle Konnotationen haben: die Form oder Lage eines Bauteils, eines Eingangs, eine Raumfolge etc. Dem Entwerfer muss dieses Potential bewusst sein; jedenfalls sollte er nicht vom Betrachter damit überrascht werden. Assoziationen jeder Art gehören zum Material des Architekturentwurfs.

Wirksam werden freilich auch Inhalte sein, die im eigenen Unbewussten des oder der Entwerfenden liegen und die allenfalls erst in der Reflexion im Laufe einer Biografie auftauchen. Mir scheint, dass bei mir eine skrupulöse Selbstkritik im Entwurf aus solchen unbewussten Inhalten kommt.

Im Hintergrund wird beim Entwurf wie in der Psychoanalyse ein Bedürfnis nach Wahrhaftigkeit stehen. Künstlerische Wahrhaftigkeit schließt ja Elemente der Täuschung oder der Ironie nicht aus; es kann auch eine zynische Wahrhaftigkeit sein. Es ist ein Minderheitenprogramm: sich nicht blöd machen zu lassen und es auch bei anderen nicht zu versuchen.

„Bedingungen für das Verhalten von Gästen“

Im Gespräch mit Wolfgang Kos

(2007)

KOS: *Sie haben einmal von der „Sprache des Lokals“ gesprochen. Gibt es auch so etwas wie einen Wiener Wirtshausdialekt, eine lokale Färbung?*

CZECH: Ich weiß nicht, ob man die Metapher mit der Sprache so weit treiben soll. Ich habe, wenn ich Lokale entworfen habe, nie etwas am Hut gehabt mit der Imitation eines lokalen Typus im Sinne einer Nostalgie, sondern ich bin immer den unmittelbaren Wirkungen von Bauelementen nachgegangen, die auf jemanden Einfluss haben, der irgendwo sitzt oder steht und etwas isst oder trinkt. Und zwar ganz konkret und handfest. Mit der „Sprache eines Lokals“ meinte ich ganz generell die Bedingungen für das Verhalten von Gästen.

Ihre Eltern waren Gastronomen. Sie kennen also die Besonderheiten eines Lokals seit ihrer Kindheit.

Ja, ein Teil meines Interesses für diese Planungsaufgabe hängt sicher damit zusammen. Mein Vater war gelernter Kellner, meine Mutter Kassierin. Die haben sich nach dem Krieg „selbständig gemacht“. Sie hatten Betriebe verschiedener Größen und Arten, insgesamt drei.

Alle in Wien?

Alle in Wien. Ursprünglich haben sie in der Hofburg eine Kantine geführt, aus der dann ein Restaurant geworden ist, das „Ballhaus“. Und ab 1955, nach dem Abzug der Russen, meine Mutter war da schon gestorben, bis 1965 den Buffet- und Restaurantbetrieb in den Festsälen der Hofburg. Das war ein sehr großer Betrieb, mit Banketten bis zu 2000 Leuten mit fünf Gängen. Dann gab es noch ein Lokal mittlerer Größe, mit 150 Plätzen. Das war der „Alte Hofkeller“, auch in der alten Hofburg, zugänglich von der Schauflergasse. Da habe ich auch hinter der Schank gearbeitet. Manchmal habe ich auch in den Festsälen mitgeholfen.

Aber die Schulaufgaben haben Sie nicht im Wirtshaus gemacht?

Das nicht, nein. Dazu wäre im „Hofkeller“ gar kein Platz gewesen. Da war jeder Winkel definiert. Die Küche war ungefähr dreieinhalb mal zwei Meter. Und auf diesem engen Raum wurde für 150 Gäste à la carte gekocht.

Die Wartezeiten müssen immens gewesen sein?

Nein, die waren nicht länger als üblich. Die Hälfte der Küchenfläche war ausgefüllt vom Herd.

Effizienz auf kleinstem Raum war ja in der Architektur immer ein großes Thema. Ich denke an die gerne diskutierten Analogien mit Schiffskabinen.

Genau. Und in den 1930er Jahren hat man zum Beispiel darüber nachgedacht, wie ein Minimalkiosk ausschauen könnte.

Sie haben zwar einmal klargestellt, dass Sie nicht als Spezialist für Gastronomie-Architektur gesehen werden wollen. Aber Sie haben wiederholt Lokale gestaltet, verteilt über einen langen Zeitraum. Was war das erste?

Das erste Lokal, das ich zusammen mit Mistelbauer und Nohàl gemacht habe, war für meinen Vater, eben das Restaurant „Ballhaus“. Da haben wir Elemente von Josef Hoffmann kombiniert. An und für sich war ich im Verständnis der Auseinandersetzung Loos gegen Hoffmann auf der Seite von Loos. Aber wir haben ganz bewusst auf Dekoration gesetzt, mit Hoffmann-Tapeten, einem Hoffmann-Stoff und Hoffmann-Sessel, und zwar aus verschiedenen Zeitepochen. So ein Lokal hätte Hoffmann also nie eingerichtet. Wir wollten mit kalkulierten Mitteln eine bestimmte Wirkung erzielen. Friedrich Achleitner hat später geschrieben, beim „Ballhaus" seien sogar Methoden der Collage aus der Literatur in die Architektur übersetzt worden. Auf keinen Fall ging es uns darum, auf die Vergangenheit zu rekurrieren. Wir haben einfach genommen, was uns als qualitätsvolle Dekoration erschien – und was wir nicht hätten produzieren können.

Diese Offenheit in Bezug auf eine Wirkung gab es auch bei späteren Lokalen, zum Beispiel beim „Salzamt". Da war zum Beispiel nicht klar, ob sich das eher in Richtung Kaffeehaus oder in Richtung Restaurant entwickeln soll. Der wesentliche Unterschied ist eigentlich die Tischgröße, also habe ich aufklappbare Tische verwendet. Die Tische sind gleich am ersten Abend aufgeklappt und nie mehr zugeklappt worden. Deswegen ist es als Restaurant weitergelaufen und nicht als Kaffeehaus.

Grundsätzlich geht es, wenn man ein Lokal gestaltet, immer um konkrete Erfahrungen und Wahrnehmung: Wie man sitzt, wie man steht, wie die Akustik ist, ob man geblendet wird, wie eine Speise oder ein Getränk am Tisch aussieht, wie man Gesprächspartner wahrnimmt. Das führt eben dazu, dass man nicht wie im Büro beleuchtet, sondern eine Mattglaskugel nimmt, um das Blenden zu vermeiden. Die halte ich für das Beste beim Beleuchten von Lokalen, und sie hat sich auch als preisgünstig herausgestellt.

Sie haben gesagt, es ging Ihnen nie darum, eine Tradition weiterzuschreiben. Aber beim Wirtshaus gibt es in Hinsicht auf Gestaltung und Funktionalität eine Typologie, die sich im Lauf der Zeit herausgebildet hat. Man könnte sagen, dass immer wieder ganz Normales optimiert worden ist.

Sicher, ja, aber die Qualität dieser Normalität hat erst wieder entdeckt werden müssen.

Ein Element, das lange zurückverfolgbar ist und in Gasthäusern heute oft noch vorhanden ist, ist die Trennwand zwischen dem Schankraum und dem Gastzimmer. Diese Trennwand ist leicht und meist transparent und scheint sich aus der Logik der Abläufe ergeben zu haben. Vorne ist es laut und man steht eher – und hinter der Trennwand wird gesessen und gegessen. Im Kaffeehaus braucht man solche Trennwände offenbar nicht.

Auch beim „Ubl" gibt es so eine Trennwand, aber man kann genau so gut vorne wie hinten essen, der Unterschied hat sich mehr oder weniger verwischt. Aber sie ist sozusagen als Relikt, als Raumerlebnis noch da und es wäre eine Verarmung, wenn man jetzt mit der Begründung, den Unterschied gibt es nicht mehr, diese Wand herausnehmen würde.

An sich gibt es beim Neugestalten eines Lokals keinen so großen Spielraum. Auf der einen Seite sind Fenster und auf der anderen eben nicht. Und es gibt Vorbedingungen für Küche, Toiletten, Schank oder andere Serviceeinrichtungen. Man kann sich nicht einfach aussuchen, wo die sein können. Und aus dem Reagieren auf diese Vorgaben ergibt sich eine Raumkonfiguration. Unter Umständen kann man eine Wand herausnehmen, weil sie nicht tragend ist. Und so in einem an und für sich schon kleinen Lokal etwas Erleichterung schaffen. Beim „Immervoll", das ja auch vorher schon ein Wirtshaus war, habe ich das gemacht. Aber an der Raumeinteilung, der Lage der Bar hat sich kaum etwas verändert.

Beim „Immervoll" haben Sie ein traditionelles Gestaltungselement, die Wandtäfelung, weiter verwendet, wenn auch mit einer gewissen Verfremdung.

Im „Immervoll" hat es immer schon eine Wandtäfelung gegeben. Eine Wandverkleidung ist in einem Gastbetrieb sinnvoll, da man dadurch nicht an die kalte, staubige Wand streift, sondern mit Körper und Kleidung eine glatte, saubere und warme Oberfläche berührt. Und diese Täfelung ist beim Umbau geblieben, sie wurde nur anders gestrichen. Aber auch dort wollte ich nicht darauf hinaus, dass es ausschaut wie in irgendeinem beispielhaften Gasthaus. Da wäre es nahegelegen, die Wandtäfelung dunkel zu streichen, wie es häufig ist. Aber ich wollte etwas nehmen, das eine gewisse Irritation bringt: Wenn es schon alt ausschaut, dann wie ein altes Milchgeschäft. Indem die Täfelung weiß gestrichen wurde, entstand der Eindruck von etwas Friedlichem, und eben nicht der eines alten Gasthauses.

Das Holz ist nicht ganz weiß.

Ja, es hat einen leichten Ton. Und so lange es kein Rauchverbot gibt, wird sich dieser Ton von Jahr zu Jahr stärker durchsetzen. Der Anstrich wird langsam dunkler.

Sie haben die alte Vertäfelung zwar erhalten, sie aber zugleich einem harten Kontrast ausgesetzt, in dem Sie Sitzbänke aus glatten MDF-Platten davorsetzten. Deren Rückenlehne ist nicht gekurvt, sondern hat einen leichten Knick. Vor allem aber schlägt sich das industrielle MDF-Braun mit dem Bild eines typischen Wiener Wirtshauses.

Genau, ja. Riskant war auch, dass es im neuen „Immervoll" nur relativ wenige normal hohe Tische und Sessel gibt. Ein großer Teil der Essplätze befindet sich an der Bar, man sitzt also für ein Wirtshaus untypisch hoch.

Es ist durchgängig, dass Sie bei der Aufgabe „Lokal" stets versuchen, etwas hineinzubringen, was einen gewissen Bruch bedeutet oder eine gewisse Raffinesse bringt. Zum Beispiel spielen im „Immervoll" Spiegel eine große Rolle. Mit dem Spiegel assoziiert man eher noble Räume oder Bars. Seit der Loos-Bar weiß man natürlich, welches Augenspiel Spiegel in einem engen Raum provozieren können – und wie radikal sie das Raumgefühl beeinflussen. In einem Gasthaus aber wirken sie exzentrisch.

Es ist schon richtig, dass in Wien Spiegel eher in einem Kaffeehaus zu finden waren als in einem Wirtshaus. Wenn Sie aber an französische Brasserien oder Bistros denken, da sind Spiegel nicht so ungebräuchlich. Die Spiegel im „Immervoll" sind in Hochlage und außerdem gekippt. Das hat zur Folge, dass man, auch wenn man mit dem Gesicht zur Wand sitzt, immer sieht, was im Lokal los ist. Und es wird von gewissen Blickpunkten aus auch eine Raumillusion geschaffen, bei der man wirklich glauben könnte, dass es weiter geht. So kann sich das Auge, wenn ein Lokal klein ist, auf eine größere Distanz einstellen. Da der Spiegel den physischen Effekt hat, dass die durch den Spiegel geschaffene Zusatzentfernung tatsächlich vom Auge akkommodiert wird, hilft das gegen rasche Ermüdung in einem kleinen Raum.

Beim „Immervoll" fallen weitere Abweichungen von dem auf, was als typisches Wirtshaus beschrieben wird. Dass es eine Sitzbar gibt und man an der Theke essen kann, haben Sie schon erwähnt. Auffällig ist aber auch die Außenbeschriftung. Üblicherweise hängt das Schild eines Wirtshauses über dem Eingang, beim „Immervoll" steht der Lokalname auf Gehsteighöhe.

Solche Pulte, ob zum Stehen oder erhöhten Sitzen, gibt es mindestens schon seit der Zwischenkriegszeit, vor allem beim Schnellimbiss oder Würstelstand. Es ist also ein eingeführter Typus, der in einen neuen Zusammenhang gebracht wurde. So etwas ist nie ganz risikofrei, es könnte sich durchaus herausstellen, dass so eine Maßnahme nicht funktioniert, so enge Tischaufstellungen oder eben die Kombination von normal Sitzenden und dahinter Stehenden. Es kann sich als unangenehm ergeben, dass die Sitzenden die Hintern der Stehenden unmittelbar vor ihrem Gesicht haben.

Was das Schild beim „Immervoll" angeht: Auch da ergab sich die Lösung aus den einschränkenden Vorgaben. Erstens ist oberhalb des Eingangs kein Platz für eine ordentliche Schrifttafel. Und man hätte dafür sogar eine Baubewilligung gebraucht, weil das für Änderungen der Außenerscheinung erforderlich ist. Alle inneren Maßnahmen kamen ohne eine solche aus und wurden als nur anzeigepflichtige Bauvorhaben durchgeführt. Auch die Entfernung der Wand. So haben wir das Schild eben unten hingestellt. Formal gesehen gehört es damit nicht zur Außenerscheinung des Lokals. Es gilt quasi nicht. Übrigens heißt einer der Teilhaber wirklich so; wir hätten das nicht erfunden, aber so was muss man verwenden.

Dadurch ergab sich ein ungewöhnliches Außenbild, das auffällt, wenn man vorbeigeht.

Es ist aber nicht entstanden, um etwas Originelles zu machen, sondern aus den Zwängen heraus. Das war eben eine Lösung, die mit dem traditionellen Bild des Wirtshauses gebrochen hat.

Es hängt über dem Eingang auch diese gusseiserne Lampe.

Die ist vom früheren Wirtshaus übergeblieben.

Ist das jetzt ein Zitat im Rahmen Ihrer Gestaltung oder ein historischer Rest?

Es ist ein historischer Rest, den man aber akzeptiert. Wenn das nicht da gewesen wäre, hätte ich sicher nicht nach so einem Gusseisenausleger gesucht. Dann hätte ich keine Lampe außen gemacht, sondern höchstens eine an der Mauer befestigt, so wie beim „Salzamt".

Sie haben einmal vom „Kleinen Café" gesagt, Ihrem wahrscheinlich einflussreichsten Lokal: „Das war ein von selbst entstandener neuer Typus." Wie war das gemeint?

Ich habe ihn nachvollzogen. Den Typus hat es schon gegeben. Man hat ihn in Wien „Café" genannt, in Deutschland hätte man dazu wahrscheinlich Kneipe gesagt: Ein Lokal, in dem es Musik gibt und das sehr gesellig ist, wo es aber keine Zeitungen gibt. Dort sind vor allem Studenten hingegangen, aber auch Architekten und politische Zirkel. Ein Szenetreffpunkt eben. Das hat sich seit der frühen Zeit aber wieder geändert. Heute gibt es eine Menge Zeitungen und man kann auch mittagessen.

Im Aufsatz „Das Lokal" schreiben Sie, dass ein Architekt bei keiner anderen Bauaufgabe so nah am Benutzer dran ist wie bei einem Lokal: Halten sich die Leute zumeist an Ihre ausgetüftelten Regievorgaben?

Ein Beispiel dafür ist die Dimensionierung des Durchgangs zwischen Schank und Lokal. Die Normbreite bringt gar nichts, also zu sagen, 60 oder 70 cm sind ideal, damit man etwas durchtragen kann. Für die Kellner ist das ein Problem. Da stellt sich jemand genau an diese Stelle, im Gefühl, da kann man sich eh noch durchzwängen. Wenn der Durchgang aber nur 50 cm breit ist oder 45 cm wie im „Kleinen Café", dann kann man sich nicht mehr hinstellen. Das traut man sich nicht, weil man genau weiß, dann kann keiner mehr durch. In diesem Fall war meine Überlegung richtig.

Oder der Stiegendurchgang: Wenn alles dicht gedrängt ist, ist der Durchgang ja verstellt, weil überall Leute herumstehen. Ich selber habe mich oft in Lokalen aufgehalten und dabei die Erfahrung gemacht, dass man ungern zur Seite rückt, wenn man einmal einen „offiziellen" Platz hat, wo man sein Glas hinstellen kann. Deshalb habe ich beim „Kleinen Café" darauf geachtet, dass es da nur „inoffizielle" Flächen gibt, wo man sein Glas hinstellen kann: Gesimse oder Vitrinen; das kann sogar weit oben sein. Wichtig ist, dass man bereit ist, Platz zu machen, wenn wer durchgehen will.

Bilder aus alten Gasthäusern zeigen Kellner, die das Tablett über Kopf tragen. Das ergab sich wohl aus einem ähnlichen Grund. Indem man das Tablett in Hochlage jongliert, kann man wahrscheinlich besser ausbalancieren, wenn man angerempelt wird.

Aber das hat man können müssen, das kann heute ja niemand mehr. Genauso wie die Leute nicht abservieren können.

Was machen sie falsch?

In Wirklichkeit muss man ja von jedem Teller das Besteck und die Reste auf einen separat gehaltenen Teller räumen, dann kann man beliebig viele Teller übereinanderstellen. Heute stellen sie irgendwas übereinander und sind deshalb nicht fähig, mehr als zwei oder drei Teller auf einmal wegzutragen. Oder beim Abservieren in die Gläser hineinzugreifen: In meiner Jugend galt das als „Prater"-Stil; heute sieht man es in den besten Lokalen.

Nochmals zum Verhalten der Gäste im Lokal und Ihrer Planung dieses Verhaltens. Haben sich Ihre Erfahrungen im Lauf der Zeit geändert? Natürlich ja.

Na ja. Es wurde zunehmend besser. In der Architektur dauert es immer sehr lang, bis man Ergebnisse sehen kann. Man denkt sich etwas aus und zwei oder mehr Jahre später sieht man das Resultat wirklich – und dann hat man mit dem Benutzer erst recht keinen realen Kontakt. Bei einem Lokal ist das anders: Man sieht schon bei der Eröffnung, was los ist. Man arbeitet eben, wie ich geschrieben habe, direkt am Mann (und an der Frau). Aber es dauert eben, dass man diese Überlegungen verifizieren oder evaluieren kann. Im Leben kann man nur ein paar Dutzend solcher Erfahrungen machen. Deswegen ist Architektur ein Beruf für alte Leute.

Als Architekt bemühen Sie sich um gute Raumakustik. Andererseits wird immer wieder festgestellt, dass das Typische eines Wirtshauses sei, auch über die Tische hinweg miteinander zu reden. Es geht also mehr durcheinander als im Restaurant. In den heutigen Nobelbeisln sitzt man auch eher isoliert und möchte nicht belästigt werden. Ein Tisch ist ein Stück privater Raum, nicht so sehr Teil eines öffentlichen Raums. Da wird doch Lärmbelästigung zu einem wichtigeren Thema als früher?

Das ist vor allem eine Frage der Raumgröße. Größere Räume, wie sie früher bei Gaststätten üblicher waren, haben es generell leichter, weil da ein gewisser Schallpegel entsteht, der auch sehr hoch sein kann. Da entsteht eine akustische Stimmung, die mit der in einer Bahnhofshalle vergleichbar ist, also ein allgemeiner Schallpegel, der für alle gleich ist. Mein Gegenüber am Tisch artikuliert genau, um sich durchzusetzen, und ich verstehe ihn sehr gut vor so einem Hintergrund. Das Problem sind die kleineren Räume, wo dieser Pegel nicht entsteht, sondern wo man dauernd einzelne Schallereignisse wahrnimmt: Jemand hustet, lacht auf oder rückt mit dem Sessel. Oder es klirrt etwas. Solche Geräusche bewirken, dass Silben zugedeckt werden und ich nicht verstanden werde. Dadurch redet man lauter, was den Lärm wieder anhebt.

Der Aspekt der Privatheit hängt damit ein bisschen zusammen, aber sie ist in einem guten Lokal eben auch ohne Abschirmung möglich. Doch es ist natürlich immer noch so, auch heute noch, dass man sich nicht gerne dorthin setzt, wo schon jemand sitzt. Für das „Kleine Café" entwarf ich eine Situation mit Bänken, vor denen kleinere Tische stehen. Das war damals, als man vielfach automatisch „Du" zueinander sagte. Man saß gewissermaßen vor mehreren kleinen Tischen und war automatisch enger Nachbar. Man konnte da informell miteinander umgehen oder auch fragen, ob der Tisch frei ist. Solche Rituale können von der Architektur begünstigt oder verhindert werden. Die berühmte Pariser Aufstellung zum Beispiel, mit einer Bank an der Wand und quergestellten Tischen davor. Der Ober muss den Tisch herausnehmen, wenn sich die Dame an die Wand setzt und dann wieder in die Reihe hineinstellen. Man versteht die Person am Nebentisch besser als das Vis-à-vis und trotzdem ist Privatheit aufrecht erhalten.

Das Wirtshaus war immer mehr oder weniger architektenfreies Terrain. Es war eher ungewöhnlich, dass man für ein typisches Vorstadtwirtshaus einen Architekten beizog.

Für früher stimmt das. Aber heute sind die Anforderungen sehr hoch, vor allem, was die technischen Einbauten betrifft. Behelfsmäßige Lüftungen, wie man sie in den 1960er Jahren kannte, sind heute nicht mehr möglich. Da ist der Standard enorm gestiegen und alles ist durch Vorschriften geregelt.

War das Wirtshaus vor 40 Jahren generell stinkiger, lauter und dreckiger?

Ja, das würde ich sagen. Damals war es üblich, dass man das Gewand in der Wohnung dann irgendwo hingehängt hat, damit es auslüftet, weil es so gestunken hat.

Früher hat man wirklich für viele Dinge keinen Architekten gebraucht. Dieser gesteigerte und sich steigernde Standard hängt natürlich mit Bestimmungen, technischen Vorkehrungen, Lüftungsfirmen, der behördlichen Abnahme von Geräten, notwendigen Einreichungen usw. zusammen. Da ist ein Planer zunehmend notwendig. Ob der jetzt wirklich auf das Befinden des Gastes eingeht, das ist eine andere Frage.

Lange Zeit war es üblich, dass die Brauereien wie beim englischen Pub Standardeinrichtungen in ein Wirtshaus gestellt haben.

Auch heute gibt es noch das weite Feld der Einrichtungsfirmen. Die fragen zuerst, ob es der Wirt rustikal, cool oder sonstwie haben will. Für jede Richtung haben sie irgendwelche applizierten Dekorationselemente. Aber sie kommen nicht auf den Punkt, der das Befinden wirklich beeinflusst.

Ein Klassiker des Wiener Wirtshauses ist die Kühlwand mit dicken Türen und Holzverkleidung, für die es eigene Vorrichtungen gegeben hat, um das Bierfass hinaufzuziehen. Und einen Zapfhahn in exakt richtiger Höhe und sogar einen Wasserhahn unten, damit das Schmelzwasser genau in einen Kübel fließen kann. Könnte ein Designer so etwas besser machen? Und wenn man die Schank dazu denkt, so hat man es mit einem optimalen Cockpit zu tun, in dem man keinen Schritt, keinen Handgriff zu viel macht.

Das stimmt schon. Natürlich baut eine Kühlfirma oder Einrichtungsfirma eine Schank halbwegs stimmig. Aber niemand kümmert sich darum, wie der Barkeeper mit dem Gast kommuniziert. Denn die üblichen Kühlpulte, die man heute verwendet, sind 70 cm tief. Über diese Distanz kann man nur mehr mit ausgestreckten Armen kommunizieren und nicht mehr wirklich sprechen. Deshalb wird ein Designer, der eine Bar optimiert, neben der Funktionalität und Bedienbarkeit der Bargeräte und Waren überlegen, wie er den Barkeeper möglichst nahe zum Gast heranbringt. Also wird er Ecken oder Abschnitte einfügen, die eben nicht 70 cm tief sind.

Ist die Tatsache, dass man im Wirtshaus statt Kleiderständern oft Kleiderhaken entlang von Bänken, also bei fast jedem Tisch anbringt, eine wichtige Erfindung der Menschheit? Zumindest wurde es zum Standard. Und es ist relativ praktisch, dass man seinen Mantel beim Tisch hängen hat.

Na ja, in Grenzen. Erstens steht ja nur ein Teil der Tische an der Wand und zweitens ist es nicht nur angenehm, wenn man hinter sich statt der Lehne den eigenen Mantel oder gar einen fremden spürt. Der wird irgendwann benötigt, während man selber gerade ruhig essen will.

So kommt man in Kontakt.

Aber eher in einen negativen. Im „Immervoll" haben wir die Haken auf bestimmte Flächen konzentriert, ohne die Tische zu beeinträchtigen.

Welcher Sessel wurde ausgesucht?

Der billigste. Tschechische Bugholzmöbel.

1978 erschien eine Informationsschrift der Ersten Sparkassa zur damaligen Aktion „Wiener Beisel". Es sollte das echte Wiener Beisel propagiert werden. Eine Frage lautete: „Wie soll ein richtiges, gemütliches Wiener Beisel ausschauen?"

Na ja, ich kann mit so einer Fragestellung nichts anfangen. Ich wüsste eher, wie es nicht ausschauen soll.

Ein Beispiel?

Mich stören Applikationen, die man in Wirklichkeit nicht braucht, die aber nur den Zweck haben, eine sogenannte Beiselatmosphäre zu schaffen.

Eine Antwort damals lautete: Ins echte Wiener Beisel gehören natürliche Materialien, nicht Kunststoff. In den späten 1970er Jahren galt ja Resopal als Symbol der Unkultur.

Da kann ich mit einem konkreten Beispiel antworten, weit ab von ideologisierender Betrachtung. Natürlich würde man auf eine Baroberfläche zunächst einen Stein legen. Doch dann erfährt man von den Leuten, die stundenlang in einer Bar arbeiten, dass sie Gelenksschmerzen kriegen, wenn sie ununterbrochen die Hand auf diese kalte oder stark die Wärme ableitende Fläche legen müssen. Dann macht man zwar einen Stein, aber an jenen Stellen, an denen das Personal mit der Fläche in Berührung kommt, wird eine Kunststoffplatten-Beschichtung angebracht. Die ist genau so haltbar, hält aber besser die Wärme und ist somit besser zum Angreifen geeignet.

Die Echtheitsideologen von 1977 empfahlen den Wirten, möglichst oft Holz zu verwenden, das sei ehrlich und gemütlich.

Auch, ja. Das ist eine andere Möglichkeit. Holz, das nicht beschichtet ist, also nicht lackiert, muss aber täglich oder alle zwei Tage geschrubbt werden. Es gibt ja Heurige, die das immer noch machen. Die Tischoberflächen werden dort wirklich regelmäßig mit Bürste und Lauge gereinigt, das ergibt fantastische Oberflächen. Nur ist man heute im Allgemeinen nicht bereit, das zu machen, und eine Holzfläche, die nicht gepflegt wird, muss dann eben lackiert werden. Und das ist nicht so haltbar wie eine Steinoberfläche oder eine kunststoffbeschichtete Fläche.

Noch einmal das Beisel-Rezept von 1978: Die Decken und die sonstigen Flächen sollten in möglichst warmen Farben gestrichen werden. Stimmen sie dem generell zu.

Das muss in Innenräumen auf jeden Fall überlegt werden. Das hat aber mit dem Beisel nichts zu tun. Primär hängt die Wirkung von den Farben des Lichts ab. Ich würde mich von einer kalten Farbe auf einer Wandoberfläche nicht schrecken lassen. Aber beim Licht ist das etwas anderes. Je stärker ein Licht ins Reinweiße oder Blaue geht, desto heller muss es sein. Denn sonst wirkt der Raum fahl. Dagegen kann ein ins Rote gehende Licht sehr schwach sein und ist trotzdem angenehm; eine Kerze zum Beispiel. Das ist eine Annehmlichkeitskurve, die in der körperlichen Wahrnehmung von Bedeutung ist. Andere Behaglichkeitskurven betreffen z.B. das Verhältnis zwischen Temperatur und Feuchtigkeit. Das sind physiologische Vorraussetzungen, die berücksichtigt werden sollten, wenn man Räume für Menschen konzipiert.

Noch ein Vorschlag aus der Fibel von 1978: Ein Wiener Beisel soll immer mittelstark beleuchtet sein, keinesfalls aber mit Neonlicht.

Das würde ich unterschreiben, aber nicht wegen der Technologie. Für Kunst einerseits und für Essen andererseits ist ein Leuchtmittel, das ein gleichmäßiges Spektrum hat, generell besser. Alle Entladungslampen – was man „Neon" nennt – haben Zacken in ihrer spektralen Lichtzusammensetzung, die verfälschend wirken. Der Lichteindruck ist derselbe, aber die Farb*wiedergabe* ist schlechter und das ist beim Essen kritisch und bei der Kunst sowieso. Ich bin immer noch der Meinung, dass man im Essensbereich und für Kunstpräsentation Glühlampen nehmen soll. Aber das kann sich ändern mit der Entwicklung neuer Leuchtmittel.

Wenn man Beschreibungen aus dem 19. Jahrhundert liest oder alte Fotos sieht, so sind Wirtshäuser meist relativ dunkle Höhlen. Wenn nun ein Lokal neu übernommen und neu gestaltet wird, kommt als erstes eine weiße Wand hinein, die cool und modern wirkt. Was früher im Halbdunkel lag, wird nun zum hellen öffentlichen Raum.

Ich glaube, dass das eher wechselt. Es gibt dann zwischendurch wieder neu gestaltete Lokale, die ganz dunkle Holzoberflächen haben, das „Fabio's" zum Beispiel. Das wechselt stark. Um einen anderen Effekt ging es mir bei dieser hell gestrichenen Täfelung im „Immervoll“. Das geschah nicht aus Modernitätsgründen, sondern einfach, weil sie Frische ausstrahlt und dadurch das Kleine größer wirken lässt.

Von ihrem Atelier im obersten Stock eines alten Gebäudes in der Singerstraße sind es 144 Stufen und dann noch ungefähr 100 Schritte auf dem Gehsteig bis zum bekannten Gasthaus „Zu den drei Hacken“. Was ist Ihr Kriterium, dorthin zu gehen?

Erstens die Qualität und zweitens die Nähe.

Erwarten Sie in der Stadt ein Wirtshaus gleich in der Nähe, so wie eine Trafik und früher das Milchgeschäft?

Ja, der kurze Weg in ein Gasthaus gehört zur Lebensqualität eines Stadtzentrums. Und die fehlt in einer mitteldeutschen Stadt, in der lauter Kaufhäuser stehen und am Abend und am Wochenende ist tote Hose. Dann pfeifen höchstens Radfahrer mit 40 Stundenkilometern durch.

Würden sie für eine Lokaleinrichtung an Stelle eines Honorars ein lebenslanges Abonnement, kostenlos essen zu dürfen, annehmen?

Nein. Solche Vorschläge habe ich immer abgelehnt, weil ich jetzt Geld brauchte und nicht in zehn Jahren was zu essen.

Es gibt also solche Angebote?

Ja die gibt es. Und manche Kollegen haben sie auch angenommen.

Soll ein Tisch in einem „richtigen“ Wiener Wirtshaus ein Tischtuch haben?

Ich würde sagen, es kann ein nackter Tisch sein. Wobei das ziemlich teuer ist, weil diese Holz- oder auch Glasfläche wirklich angenehm sein soll, und da ist die Sache dann nicht mehr so einfach. Sonst eher das weiße Tischtuch. Eine weiße Deckung, weißes Geschirr, weißes Tischtuch. Die Italiener lösen das großartig, die geben ein weißes Papiertischtuch auf den Tisch. Das ist genial. Das kann man wegwerfen. Und man kann darauf schreiben oder zeichnen.

Und ein rot kariertes Tischtuch?

Furchtbar. Diese ganzen Strickjackerln, die seit den 60er Jahren auf den Tischen herumliegen – am Land ist ein rot kariertes Tischtuch aber okay.

Helmut Richter

(2007)

Zwischen Helmut Richter und mich passt mehr als ein Blatt Papier, auch mehr als eine Tafel Isolierglas. In mancher Hinsicht und bei mancher Gelegenheit sind wir sogar Gegner. Auf einen Punkt gebracht, haben wir unterschiedliche Begriffe von Modernität.

Aber in der Kunst kommt es nicht auf die Richtung an. Ich habe Respekt vor seiner Qualität und schätze seine architektonische und pädagogische Leistung hoch.

Betrifft: Symposium Oranienburg

Brief an den Präsidenten der Berliner Akademie der Künste, György Konrád
(2001)

Sehr geehrter Herr Präsident,

Am 18. März 2001 werden Sie mir als erstem österreichischen Architekten den Kunstpreis Berlin verleihen.

Vom 15. bis 17. März wird am gleichen Ort ein von Ihnen eingeleitetes Symposium über die „Nachnutzung" des SS-Kasernengeländes am ehemaligen Konzentrationslager Sachsenhausen in Oranienburg stattfinden – auf Basis eines Konzepts von Daniel Libeskind.

Für dieses Gelände ist 1992/93 ein Gutachterverfahren zur *Urbanisierung* veranstaltet worden, um die problematische Nachnutzung durch Polizei und Finanzamt zu verhindern. In diesem Verfahren wurde meinem Projekt der erste Rang, dem von Libeskind (nach 2 weiteren Rängen) ein Sonderrang zuerkannt.

Diese Vorgeschichte wird in der Symposiumsankündigung als „ursprünglich favorisierte Absicht zur Wohnnutzung" wiedergegeben. Schon mit dem Wort „Wohnnutzung" statt der korrekten Bezeichnung *Urbanisierung* wird fortgesetzt, was hier als „intensive öffentliche Debatten" erwähnt ist und in Wahrheit eine Diskreditierung des nicht für ihn entschiedenen Verfahrens – und damit aller anderen daran Beteiligten – durch Daniel Libeskind war.

Dem Gutachterverfahren lag ein gedanklich und politisch kreatives, sich der historischen Schuld stellendes Konzept der Urbanisierung zugrunde. Durch Verfälschen von Fakten und Verschweigen der Motivationen ließ Libeskind unter Einsatz seiner publizistischen Möglichkeiten dieses Konzept als die Unternehmung von tumben Spekulanten, wenn nicht sogar Revisionisten erscheinen, der sein Projekt als das einzig problembewusste gegenüberstand.

Diese Desinformation haben nicht nur internationale Journalisten, sondern seither auch wissenschaftliche Autoren und Zeithistoriker ungeprüft übernommen – ja sogar das Stadtplanungsamt selbst und in der Folge die Stadtverordnetenversammlung in Oranienburg –, so dass Sie, Herr Präsident, wie alle nicht speziell mit den Fakten Vertrauten, kaum einen anderen Wissensstand haben konnten.

Ohne die Vernebelung der Vorgeschichte hätte Libeskinds Projekt auch außerhalb des Gutachterverfahrens in Vergleich zu komplexeren Entwurfshaltungen und zu komplexeren Ansätzen zur Gedenkstättenproblematik treten müssen.

Nunmehr freilich besinnt sich dieses Landschaftskunstwerk, das sich pathetisch einer Nachnutzung verschloss, der Frage nach einer Stadtentwicklung, befleißigt sich professioneller Planungs- und Implementierungsstrategien, die zuvor als „Domestizierung" und „Trivialisierung" verächtlich gemacht wurden. Denn wenn jetzt das „überarbeitete Libeskind-Konzept" den „Bau einer neuen Gebäudestruktur mit nicht-musealen Nutzungen" vorsieht, die „sowohl die historischen Gebäude erhält als auch eine städtebauliche Entwicklung zuläßt", dann fragt sich, wogegen, wenn nicht bloß gegen einen im Wettbewerb überlegenen anderen Entwurf, seinerzeit eigentlich polemisiert worden ist.

Die Zielsetzung wechselte allenfalls darin, dass das Urbanisierungs-Verfahren eine *Bebauungsplanung* des Kasernengeländes vorsah – umzusetzen durch zahlreiche Bauträger und Architekten, während nunmehr über ein Drittel des damals insgesamt projektierten Volumens Libeskind selbst bauen soll – auf dem halben Grundstück, ohne Einschränkung der ursprünglich zu verhindernden Nutzungen auf der anderen Hälfte.

Ich betreibe nicht das Projekt eines Bauinteressenten. Ich wünsche der Stadt Oranienburg einen tragfähigen, der Mehrschichtigkeit der historisch-politischen Problematik angemessenen Stadtentwicklungsimpuls, auch wenn er auf dem nunmehr eingeschlagenen Weg zustandekommt, was ja nicht ausgeschlossen ist. Ich nehme aber auch den Vorsatz des Symposiums einer „gesamtgesellschaftlichen Anstrengung" um einen „öffentlichen Diskurs" über die „durchaus divergierenden Methoden im Umgang mit historischen Orten des Verbrechens" beim Wort.

Ich kann mir nicht vorstellen, dass in einer umfassenden Erörterung dieses Themas am Beispiel eben dieses Objekts der tatsächlich „innovative Ansatz" des Gutachterverfahrens und seines Ergebnisses – meines Projekts – neuerlich verschwiegen oder verleumdet wird. Das hieße das mögliche Spektrum authentischer planerischer Interventionen schmälern, vor allem aber die in den Anfängen dieses Meinungsbildungsprozesses eingetretene Unwahrhaftigkeit fortsetzen.

Mit freundlichen Grüßen
Hermann Czech

In Kopie mit diversen Beilagen an Teilnehmer des Symposiums und an Beteiligte des Gutachterverfahrens.

Das Gutachterverfahren Oranienburg, schon in „Zur Abwechslung" (1996), 139–143, angesprochen, wird im anschließenden Essay dargestellt.

Aus Zeitungsberichten (z.B. Die Welt, 23. 3. 2001) geht hervor, dass im gegenständlichen Symposium „Orte des Verbrechens zwischen Geschichte und Stadtentwicklung" Libeskinds Partner Matthias Reese für ihr Projekt bereits einen „alltäglichen Ort" des Gedenkens vertrat, was „den Eindruck einer Kehrtwende um 180 Grad" erweckte. „Das ehemalige SS-Truppenlager" sollte durch „ganz normale Dienstleistungen und Gewerbe" erhalten und belebt werden. Allenfalls wurde „die Grenze des gerade noch vertretbaren Alltäglichen" diskutiert; „Waffengeschäfte zum Beispiel" dürfte es „nicht geben". Das Siegerprojekt Czech wurde dagegen nach wie vor als „Wohnanlage" bezeichnet. –

In viel späteren Ansätzen zur Gedenkstättenproblematik wird ein „offenes Gedenken" im Gegensatz zu einer normativen Erinnerungskultur gefordert, nunmehr freilich bereits ohne jede Kenntnisnahme des Oranienburger Gutachterverfahrens und seines Ergebnisses.

(2021)

„Wo Lager war, soll Stadt werden."

Das Gutachterverfahren Oranienburg 1992/93

(2006)

Von der nationalsozialistischen Machtübernahme an waren Konzentrationslager in Deutschland ein zentraler Bestandteil des Herrschaftssystems. Nach Auflösung der „wilden" Konzentrationslager der „ersten Periode" von 1933 bis 1936 war Sachsenhausen das erste planmäßige Konzentrationslager der „zweiten Periode" und hatte damit eine gewisse Modellfunktion; zudem war es das „Konzentrationslager der Reichshauptstadt" Berlin. Es wurde 1936/37 bei Oranienburg, südöstlich der Nachbargemeinde, des späteren Stadtteils Sachsenhausen, errichtet. Zuvor hatte es im Zentrum Oranienburgs bereits ein Konzentrationslager der ersten Periode gegeben. Im KZ (bzw. KL, wie die administrative Abkürzung lautete) Sachsenhausen sind von den insgesamt 200.000 dahin Deportierten bis 1945 zwischen 43.000 und 48.000 ermordet worden oder sonst umgekommen, wobei Opfer von Überstellungs- und „Evakuierungs"-Transporten nicht mitgezählt sind.[1]

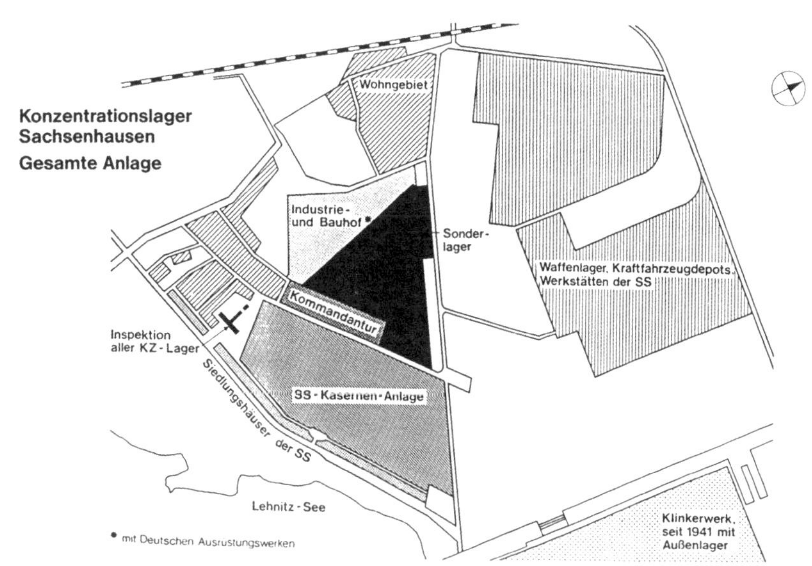

Konzentrationslager Sachsenhausen, Überblicksplan der engeren Lagerumgebung. Die Verbrechen an den Häftlingen hatten wegen der Streulage der Zwangsarbeitsstätten und der täglichen Wege dorthin die ganze Stadt zum Schauplatz.

Oranienburg ist eine Kleinstadt von etwa 30.000 Einwohnern ca. 30 km nördlich von Berlin, mit einem Schloss des 17. Jahrhunderts im locker bebauten Zentrum. Die damals stark geprägte „Stadt der SS" wurde 1945 durch einen Bombenangriff schwer beschädigt.[2]

---

1 Israel Gutman/Eberhard Jäckel/Peter Longerich/Julius Schoeps (Hg.): *Enzyklopädie des Holocaust. Die Verfolgung und Ermordung der europäischen Juden*, Berlin (Argon) 1993. Über Konzentrationslager Bd. II: 785–794, über die erste Periode und das ihr zugehörige Lager Oranienburg: 785f und 1068f, über das Lager Sachsenhausen Bd. III: 1270f. – Nach anderen Angaben beträgt die Zahl der Todesopfer in Sachsenhausen 100.000 Menschen.

2 Stefanie Endlich: „Oranienburger Heimatkunde. Anmerkungen zum Selbstverständnis einer historischen Stadt", in: Ulrich

Nach Kriegsende führte der sowjetische Geheimdienst NKWD im Kernbereich des ehemaligen Konzentrationslagers Sachsenhausen das „Speziallager Nr. 7“ (später „Nr. 1“). Die meisten Gebäude – mit Ausnahme des Krematoriums und der Vernichtungsanlagen – wurden in derselben Funktion weiter genutzt. Die nunmehr Inhaftierten waren ehemalige untere NS-Funktionäre, aber auch politisch Missliebige und willkürlich Verhaftete sowie von sowjetischen Militärtribunalen Verurteilte, bis 1950 insgesamt ca. 60.000 Menschen, von denen mindestens 12.000 an Hunger, Kälte und Krankheiten starben.[3]

Gegenstand des Gutachterverfahrens von 1992/93 war nicht das Areal des eigentlichen Häftlingslagers, das bereits während des DDR-Regimes ab 1956 zu einer 1961 eröffneten Gedenk-

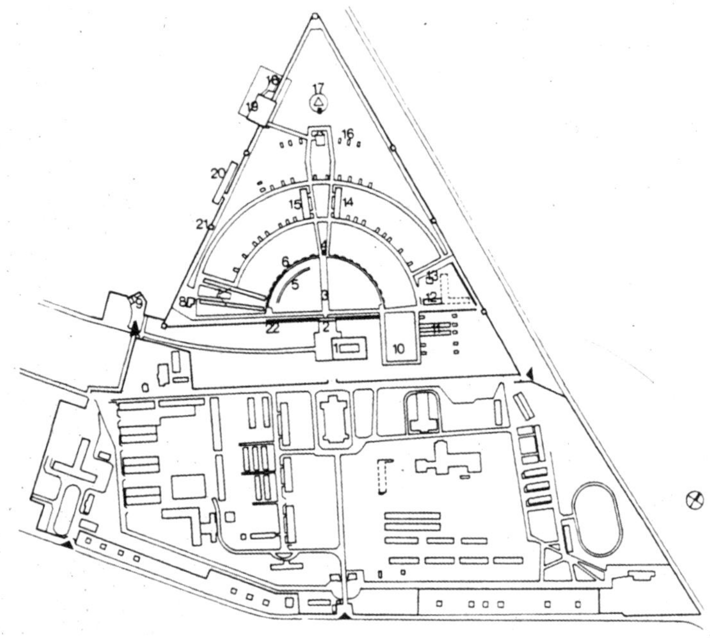

1 Museum des antifaschistischen Freiheitskampfes der europäischen Völker
2 Torgebäude (Turm A)
3 Appellplatz
4 Standort des Galgens
5 Schuhprüfstrecke
6 Gedenkmauer
7 Krankenbaubaracken
8 Pathologie
9 Krankenbaubaracke
10 Kleines Lager
11 Baracken 38 und 39 jüdische Häftlinge jetzt Ausstellung
12 Zellenbau (Bunker)
13 Erdbunker
14 Häftlingsküche
15 Wäscherei jetzt Kino und Ehrensaal
16 Granitblock an Unterkunftsbaracke
17 Obelisk, davor Plastik „Befreiung“ von R. Graetz
18 Erschießungsgraben
19 Krematorium und Station Z jetzt Gedenkstätte
20 Kino und Einführungsraum
21 Wachturm
22 Lagemauer und elektrisch geladener Stacheldraht

Übersicht Mahn- und Gedenkstätte sowie ehemaliges Kasernengelände, 1992

Eckhardt (Hg.): *Berliner Ring* 2000. *Bilder und Texte vom Wandel*, Berlin (Bostelmann und Siebenhaar) 2000, 169–177.

3 Stiftung Brandenburgische Gedenkstätten, http://www.stiftung-bg.de. Außerdem Günter Morsch / Ines Reich (Hg.): *Sowjetisches Speziallager Nr. 7/Nr. 1 in Sachsenhausen (1945–1950)*. Katalog der Ausstellung in der Gedenkstätte und Museum Sachsenhausen (Schriftenreihe der Stiftung Brandenburgische Gedenkstätten 14), Berlin 2005.

SS-Offiziershäuser am Rande des Kasernengeländes entlang der Straße, später von Offizieren der Nationalen Volksarmee der DDR benutzt und teilweise in deren Privateigentum übergegangen.

Das Einfahrtstor zum ehemaligen Häftlingslager, bislang nicht der Eingang zur Gedenkstätte.

Das Küchen- und Kasinogebäude der SS, später „Grünes Ungeheuer" genannt. Seine Lage am Konzentrationslagereingang, diesen zugleich abschirmend, ist bemerkenswert.

Stabsgebäude der SS von 1938, nach der Wende Brandenburgisches Polizeipräsidium Oranienburg.

Unterkunftsgebäude der SS von 1938.

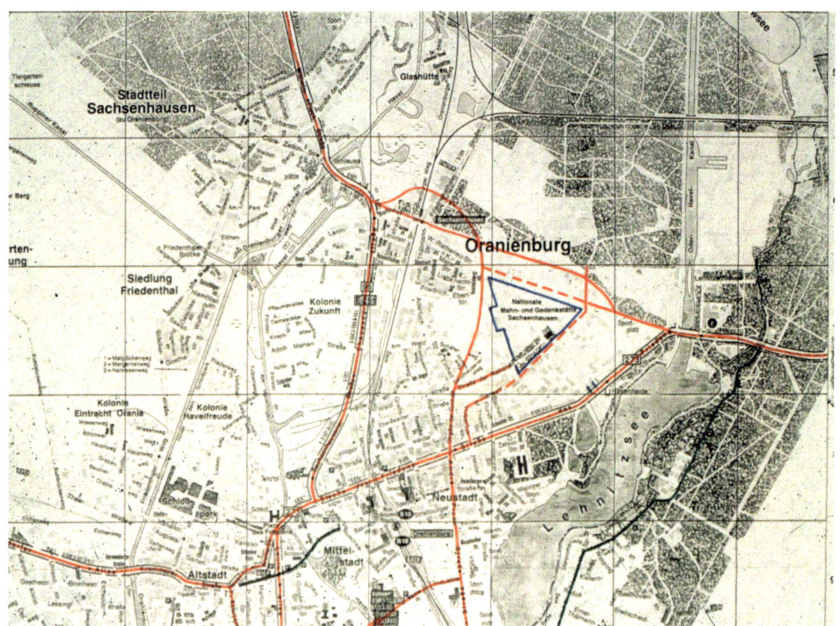

Stadtplan Oranienburg mit Straßennetz. Das Kasernenareal in seiner Lage zum bestehenden Zentrum mit Schloss.

stätte umgestaltet worden war,[4] sondern das der südöstlich anschließenden ehemaligen Kasernenanlage der SS. Diese war von 1950 bis 1989 von der Nationalen Volksarmee der DDR weiterverwendet worden; nach der Wende hatten sich in einem Teil der Bebauung Nutzungen des Finanzamts Oranienburg und des Brandenburgischen Polizeipräsidiums Oranienburg festgesetzt.[5] „Es ist offensichtlich, dass insbesondere die Kontinuität SS-Kaserne/NVA-Kaserne/Polizeipräsidium äußerst unglücklich ist … Die Stadt Oranienburg … hat im April 1991 die Aufstellung eines Bebauungsplanes beschlossen mit dem erklärten Ziel, das Kasernengelände für die Stadterweiterung zu gewinnen."[6]

Der Problemgehalt des Umgangs mit der ehemaligen Kasernenanlage geht also weit über die Denkmalpflege im engeren und weiteren Sinn hinaus. Die Umnutzungen 1945, in den 1950er Jahren und 1989 waren gegenüber dem Kontext des Lagers achtlos oder naiv gewesen; nunmehr stellte sich – neben Fragen des wirtschaftlichen Aufbaus wenige Jahre nach der Wende und den damit verbundenen Interessen von Gebietskörperschaften und Investoren – massiv die Frage der inhaltlichen politischen Bewertung neuer Nutzungen im Verhältnis zu den durch Verbrechen „kontaminierten" Flächen. „Ganz offenbar geht es uns nicht – wie in den späten vierziger Jahren – vor allem um das Wissen von den Naziverbrechen und den Schock dieser Erkenntnis, sondern um die vermittelte Betroffenheit, um den ‚Umgang' mit diesen Fakten und um das Zeigen dieses Umgangs."[7]

---

4 Günter Morsch (Hg.): *Von der Erinnerung zum Monument. Die Entstehungsgeschichte der Nationalen Mahn- und Gedenkstätte Sachsenhausen* (Schriftenreihe der Stiftung Brandenburgische Gedenkstätten 8), Oranienburg 1996.

5 Stadt Oranienburg: *Gutachterverfahren Urbanisierung des Geländes der ehemaligen SS-Kaserne Oranienburg. Ausschreibung* (vervielfältigt), o.J. [1992] (im Folgenden abgekürzt: *Ausschreibung*), 1, 17f, 60.

6 *Ausschreibung* (zit. Anm. 5), 1.

7 Hermann Czech: „Ein Gutachten", in: Czech: *Zur Abwechslung. Ausgewählte Schriften zur Architektur. Wien*, erw. Neuausgabe, Wien (Löcker) 1996, 139–143: 143.

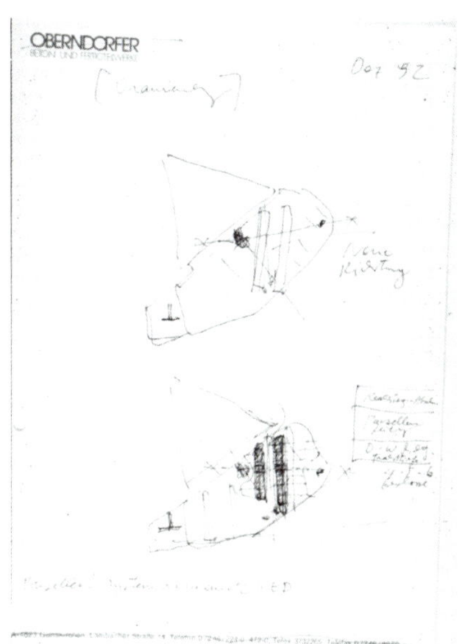

Hermann Czech: Skizzen zum Gutachterprojekt mit der den Bestand konterkarierenden Ausrichtung der Urbanisierung, die auch von der Ausfallsstraße abweicht und einen Zusammenhang innerhalb des Stadtgebiets herstellt.

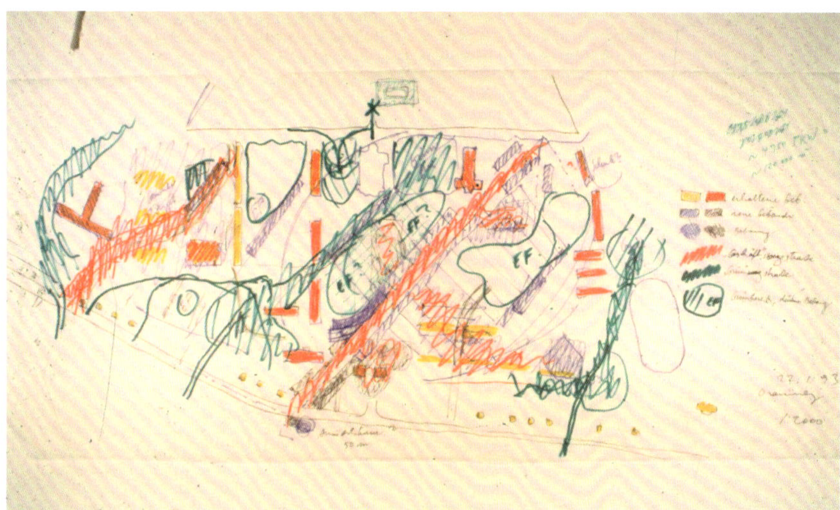

Hermann Czech: Skizze zum Gutachterprojekt. Zwei nahezu parallele Straßen, drei Zonen geringerer Dichte seitlich und dazwischen.

Entsprechende Besorgnisse und Zweifel kennzeichneten vielfach die Diskussionen über die Konzeption neuer Gedenkstätten, während die bestehenden zunächst vor dem Erfordernis umfassender Wissensvermittlung standen. Auch die Sachsenhausen-Konzentrationslager-Gedenkstätte der DDR, in deren Information über die Häftlinge der kommunistische Widerstand die wichtigste, die Judenvernichtung nur eine marginale und die NKWD-Nutzung überhaupt keine Rolle gespielt hatte, wurde zur Zeit des Gutachterverfahrens bereits einer kritischen Neukonzeption unterzogen.[8]

Die ersten Überlegungen ehemaliger kommunistischer Häftlinge für die Gedenkstätte hatten übrigens die SS-Kasernenbauten miteinbezogen (wie auch das nahe gelegene Außenlager mit Klinkerwerk); ein von der SED-Führung eingesetztes Kuratorium hatte sie auf das Dreieck des Häftlingslagers reduziert.[9] Nach der Wende war die museale Erhaltung der Kasernen-„Gesamtanlage … (als) Geschichtsdenkmal“[10], also Denkmalpflege in großem Maßstab, nicht praktikabel. „Da das Areal also offensichtlich nicht sich selbst bzw. der Natur überlassen werden kann, schlossen die Verfasser der Ausschreibung, müsse es Teil der Stadt werden – nicht

8 Ministerium für Wissenschaft, Forschung und Kultur des Landes Brandenburg (Hg.): *Die brandenburgischen Gedenkstätten. Empfehlungen der Expertenkommission zur Neukonzeption*, Berlin 1992, 9–34.

9 Stiftung Brandenburgische Gedenkstätten (zit. Anm. 3).

10 *Ausschreibung* (zit. Anm. 5), 64.

Kultur- oder Clubhaus der Nationalen Volksarmee von 1955, inzwischen abgebrochen.

Garagen von 1946, im Hintergrund SS-Garagen von 1938.

als periphere Wohnsiedlung, sondern mit allen städtischen Funktionen, dem Bereich um das Schloss nicht nachstehend."[11]

Deshalb stand das Gutachterverfahren unter dem Titel „Urbanisierung"; schon der Begriff „Stadterweiterung" wäre irreführend gewesen, insofern er nur Wohnbau beinhaltet hätte. Die unhaltbar erscheinende Situation bestand ja eben in der isolierenden Einbettung von begrenzter Gedenkstätte und praktisch unzugänglichen neuen Nutzungen der Kaserne in einer peripheren Einfamilienhaus-Struktur. Diesen „blinden Fleck in der Stadttopographie"[12] wollte das Verfahren ins Stadtbewusstsein heben: „Wo Lager war, soll Stadt werden" (Dieter Hoffmann-Axthelm)[13] ist eine bewusste Analogie zu Freuds „Wo Es war, soll Ich werden".[14]

11 Czech 1996 (wie Anm. 7), 140.

12 Ebd., 139.

13 *Ausschreibung* (zit. Anm. 5), 64. – Hoffmann-Axthelm war für den inhaltlichen Teil der Ausschreibung verantwortlich. Der Fachjury gehörten außerdem die Architekten Bruno Flierl, Hardt-Waltherr Hämer, Otto Steidle, Benedict Tonon und die Historikerin Annette Leo an; ebenda, 11.

14 XXXI. Vorlesung, verfasst 1932, in:

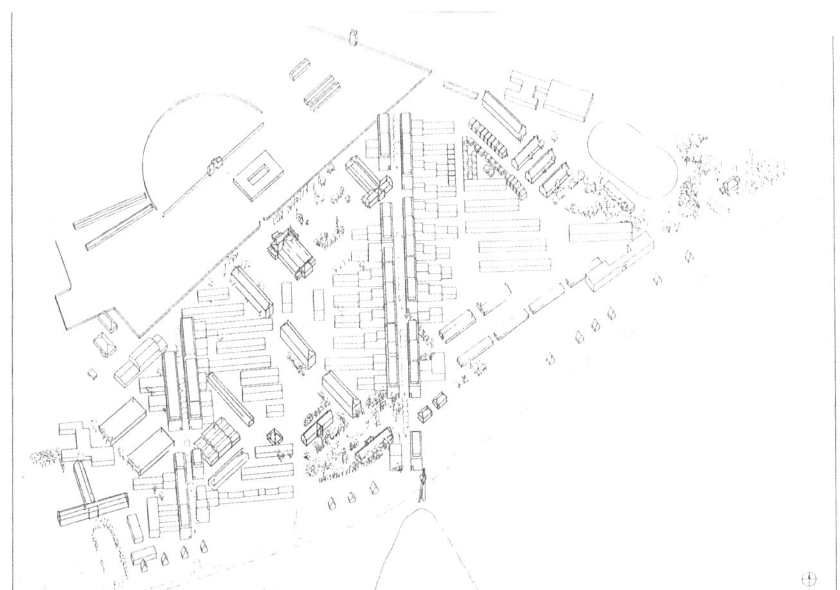

Hermann Czech: Gutachterprojekt (erster Rang), Isometrischer Überblick über das Kasernenareal. Mittels der bloßen Geometrie ist eine Präsenz der Zeitschichtung gegeben. Die neue Bebauung und Erschließung verläuft – auch aus Gründen der Vernetzung mit dem nördlichen und nordwestlichen Stadtgebiet – diagonal zur alten Orthogonalität der Kaserne. Die beiden neuen Straßen – die westliche gewerbe-, die östliche einzelhandelsorientiert – münden im Norden in die Straße an der ehemaligen Konzentrationslagermauer mit dem Eingang zur Gedenkstätte, die dadurch visuell präsent ist. Die großen Achsen der Kasernenanlage werden vernichtet oder in kleinräumige Zusammenhänge eingebunden; die alte Kaserneneinfahrt wird rechts liegengelassen. Lediglich im Einzelnen lässt die Richtung eines Gebäudes oder Baumbestandes erkennen, dass sie zur älteren – belasteten – Bebauung gehört.

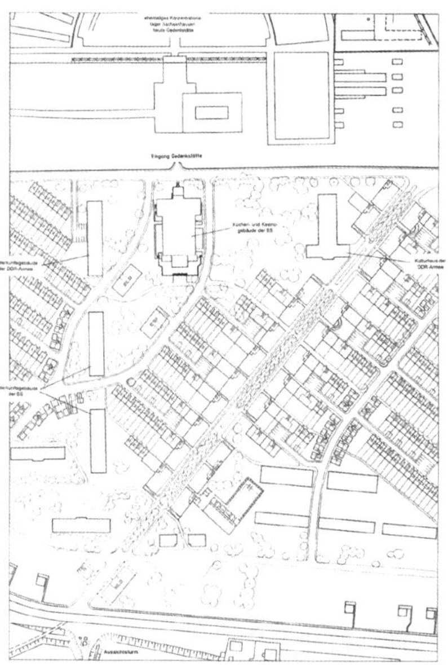

Lageplanausschnitt des Gutachterprojekts. Von den Hinzufügungen der DDR-Zeit ist z.B. das Kulturhaus, wenn auch durch seine Lage als Relikt kenntlich, in das Straßenbild einbezogen. Der Eingang in die Gedenkstätte (bisher seitlich durch einen vorbereitenden Hain führend) ist an die ursprüngliche Stelle des Konzentrationslagereingangs gelegt. Das ehemalige Kasinogebäude der SS verdeckt diesen Eingang wie damals.

– „Die damit wieder *in* der Stadt liegende Gedenkstätte des Konzentrationslagers wäre das Einbekenntnis der *ganzen* Vergangenheit und ein offensiver Weg zu einem langfristigen, nicht ‚abgehobenen' Gedächtnis."[15]

Die „Einflechtung" von Stadt in die zu erhaltenden Relikte der Kasernenanlage, also Denkmalpflege im Objektmaßstab, war dadurch gekennzeichnet, dass sich „unter Berücksichtigung der ästhetischen Qualität … weder für Anlage noch Einzelgebäude Anspruch auf Erhaltungswürdigkeit begründen" ließ, „zumal angesichts der erscheinenden

Sigmund Freud: *Gesammelte Werke*, Bd. XV, Frankfurt/M 1999, 86.

15 Czech 1996 (wie Anm. 7), 140.

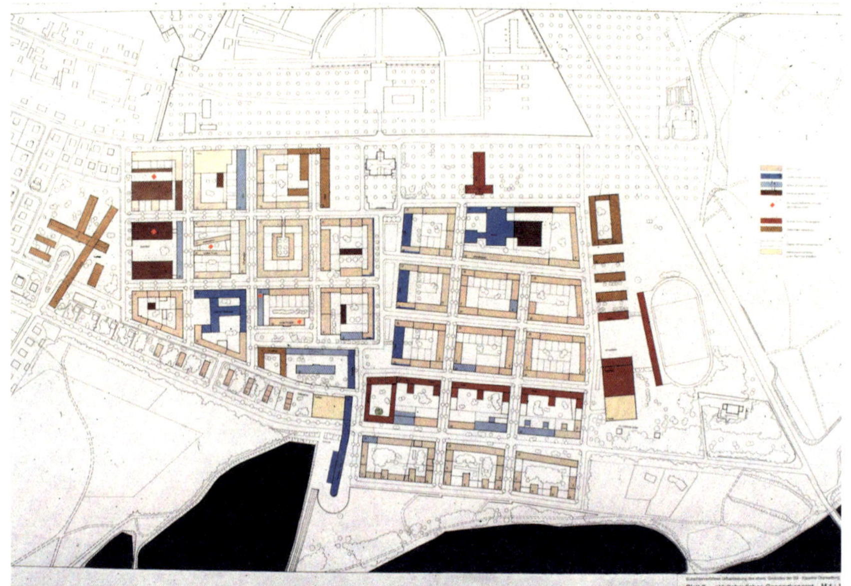

„Baufrösche Kassel“: Lageplan des Gutachterprojekts (dritter Rang). In dem Dilemma zwischen Zerstörung und Erhaltung des Bestands entscheidet sich dieses Projekt für das Verschlucken durch die nachfolgende Bebauung und die differenzierten Spuren dieses Prozesses. „Jegliche Assoziation und Konfrontation der neuen Stadt mit dem KZ . . . ist unzumutbar für die, die hier ihren Wohn- oder Geschäftssitz begründen wollen. Andererseits sollen die Spuren der Geschichte nicht getilgt werden und auffindbar bleiben . . . Die neue Stadt baut auf den Resten auf, ohne dass ihre germanische Ästhetik in Kraft bleibt.“ Der Kontamination des Bestands wird aber eine nicht-planerische Maßnahme gerecht: „Alle in Zwangsarbeit entstandenen Gebäude“ sollen in eine Stiftung eingebracht und deren Einnahmen im Sinne der Opfer verwendet werden.“ (zit. nach *Dokumentation*, 60)

Harmlosigkeit … eine unbekümmerte ästhetische Würdigung nicht möglich ist“[16], ja dass der scheinbar harmlose Baubestand der SS von den nachfolgenden Nutzern durch manchmal unterscheidbare weitere uncharakteristische Gebäude ersetzt und ergänzt worden war.

Es wird deutlich, dass eine denkmalpflegerische Entscheidung nicht nur wegen der zu bewertenden Inhalte, sondern auch *in sich* methodisch nur aus der Bewertung von Eingriffen durch städtebauliche, architektonische Entwürfe zu gewinnen war.

Sechs Architektur- bzw. Stadtplanungsbüros waren zum Verfahren eingeladen.[17] In 14-stündiger Sitzung reihte das Obergutachtergremium (d.i. die Jury) nach Vorstellung der Arbeiten durch die Gutachter vier von sechs Projekten nach drei „Rängen“ und einem zusätzlichen „Sonderrang“[18]. In den Abbildungen des vorliegenden Berichts wird meinem Projekt (Hermann Czech[19], 1.

---

16 *Ausschreibung* (zit. Anm. 5), 64.

17 Ebd., 10f: „Baufrösche“, Kassel; Klaus Neumann / Heike Büttner / Georg Braun, Berlin; Daniel Libeskind, Berlin; Hermann Czech, Wien; Dr. Kabus / Ralf Ludewig, Oranienburg; Karl-Heinz Birkholz / Diethelm Franke / Erich Gassauer, Potsdam.

18 Stadt Oranienburg in Zusammenarbeit mit der LEG (Landesentwicklungsgesellschaft für Städtebau Wohnen und Verkehr) des Landes Brandenburg mbH: *Gutachterverfahren Urbanisierung des Geländes der ehemaligen SS-Kaserne Oranienburg. Dokumentation* (vervielfältigt), März 1993 (im Folgenden abgekürzt: *Dokumentation*), 47–77: 1. Rang Hermann Czech; 2. Rang das ohne Hinweis an Stelle des letztgenannten eingeladenen Teams (s. Anm. 17) getretene Team Karl Hufnagel / Peter Pütz / Michael Rafaelian, Berlin; 3. Rang „Baufrösche Kassel“; Sonderrang Daniel Libeskind.

19 *Dokumentation* (zit. Anm. 18), 50–53. – Hermann Czech: „Urbanisierung des Geländes der ehemaligen SS-Kaserne Oranienburg“, in: Peter Neitzke / Karl Steckeweh

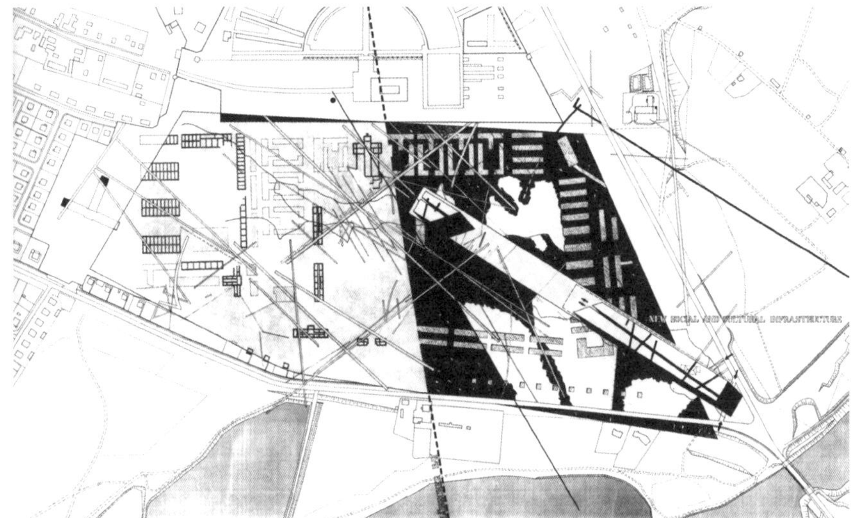

Daniel Libeskind: Lageplan des Gutachterprojekts (Sonderrang). „Dieser Entwurf weist ganz entschieden jede Vorstellung zurück, dieses Gebiet in irgendeiner Weise mit Wohnungsbau oder einer anderen Form der Domestizierung zu trivialisieren. Stattdessen wird eine Nutzung des Geländes vorgeschlagen, die einen ökologischen Eingriff und Entwurf mit einer ökonomischen Basis für die Stadt Oranienburg verbindet." (zit. nach *Dokumentation*, 66, *Mourning*, 85).

Rang) das nicht gereihte Projekt Kabus/ Ludewig[20], das Projekt „Baufrösche"[21] (3. Rang) und das Projekt Daniel Libeskind[22] (Sonderrang) gegenübergestellt, weil die unterschiedlichen Ansätze Erkenntnisse erlauben und weil Daniel Libeskinds weiteres Vorgehen das Verfahren schließlich demolierte.

„Vor einigen Monaten wurde ich zu einem Wettbewerb eingeladen, bei dem es um die Nutzung des Geländes ging, das an das Konzentrationslager Sachsenhausen grenzt. Die Unterlagen umfassten 95 Seiten; auf 94 davon wurde die Urbanisierung des Landes als Wohngebiet erörtert ... Das Gelände war widerlich, das Lager entsetzlich, das vorgeschlagene Programm ungeheuerlich. Ich entschloss mich dann dazu, das ganze so genannte Programm bewusst zu ignorieren ... Mein Vorschlag wurde präsentiert und sorgte während der Beratungen der Jury für einen dramatischen Streit. Die fünf anderen Architekten hatten sich bereitwillig auf das Wohnungsbauprogramm eingelassen, und der erste Preis wurde einem österreichischen Architekten zuerkannt, dessen Plan 8000 Wohnungseinheiten vorsah, was vollen 20% der Gesamtbevölkerung der Stadt Oranienburg entsprochen hätte."[23]

Dieses Textbeispiel Daniel Libeskinds enthält Tonfall und Grundzüge seiner medialen Strategie nach der Juryentscheidung: Die Ausschreibung sei gedankenlos und technokratisch; Ziel und Ergebnis des Verfahrens sei eine Bodenverwertung mit möglichst hoher

(Hg.): *Centrum. Jahrbuch Architektur und Stadt*, Braunschweig–Wiesbaden (Vieweg & Sohn) 1993, 88–91. – Hermann Czech: „Urbanisierung des Geländes der ehemaligen SS-Kaserne Oranienburg", in: Ernst Hubeli / Christoph Luchsinger (Red.): *Hermann Czech. Das architektonische Objekt. Eine Werkmonographie*, (= *Werk, Bauen + Wohnen*, Zürich, 6, 1996), 62f. – Czech 1996 (wie Anm. 7).

20 *Dokumentation* (zit. Anm. 18), 67–72.

21 Ebd., 59–62.

22 Ebd., 63–66. – Daniel Libeskind: „Mourning", in: Neitzke / Steckeweh (wie Anm. 19), 82–87.

23 Daniel Libeskind, „Mourning", in: Libeskind: *Kein Ort an seiner Stelle. Schriften zur Architektur – Visionen für Berlin*, Dresden–Basel (Verlag der Kunst) 1995, 135–140; 135

Daniel Libeskind: Modell des Gutachterprojekts. „Der eine Teil des Geländes wird ausgehoben, und die verbleibenden Gebäude werden abgetragen, sodass die Fundamente und Verbindungen der Maschinerie und ihre Grausamkeit zutage treten. Anschließend wird dieser Teil mit dem Wasser des angrenzenden Kanals überflutet und es entsteht ein versunkenes archäologisches Gebiet … Besucher können auf aufgeständerten Stegen laufen und den zunehmenden Verfall der Gebäude beobachten und dabei diesen Ort als neue Taufe sehen. – Das danebenliegende Gelände soll mit der Erde … aus dem überfluteten Gebiet … zu einem langsam ansteigenden Gelände geformt werden … [es] wird dicht mit einheimischen Gehölzen bepflanzt, es entsteht eine neue Schicht für die Vegetation, sowie ein natürlicher Lebensraum besonderer Intensität. Innerhalb dieser bewaldeten Zufluchts- und Gedenkstätte ist eine Lichtung vorgesehen, die auf gewollte und kontrollierte Weise die zukünftige Entwicklung dieses Gebietes strukturiert." – In der weiteren Bearbeitung wurde das Projekt stark reduziert und auf die nordöstliche Hälfte des Areals beschränkt.

Wohnungszahl. (In einem repräsentativen Vortrag an einer US-Universität gab Libeskind diese sogar mit 10.000 an.[24]) Sein Projekt sei wie erwartet disqualifiziert worden.[25] In manchen Äußerungen entstand für Hörer oder Leser der Eindruck, es ginge um die Bebauung des Häftlingslagers, also der Gedenkstätte selbst.

In Wahrheit sind die angegebenen Seitenzahlen der Ausschreibung falsch; deren Text befasst sich zum größeren Teil mit der Problematik der vergangenen und gegenwärtigen Nutzungen des Bestands. Für eine grundlegende Differenz innerhalb der Jury gibt es (bei 2 Stimmenthaltungen gegenüber 9 Stimmen für den 1. Rang[26]) keinen Anhaltspunkt; ebenso wenig fand nach der Publikation des Ergebnisses ein „Sturm der Entrüstung unter den Juden in Deutschland"[27] statt. Die Zahlen der angeblich geforderten oder projektierten Wohnungseinheiten sind frei erfunden, selbst bei dichter Bebauung gar nicht möglich. Dass das Urbanisierungskonzept eben mit peripheren Einfamilienhäusern Schluss machen wollte, geht aus dem Bisherigen hervor. Das Projekt Libeskind wurde nicht disqualifiziert, sondern bloß, wie vier andere, nicht an erster Stelle gereiht.

Im Verfälschen von Fakten und Verschweigen der Motivationen diskreditierte Libeskind das nicht für ihn entschiedene Verfahren und damit alle

24 Daniel Libeskind: *traces of the unborn.* 1995 *Raoul Wallenberg Lecture*, The University of Michigan, Ann Arbor 1995, 13f. – Richtig sind in der dichtesten Variante des Projekts Czech neben mehr als 3.000 Arbeitsplätzen etwa 1.700 Wohnungen; auch die anderen Projekte enthalten nicht mehr. – Libeskinds diffuser Umgang mit Fakten zeigt sich in diesem Vortrag auch im Durcheinanderwerfen des 1933 im Stadtzentrum eingerichteten „wilden" KZ Oranienburg mit dem „offiziell" geplanten KZ Sachsenhausen von 1936/37.

25 Ebd.

26 *Dokumentation* (zit. Anm. 18), 47–49.

27 Ann Brocklehurst: „A First for Acclaimed Architect", in: *International Herald Tribune*, Neuilly-sur-Seine September 18–19, 1993, 6: „The jury … gave first prize to the Viennese architect Hermann Czech, who proposed turning the SS barracks into an 8,000-unit housing estate. That provoked outrage among Germany's Jewish community and others …"

anderen daran Beteiligten. Das Konzept der Urbanisierung erschien als die Unternehmung von Spekulanten, wenn nicht sogar Revisionisten, der sein Projekt als das einzig problembewusste gegenüberstand. Nicht nur internationale Journalisten übernahmen diese Desinformation ungeprüft, sondern auch Zeithistoriker[28] – ja in der Folge Stadtplanungsamt und Stadtverordnetenversammlung in Oranienburg selbst.[29]

Stellen wir nochmals die Ausgangsfrage: Welche Zukunft könnte das Gelände der SS-Kaserne haben? Die Verwilderung? die Erweiterung der Konzentrationslager-Gedenkstätte? – Beide Szenarien haben keine Befürworter. Die bedenkenlose Nachnutzung geeigneter Teile? – Die findet bereits statt; die Kritik daran war der Anlass des Gutachterverfahrens. In dessen Erwägungen, die in der Ausschreibung enthalten sind, spielt die schmerzhafte Erhaltung des Bestandes eine Rolle, aber auch die Entgegensetzung heutiger Realität. Die Angemessenheit dieses Gegensatzes ist die gestellte Aufgabe.

Diese entgegenzusetzende heutige Realität sah die Ausschreibung in städtischem Leben, im Entstehen einer Urbanität – und somit als planerisch-architektonisches Thema. Gegenstand und Ziel des Verfahrens war eine *Bebauungsplanung* des Kasernengeländes, umzusetzen nicht durch den Verfahrenssieger, sondern durch zahlreiche andere Architekten als Prozess einer Stadtentwicklung, die das ehemalige KZ zu einem Teil der Stadt machen würde – damit übrigens einen Besucher der Gedenkstätte auch zu einem bewussten Stadtbesucher.

Daniel Libeskinds Projekt weicht von diesem Ansatz ab, wobei die Zurückweisung von „Wohnungsbau" als „Domestizierung" und „Trivialisierung" diese Abweichung nur vordergründig kennzeichnet. Die Ablehnung gilt in Wahrheit einer „profanen" planerischen Intervention überhaupt; Libeskind will das Dilemma der erinnernden Erhaltung und der heutigen Konterkarierung des Bestands *durch Kunst* lösen. Sein Projektansatz ist kein planerisch-architektonischer, sondern ein künstlerischer im engeren Sinne. (Die begriffliche Relation von Kunst und Architektur und die Wandlungen dieser Relation müssen zur Wahrnehmung eines Unterschieds hier nicht entwickelt werden.)

Libeskinds Arbeit traf also nicht die Absicht der Ausschreibung, wurde von der Jury aber respektiert („... eine Dimension an Größe und Intensität, welche die Stadt Oranienburg, das Land Brandenburg, wahrscheinlich die Bundesrepublik überfordern. – Die Realisierung dieses Entwurfes würde eine erneute Traumatisierung der Stadt Oranienburg bedeuten"[30]). Ich selbst hielt „den Versuch einer Bewältigung der Aufgabe durch ein monumentales Landschaftskunstwerk für einen stärkeren, vor allem aber eitleren Angriff auf die physische und geistige Substanz des Geländes, bin mir aber bewusst, dass ich in dieser Meinung Partei bin".[31]

Prinzipiell kann man freilich einem Werk der Kunst die Legitimität an solchem Ort nicht absprechen. Schon der 1955 mit dem Konzept für die Ge-

---

28 z.B. Peter Reichel: *Politik mit der Erinnerung. Gedächtnisorte im Streit um die nationalsozialistische Vergangenheit*, München–Wien (Hanser) 1995, 141–144.

29 Stadt Oranienburg: Beschlussvorlage der Verwaltung, beschlossen in der Stadtverordnetensitzung v. 19.9.1994: Der „Wettbewerbsbeitrag H. Czech" wird als „hochverdichteter Wohnungsbau" und als „derzeit nicht realisierbar" bezeichnet (in Wahrheit liegt die Wohnungsdichte des Projekts unter 40 Wohnungen/ha). – Ein Telefonat in dieser Zeit mit dem zuständigen Planungsbeamten begann mit „Ach Sie sind der mit den achttausend Wohnungen".

30 *Dokumentation* (zit. Anm. 18), 64.

31 Czech 1996 (wie Anm. 7), 140.

denkstätte beauftragte Landschafts- und Gartenarchitekt Reinhold Lingner (1902–1968) hatte gefordert, dass sich die neue Intervention „von diesen abstoßenden, hässlichen Zweckbauten, mit denen die Erinnerung an Leid, Schmach und Grauen verbunden ist … eindeutig als Kunstwerk lösen muss."[32]

Auch muss man angesichts eines Wettbewerbsverfahrens nicht nur die Betrachtungsweise der Ausschreibung für legitim halten. Deren Ausweitung oder Ablehnung mag im Allgemeinen für einen Teilnehmer formalrechtlich unzulässig sein; gerade in diesem Fall war das Verfahren aber offen genug angelegt. Die Jury schied das Projekt Libeskind ja auch nicht von der Beurteilung aus. – „Trotzdem am Verfahren teilzunehmen, die Bedingungen nicht einzuhalten, sondern zu kritisieren, ist – wohlgemerkt – ein legitimes Mittel der Strategie, das ich auch selbst schon angewandt habe. Ebenso legitim ist es, trotz einer gegenteiligen Entscheidung noch für sein Projekt zu kämpfen."[33]

Der Maßstab eines Landschaftskunstwerks entspricht der Dimension des Kasernengeländes. Aber zusätzlich handelt es sich auch bei Libeskind um *Stadtentwicklung*: „Ich schlage ein Programm für die Bebauung des Geländes vor, das dem kritischen Charakter dieses historischen Gebietes gegenüber sensibel ist." Die „dichte Gebäudestruktur" entlang des schrägen „Einschnitts der Hoffnung" enthält „öffentliche und private Einrichtungen für eine neue wirtschaftliche, soziale und kulturelle Entwicklung", „Räume für die Umschulung von Arbeitslosen, Unterbeschäftigten und Jugendlichen", „Training für den privaten Dienstleistungsbereich, … Flächen für das körperliche und geistige Gesundheitswesen und andere Formen der Therapie", „Diskussion und Forschung", „eine Bibliothek, ein Archiv, ein Museum und eine ökumenische Kapelle", „Räume für Künstler"[34] etc.

Danach wird auch eine „umfangreiche Gewerbenutzung (allerdings im Rahmen einer dem Ort angemessenen architektonischen Haltung)" angeführt.[35] Noch später, 2001, sieht das „überarbeitete Libeskind-Konzept" den „Bau einer neuen Gebäudestruktur mit nicht-musealen Nutzungen" vor, die „sowohl die historischen Gebäude erhält als auch eine städtebauliche Entwicklung zulässt",[36] was geradezu die Frage nach der nutzungsmäßigen Unterscheidung dieses Konzepts von den seinerzeit verächtlich gemachten Projekten aufwirft.

In meinem Projekt (Czech) wird zwischen den Gebäuden der SS und den späteren unterschieden; neue Nutzungen, z.B. Gewerbe, sind insbesondere in denen der DDR-Zeit, z.B. Garagen, möglich. Im Projekt Libeskind erscheinen die Bauten nach 1945 fast durchwegs entfernt.

Ein näherer Vergleich zeigt ohnehin, dass die Einstufung von Nutzungen als „gedenkstättenverträglich" einerseits und verwerflich andererseits durchaus ambivalent ist. Nicht nur die Gewerbe- oder Büronutzung, selbst eine Schule oder Sportanlage kann als „gut" oder „böse" kodiert werden: „Umschulung", „Training", „Flächen für das körperliche … Gesundheitswesen" schlägt

32 Stiftung Brandenburgische Gedenkstätten (wie Anm. 3). Die Gestaltung der Gedenkstätte besorgten schließlich die Architekten Ludwig Deiters, Horst Kutzat und Kurt Tausendschön, die bereits an den Planungen für die Gedenkstätten Buchenwald und Ravensbrück beteiligt gewesen waren.

33 Czech 1996 (wie Anm. 7), 140.

34 *Dokumentation* (zit. Anm. 18), 66.

35 Libeskind (s. weiter unten Anm. 43).

36 Orte des Verbrechens zwischen Geschichte und Stadtentwicklung. Zur Nachnutzung des ehemaligen SS-Truppenlagers des Konzentrationslagers Sachsenhausen in Oranienburg, Symposiumsankündigung zum 15.–17. März 2001, Akademie der Künste Berlin.

das Projekt Libeskind vor. Hingegen: „Eine Schule und ein Sportplatz sind im preisgekrönten Entwurf ... ebenfalls vorgesehen. Auch [freilich nicht auszuschließende] Kneipen und ein Fitness-Center fehlen nicht", höhnt ein Kritiker des Projekts Czech.[37] Schließlich flimmert der Begriff „Stadtentwicklung" selbst zwischen einer gesamthaft positiven und einer auf Rendite spekulierenden negativen Bedeutung, besonders in der dem Laien eingängigen Gleichsetzung mit „Wohnungsbau". Selbstverständlich steht das Projekt Libeskind gleichermaßen vor dem Problem, dass sich sein „Eingriff ... auch wirtschaftlich tragen muss", vor allem die „Neubauten ... deren Nutzung ... noch weitgehend offen" ist.[38]

Es bleibt ein aufrecht erhaltener Unterschied des Projekts Libeskind, nämlich der Ausschluss von Wohnungen. Sehen wir einmal davon ab, dass im urbanen Zusammenhang der in diesem Projekt gelisteten Nutzungen (z.B. Dienst- oder Stipendiaten-) Wohnungen gar nicht auszuschließen *sind*. Tatsächlich erscheint aber in erster Annäherung die Vorstellung des Wohnens, der primären privaten Lebensentfaltung, als die sensibelste Unvereinbarkeit mit der Erinnerung des Grauens. Ein Bericht über immer weitere Wohnbauten auf dem – im Unterschied zum nahen Mauthausen – seit dem Krieg unbeachteten Gelände der Konzentrationslager Gusen I und Gusen II geht darauf ein, „dass es KZ-Überlebende bei dem Gedanken grauste, es könne sich einer in jenem Gebäude, das ... den Terror der SS repräsentierte, gemütlich einrichten ... Wie konnte man in denselben Mauern heile Familienwelt spielen, die ... für den KZ-Überlebenden ... bis heute unauslöschlich eine Schreckensvision sind?"[39]

Vielleicht spielt bei diesem Entsetzen auch die – berechtigte oder unberechtigte – Identifikation der Geisteshaltung der neuen Bewohner mit der der damaligen Täter eine Rolle. Stellen wir dieser Reaktion die einer KZ-Überlebenden beim späteren Besuch in Theresienstadt gegenüber: „Die Frau, die mir öffnete, verstand ohne weiteres mein Begehren, das Zimmer wieder zu sehen, wo ich mit den anderen 30 Mädchen gehaust hatte ... Dann schlenderte ich durch die Straßen, wo Kinder spielten, ich sah meine Gespenster unter ihnen, sehr deutlich und klar umrissen, aber durchsichtig, wie Geister sind und sein sollen, und die lebenden Kinder waren fest, laut und stämmig. Da ging ich beruhigt fort. Theresienstadt war kein KZ-Museum geworden. Es war ein Städtchen, wo Menschen lebten."[40]

Für den Fall der Oranienburger Kaserne ist immerhin festzuhalten, dass – von der weitgehenden Errichtung in Zwangsarbeit abgesehen – Häftlinge dort nicht untergebracht waren und dass sich über den Baubestand der SS-Nutzung bereits zwei weitere Schichten gelegt hatten.

Das in der Ausschreibung des Gutachterverfahrens dargelegte Kriterium zulässiger Nutzungen ist konkreter und präziser. Jene Nutzungen sind abzulehnen, die sich nach der Wende in der südwestlichen Geländehälfte ein-

37 Reichel (wie Anm. 28), 142.

38 J. P. (Jochen Paul): „Zwischenstand", in: *Bauwelt*, Berlin, 36, 1996 (StadtBauwelt Nr. 131), 2002f.

39 Wolfgang Freitag: „Neue Heimat im KZ", in: *Die Presse / Spectrum*, Wien, 27.1.2007, I–III: II.

40 Ruth Klüger: *weiter leben. Eine Jugend*, Göttingen (Wallstein) 1992, 104. Ich verdanke diesen Hinweis dem Architekten und Kritiker Walter Zschokke. – Das Lager Theresienstadt war allerdings als Ghettolager in einem vorhandenen Stadtkörper untergebracht und als „jüdische Mustersiedlung" vielfach nur Durchgangsstation für später in anderen Lagern Ermordete; Gutman et al. (wie Anm. 1), Bd. III, 1403–1407.

Der Zustand des Geländes um 2001 entspricht weitgehend noch dem zur Zeit des Gutachterverfahrens.

genistet haben: Polizei und Finanzamt – also eine quasi paramilitärische uniformierte Institution und ein staatshoheitliches Amt? Das ist nicht einmal der Ansatzpunkt der Kritik. Der Punkt ist: Diese Nutzungen sind nicht stadttauglich, weil sie die Unzugänglichkeit des Areals zementieren. Gerade diese Nutzungen hat Libeskind früh akzeptiert.

Eben als Teil von Stadt kann das Wohnen nicht ausgeschlossen werden, wenn Stadt die das Grauen konterkarierende heutige Realität sein soll. Überhaupt entfällt dann die Klassifikation von inhaltlich geeigneten und ungeeigneten Nutzungen, ja sogar – wie sonst in der Stadt auch – die Möglichkeit der Durchsetzung von „angemessener architektonischer Haltung". „Dieses … Neben- und Ineinander ist in seiner konkreten Erscheinung nicht in allen Einzelheiten vorhersehbar; es hat in seiner planerischen Fassung einen offenen, sogar frivolen Aspekt. Aber eben die Offenheit bei planerischer Präzision macht die Qualität eines Städtebaus aus."[41]

Der vorliegende Bericht behandelt das Gutachterverfahren und legt auch den damaligen Wissensstand zugrunde. Neuere Forschungen[42] stellen das KZ als militärisches und wirtschaftliches Machtinstrument innerhalb der komplexen Struktur der SS dar und sehen damit die Kaserne als Ausbildungs- und Zwangsarbeitsverwaltungsort in zwingenderem Zusammenhang mit dem Häftlingslager, was eine entschiedenere Erhaltung von Objekten und räumlichen Kontexten begründen könnte. Daraus folgende Einschränkungen würden ebenso das Konzept der Urbanisierung betreffen wie sie die Neubearbeitung und Reduktion des Projekts Libeskind mitveranlasst haben. Allerdings muss die Urbanisierung dann erst recht die Wahrnehmung der im Anschluss bestehenden Einfamilienhausbebauung auffangen und konditionieren, und zwar eben im Herstellen eines urbanen Zusammenhangs, was einem Kunstwerk

41 Czech 1996 (wie Anm. 7), 142f.

42 Hermann Kaienburg: *Der Militär- und Wirtschaftskomplex der SS im KZ-Standort Sachsenhausen-Oranienburg. Schnittpunkt von KZ-System, Waffen-SS und Judenmord* (Schriftenreihe der Stiftung Brandenburgische Gedenkstätten 16) Berlin 2006.

Der Zustand um 2005 zeigt die in der Südwesthälfte des Geländes nach 1989 eingenisteten Nutzungen weiter bestehend, also Polizei u.a. im ehemaligen SS-Stabsgebäude, Finanzamt im Gebäude der ehemaligen zentralen Inspektion aller Konzentrationslager. Auf der Nordosthälfte sind alle Gebäude der Zeit nach 1945 abgebrochen und diese damit – entgegen einem differenzierten denkmalpflegerischen Konzept und den Wünschen der Gedenkstättenverwaltung – für eine „saubere", freilich fragmentarische NS-Gedenkstätte vorbereitet, allenfalls als Bestandteil von Libeskinds Bau- und Landschaftskunstwerk. Was vermieden werden sollte – dass das Gelände wiederum genutzt wird, aber weiterhin wegen seiner Unzugänglichkeit einen blinden Fleck in der Stadttopographie bildet – ist durch Nichtausführung des Wettbewerbsergebnisses eingetreten.

vermutlich versagt ist. Ein Vergleich der Vorgangsweisen wäre nur bei gleichem Projektstand gerechtfertigt.

In meinem Projekt (Czech) findet die Konterkarierung des Bestands also durch planerische Mittel statt – durch Geometrie und Raum –, im Projekt Libeskind durch Kunst (die freilich ebenfalls schräge Geometrien erlaubt). Es gibt aber noch einen anderen Unterschied, nämlich den der medialen Präsenz, der Rolle der öffentlichen Aufmerksamkeit beim Zustandekommen der Maßnahme.

Die Bebauungsplanung des Projekts Czech im Sinne der Ausschreibung ist bloß geeignet, ein Fachpublikum zu interessieren; eine breitere öffentliche Wahrnehmung kann allenfalls nach zumindest teilweise erfolgter Umsetzung erwartet werden. Das Projekt Libeskind rekurriert – erst recht nach der Entscheidung der Jury – sofort auf die öffentliche Reaktion; das Echo der Medien ist im Voraus konstitutiv für eine mögliche Umsetzung.

Ganz analog sind im Projekt Czech die Besucher der KZ-Gedenkstätte zunächst weiterhin mit dem Erlebnis und der Information dieses ehemaligen Verbrechensortes konfrontiert – seine Rolle nach 1945 eingeschlossen; mit der Umsetzung der Kasernen-Urbanisierung lokalisieren sie diesen Ort schrittweise in einer konkreten historischen und gegenwärtigen Stadt als Teil von deren Vergangenheit, was weitere Ebenen der Reflexion eröffnet. Im Projekt Libeskind tritt zur Gedenkstätten-Information eine künstlerische Intervention, deren mediale Resonanz bereits im Vorfeld ein zusätzliches touristisches Interesse verspricht.

Solchen Voraussetzungen ist nun die mediale Positionierung – die Verkündung der „richtigen" Vorgangsweise gegenüber den „falschen" anderen – durchaus angemessen, besonders wo die politisch-historischen Grundfragen einem Konsens unterliegen und die Autorität Libeskinds als des Nachkommen einer im Holocaust ermordeten Familie das Denken über Alternativen lähmt oder unglaubwürdig macht. „Diese Strategie bezieht ihre Durchschlagskraft … auch aus einer bedenklichen Vermischung der Ebenen: … wie Libeskind seine Architektur und das politische Schicksal eines Juden der zweiten Generation identifiziert.“[43] Es ist nachvollziehbar, dass die politische Willensbildung der Stadt dieser Vorgangsweise folgte.

Im Gegensatz zum ursprünglichen Verfahrensziel einer Bebauungsplanung (und nicht eines Bauauftrags) stand nunmehr zur Debatte, dass – abgesehen von den Geländeveränderungen – über ein Drittel des zuvor insgesamt vorgesehenen Volumens durch Libeskind selbst errichtet werden sollte – auf dem halben Grundstück, ohne Einschränkung der ursprünglich zu verhindernden Nutzungen auf der anderen Hälfte.

Aber der Karren war verfahren. Eine zivile Vorgangsweise war diskreditiert und in den Hintergrund der Aufmerksamkeit gedrängt; stattdessen gab es die medial oktroyierte Verpflichtung für das Monument eines betroffenen Künstlers; die Investorensuche war offenbar wenig erfolgreich. Nun kamen die projektfernen Standpunkte zur Geltung.

Zunächst die Zweifel der Denkmalpflege: Günter Morsch, der Leiter der Gedenkstätte, „wehrt sich gegen den geplanten Teilabriss erhaltener historischer Gebäude … [weil] authentische Bauten, als Quellen zum Sprechen gebracht, mehr als jedes Mahnmal erzählen“.[44] Aber während die behördliche Denkmalpflege das gesamte Areal unter Schutz stellen will, hält er später doch das Libeskind-Projekt für tragfähig, dessen Neubearbeitung er differenzierend begleitet hat.

Sodann aber der Standpunkt des Erhaltungsaufwands: Auf der Nordosthälfte wurden vom Eigentümer Bund die nach 1945 errichteten Bauten abgebrochen, was immer noch mit dem Projekt Libeskind begründet werden konnte, dessen Bebauungsplan aber, ebenso wenig wie die radikale Unterschutzstellung, nicht rechtsgültig wurde.

Und schließlich die unbehelligte Nutzung durch die Polizei, die in und zu dem Bestand der Südwesthälfte eine Fachschule mit neuem Turnsaal und Sportplatz errichtete, was nun auch Libeskind nicht mehr erträglich schien.

Eine für 2009 in Oranienburg geplante Landesgartenschau wird ein „Band Licht und Schatten“ zwischen das 1999 eröffnete restaurierte Schloss und die KZ-Gedenkstätte legen, das Kasernengelände aber voraussichtlich nicht speziell einbeziehen.

Schloss und ehemaliges KZ: Postulierte nicht eben das Gutachterverfahren 1992 diese „Pole, zwischen denen sich das Stadtgebiet spannt“? Die bestehende Stadt erschien allerdings „zu klein und formal selber zu wenig prägnant, um … [diese Pole] in einen ihr eigenen Zusammenhang einzuordnen oder nebenzuordnen“,[45] weswegen die Ausschreibung die urbane Prägung als planerische Aufgabe stellte.

Das nämlich ist der experimentelle Beitrag des Gutachterverfahrens Oranienburg zur Gedenkstättenproblematik: dass die Vergangenheit nicht künstlerisch überhöht, aber auch nicht

43 Dieter Hoffmann-Axthelm: „‚Wo Lager war, soll Stadt werden…‘“, in: *ARCH+*, Aachen, 118, 1993, 20–22: 20. – Der Artikel ist Teil einer Kontroverse in dieser Zeitschrift: Peter Neitzke: „‚Wie es sich denn auf Flächen des Verbrechens lebe‘“, in: *ARCH+*, Nr. 117, 15. – Neitzke: „Gegenrede“, in: *ARCH+*, 118, 22f. – Daniel Libeskind: „Betr.: 118 *ARCH+* ‚Wo Lager war, soll Stadt werden…‘“, in: *ARCH+*, Aachen, 121, 1994, 22.

44 Paul (wie Anm. 38), 2003.

45 *Ausschreibung* (zit. Anm. 5), 2.

bloß ausgeblendet wird, wie „wir ständig in unserem Leben Gewalt an Orten, die irgendwann stattgefunden hat, ausblenden“,[46] sondern dass angesichts des ehemaligen KZ in einer sich entwickelnden Kleinstadt ein mit alltäglicher Lebenswelt konfrontiertes, informelles Gedenken sich etablieren und verbleiben könnte.

Nicht nur, dass dieses Vorhaben nicht verwirklicht ist – selbst als Gedanke ist es bislang verschüttet und verleumdet, auch bei Autoren, die anderen Anlassfällen der Gedenkthematik eine sorgfältigere Betrachtung angedeihen lassen.[47] Im möglichen Spektrum authentischer planerischer Interventionen fehlt das gedanklich und politisch kreative, sich der historischen Schuld stellende Konzept der Urbanisierung.

Oranienburg ist ein tragfähiger, der Mehrschichtigkeit der historisch-politischen Problematik angemessener Stadtentwicklungsimpuls zu wünschen, was ja auch auf dem mit Libeskind eingeschlagenen Weg nicht ausgeschlossen wäre. Zuletzt plädierte Stefanie Endlich für das reduzierte Libeskind-Projekt als „Kompromiss“ gegenüber dem ersten und einer bloßen Bestandserhaltung: „… es ist nicht absehbar, dass Oranienburg sich auf eine andere Weise mit dem historischen Areal identifizieren könnte. Und ohne Einbeziehung in den städtischen Alltag rettet auch der Denkmalschutz die SS-Gebäude nicht vor Verfall und Abriss.“[48]

Damit stünde die Meinungsbildung wieder im Jahr 1992, am Ausgangspunkt des Gutachterverfahrens: Warum denn „städtischen Alltag“ nicht durch diesen selbst statt durch ein Kunstwerk herstellen? „… also her mit den Missgriffen, sage ich, rein in die wirkliche Auseinandersetzung. Ich behaupte ja gar nicht, dass die Urbanisierungsstrategie unwiderstehlich ist. Aber sie ist eine Chance.“[49]

Denn ein neuer Weg wäre der künstlerische nicht, ebenso wenig wie die Ausweitung der Gedenkstätte. „Das Gedenken an eigenen Stätten, in die man Schulklassen und Reisende leitet, hat seinen pädagogischen und politischen Sinn – aber das gibt es ja bereits.“[50]

46 Bertrand Perz, zitiert in: Freitag (wie Anm. 39), III.

47 Reichel (wie Anm. 28) beispielsweise referiert etwa im Fall Jenninger sehr wohl mehrere Sichtweisen, berichtet auch in den Fällen Frankfurter Börneplatz oder sogar Ravensbrück differenzierter. Für das Gutachterverfahren Oranienburg, das gerade all diese Bedenken reflektiert, steht ihm, nur durch Libeskinds Kampagne informiert, bloß Hohn zur Verfügung, obwohl er an anderen Stellen Dieter Hoffmann-Axthelm als glaubwürdigen Kommentator achtet und Libeskinds Ästhetisierung der geschichtlichen Erinnerung anzweifelt. – Die erste sachlich recherchierte Kurzdarstellung findet sich in: Heidede Becker: *Stadtbaukultur – Modelle, Workshops, Wettbewerbe. Verfahren der Verständigung über die Gestaltung der Stadt*, Schriften des Deutschen Instituts für Urbanistik Bd. 88, Bd. 2, Stuttgart–Berlin–Köln 2002, 655–658.

48 Endlich (wie Anm. 2), 173f.

49 Hoffmann-Axthelm (wie Anm. 43), 22.

50 Czech 1996 (wie Anm. 7), 143.

Ungefähre Hauptrichtung

(2008)

Das Werk von Marcel Meili und Markus Peter macht mir analytische Schwierigkeiten, weil es mir nahe geht. Vieles, was ich da sehe und begreife, hätte ich auch so machen wollen; manches, das ich anders gemacht habe, muss ich im Vergleich als Umweg erkennen.

In dieser selbstbezogenen Betrachtung versuche ich aus den eigenen Motivationen einen begrifflichen Raster zu errichten, um einige ausgewählte Arbeiten von Meili und Peter damit zu verschneiden.

1 Methode

„Wer keine Erfahrung hat, muß bei der Methodik anfangen", schrieb ich 1973.[1] (Aber könnte denn Erfahrung Methodik ersetzen, und gewinnt nicht Methodik erst recht aus einer Erfahrung?) Ich meinte, dass das auf dem Wege Konrad Wachsmanns erworbene Verständnis für die Modularität der Bauteile einerseits und ihre (statische) Dimensionierung, die Materialstärken andererseits den Raum zwingend artikulieren und dass in diesem Raum Freiheit für die Entfaltung entstehen würde. Aber doch *danach*, oder jeweils in rückkoppelnden Schritten. In meiner Vorstellung des Entwurfs als einer objektivierbaren Reihe von Entscheidungen war die Individualität zwar nicht verleugnet; genau genommen blieb sie aber zunächst unvermittelt.

Bei der Holzhaus-Projektstudie von Meili und Peter spricht nun nicht nur die Geometrie der gefügten Bauteile und ihrer Tragwirkung, sondern es scheint schon vom Ansatz her, aus dem Stand, eine räumliche Artikulation inbegriffen zu sein, die *nicht* notwendigerweise *zwingend*, wohl aber profund ist. In der einfach orthogonal wechselnden Erstreckung der Räume im Verhältnis zur Deckenspannrichtung und in ihrer nutzungsmäßig konkreten Kombinatorik ist eine Individualisierung bereits mitgedacht, und zwar ohne dass reiche Erfahrung mit ausgeführten Entwürfen zur Verfügung stand.

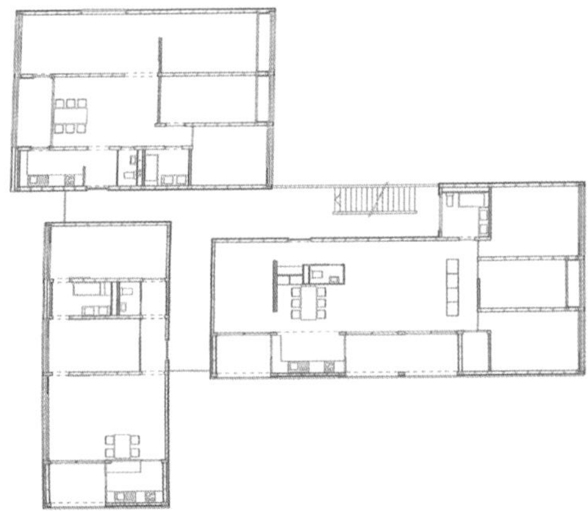

2 Methode und Wirkung

Beim Mursteg in Murau ist die Schraube fester gedreht. Das Tragwerk liegt nicht, wie gewöhnlich im Brückenbau, unter oder neben dem Bewegungsraum, der den Benutzer über den Fluss führt, sondern *in* diesem Raum; die statische Höhe

1 Hermann Czech: „Zur Abwechslung" (1973), in: *Zur Abwechslung. Ausgewählte Schriften zur Architektur. Wien*, erw. Neuausgabe, Wien (Löcker) 1996, 76–79: 76.

liegt im nutzbaren lichten Querschnitt; das dienende Volumen liegt im bedienten Volumen. Der über die Spannweite erstreckte Rahmen lässt den Stegquerschnitt bloß in der Mitte frei; außerhalb teilen ihn die „Stiele" des Rahmens als breite Scheiben.

Das Prinzip ist sogar für den Fachmann nicht gleich ablesbar, sondern durch Querscheiben und Versprünge angereichert, abgesehen von der wegen der verschiedenen Höhenlage der Uferzugänge integrierten Treppe. Insgesamt entsteht ein individualisiertes (wieder: nicht notwendigerweise zwingendes), darüber hinaus aber irritierendes Raumgefüge.

Hier begegnet ein strapaziertes Schlagwortkriterium der Architekturjournalistik: die „Klarheit", dessen Anwendung freilich eher von Dumpfheit gespeist ist. (Das Einfache wäre wohl ohnehin „klar"; das Problem ist ja das „klare" Zutagetreten des Komplexen.) Am Mursteg wird deutlich, dass Komplexität vorliegt; nicht (sogleich), worin sie besteht. Die Irritation entsteht zunächst durch Methode; danach aber durch deren Verhüllung.

Vielleicht rührte daraus eine gesteigerte Empfindlichkeit der Architekten gegen das später an einen Brückenkopf gestellte Gebäude der Bezirkshauptmannschaft. In seiner unfreiwillig operettenhaften Simulation einer Struktur könnte es die Wahrnehmung des Stegs und seiner gratwandernden Verschränkung von dienendem Tragwerk und bedientem Bewegungsraum korrumpieren, ins Dekorative mitreißen. Die handfeste Irritation des Murstegs tritt nicht nur an die visuelle Wahrnehmung, sondern an das tatsächliche Verhalten des Passanten heran; durch das Zurücktreten in die Distanz eines Bühnenbilds könnte genau diese Kraft verloren gehen.

3 Komfort und Trivialität

Noch näher am Mann (und an der Frau) arbeitet die Architektur in einem Lokal. Mit Recht bezweifelt ein kognitiver psychologischer Ansatz, dass ein Computer je einen Restaurantbesuch – vom Eintritt über Platznehmen, Karte und Bestellung bis Bezahlung und Abgang – absolvieren könnte (was ja auch nicht nötig ist). Die Wahlfreiheit in diesen Verhaltenselementen hat wenig mit Neuerung, aber viel mit Kontinuität zu tun; und die mannigfaltigen Kriterien dafür lassen sich in einem Oberbegriff zusammenfassen: dem des Komforts.

In diese Verhaltenskonventionen ist nun im Kinobuffet des zweiten Riff Raff eine Irritation eingeführt: Die Stehtische sind aus gegeneinander verschobenen Teilstücken zusammengesetzt. Was diese Abweichung vom Üblichen bewirkt, enthüllt sich erst im Gebrauch: Man besetzt nicht den ganzen Tisch, sondern nur ein Teilstück; Hinzukommende können sich, ohne gegen etablierte Höflichkeit zu verstoßen, neben die Stehenden an das andere Teilstück desselben Tisches stellen (oder auf Hocker setzen), was dem Platzbedarf der Pausenzeiten entgegenkommt, ohne dass es bewusst würde.

Man muss aber die Regeln der Entwurfshandbücher kennen, wenn man sie übertreten will – denn was tatsächlich im Gebrauch zugemutet werden kann, ist immer wieder eine Frage des Experiments. Für die Theorie gewinnt man aus solchen Beispielen die Einsicht, dass „Funktion“ nicht etwas dem Entwurf Vorgegebenes ist, sondern durch ihn erst geschaffen wird.

4 Umbau und Heterogenität

Wenn vorher von Umwegen die Rede war, die ich mir vorwerfen könnte (wiewohl es vielleicht nur riskante Abkürzungen sind), so sind es gerade diese, die Meili und Peter mit Adolf Krischanitz und mir zusammengeführt haben.

Beim Centre for Global Dialogue (Swiss Re) kommt zunächst zur Komplexität des Entwurfsverfahrens die Konfrontation mit einem Altbau, einer neobarocken, etwas pampigen Villa der 20er Jahre. „Uns haben . . . prinzipielle Fragen der Altbausanierung . . . in keiner Sekunde beschäftigt“; im Umgang mit bestehender Substanz besteht nicht „irgendein ideologisches Problem jenseits der Architektur“ (Meili[2]). Vielmehr ist die vorgefundene Villa eine Gegebenheit wie jede andere, die in den Entwurfszusammenhang genommen wird: „Ihr heutiges Gewicht liegt . . . weniger in ihrer architektonischen Ausstrahlung als vielmehr in der geometrischen Kraft, mit der sie die verschiedenen Teile des Parkes ordnet, zentriert und zusammenhält . . . Um der Villa dieses Gewicht . . . nicht zu rauben, haben wir das viel größere Seminargebäude so weit wie möglich von ihr weggeschoben“ (Meili und Peter[3]).

2 Marcel Meili: „Die Zeiten verschleifen“, in: *archithese*, Sonderheft Sarnafil Plattform, Zürich (Niggli) 2001, 10–17.

3 In: Edelbert Köb (Hg.): *Swiss Re Rüschlikon. Centre for Global Dialogue*, Kunsthaus Bregenz (= Werkdokumente 20), Ostfildern-Ruit (Hatje Cantz) 2001, 39.

Aber an die Villa angebaut ist der Restaurant- und Suitentrakt, hinten die orthogonale Ordnung des Geländes um einen gastronomischen Zugangsbereich erweiternd. In Farbe und Material gegensätzlich, festigt dieser meisterliche Anschluss an die ausklingende niedrige Loggia die Gartenfront der Villa, den geometrischen Teil von Kienasts und Vogts Parkgestaltung begrenzend. So nobilitiert, wird die Villa aber doch mit einer feinen Ironie behandelt, das Holz der Fenster überraschend vergoldet, das Innere von Günther Förg paraphrasiert.

Eine Ironie, die so weit geht, sich selbst in Frage zu stellen, kann man freilich nur von der Person, nicht vom Werk des Architekten (oder der Architektin) erwarten – wie ja überhaupt der Witz in der Architektur seine Grenzen hat. (Einen Witz kann man nicht ununterbrochen erzählen; die Architektur muss noch andere Reserven haben.) Aber war es nicht eben auch witzig, für den ganzen Komplex der Swiss Re nicht nur das bildnerische Gesamtkunstwerk aus einem Guss anzuzweifeln, sondern mehr noch: ein Flimmern von widersprüchlichen „Design“-Welten zu konzipieren? – „Die Ausstattung muss aus einem katholischen Land kommen“ (Meili).

So gesellten sich Krischanitz und ich zu dieser Parallelaktion, der noch der Textilkünstler Gilbert Bretterbauer beitrat.

Ich folgte durchaus meinem Rezept zur Vielfalt von 1973, „alle . . . Motivationen in den Entwurf einfließen [zu] lassen, allen Verästelungen der Gedankenreihe nach[zu]gehen, statt jeweils einer Schnapsidee von einem Rezept nachzuhängen, eine flache Disziplin durchzuhalten".[4] Krischanitz befleißigte sich seiner selbstauferlegten Askese, nicht weniger schwelgerisch; bei mir kam auch (bewusst) Operettenhaftes vor. In kontrolliertem Konsens teilten wir die Aufgaben auf; außer bei einem einzigen Möbelstück – der Bibliotheks-Sofagruppe – hielten wir uns nicht mit Entwurfszusammenarbeit auf.

5 Hintergrund – Atmosphäre – Theming

„Architektur ist nicht das Leben. Architektur ist *Hintergrund*. Alles andere ist *nicht* Architektur" (Czech[5]). Das wendete sich 1971 gegen die inzwischen gedämpfte Hybris, dass an den architektonischen Utopien die Welt genesen werde. Aber Thema der Architektur war die Architektur selbst, wenn sie auch in sich ein reiches Feld von Assoziationen – bis hin zum Eklektizismus – bereithielt. *Davor* konnte sich das Leben entfalten, allenfalls sich *daran* lehnen. Nicht anders sehe ich die Arbeit von Meili und Peter. Der Entwurf ist bewusst von der Entscheidungsreihe, von der Produktion her gedacht. Die ersten Fragen gelten den zugrunde gelegten Gedanken, Kriterien und Parametern; das Ergebnis allenfalls unterliegt der Kontrolle, welchen Eindruck es vermittle. (Anton von Webern hat als letzten Kompositionsschritt das „Durchhören" bezeichnet.)

*

Architektur dagegen von der Konsumtion her zu denken, der Atmosphäre zu lauschen, sich einer Stimmung, Empfindung bewusst zu werden, ist nur scheinbar eine mögliche Umkehr der Methodik. Denn in Wahrheit kehrt sich – bewusst oder unbewusst – in der Realisierung jeweils diese Fragestellung um: Vom naiven Ansatz *Welche atmosphärische Anmutung schwebt mir vor?* komme ich erst recht zur praktischen Produktionsfrage *Wie kann ich diese beabsichtigte Wirkung erreichen?* Oder vielmehr: *Welche Mittel und welche von deren Wirkungen stehen mir zur Verfügung?* Die Betrachtung aus der Gegenrichtung verändert rückkoppelnd die Ausgangsfragen. – Das war ja ursprünglich von der Erfahrung erwartet: abschätzen zu können, wie etwas im Ergebnis *wirkt*, das methodisch ausgedacht ist.

Soweit die Entwicklung und Entfaltung einer reinen Lehre des Entwurfs. Aber wie verhält sich die zu einer geplanten Konsum-Umwelt? Diese Konfrontation ist der Schweiz nicht fremd: Von der Landesausstellung 1939 bis zur Expo.02 war und ist Popularität ein Kriterium, auch auf hohem Niveau.

Der Eintritt der Architektur in die Kulturindustrie stützt sich auf – schließlich ebenfalls „rationale" – Daten des Marketing (also auf Konsumentenbedarf); inzwischen ist auch dazu die Distanz der theoretischen Betrachtung möglich. Die Manipulation solcher Meta-Strategien spricht nicht mehr zum Rezipienten, indem sie sich an seine Freiheit wendet, will ihn weder bewegen noch überzeugen, sondern sie betrügt ihn, nimmt ihn als bloßes Mittel, um an sein Geld zu kommen, das er möglicherweise auf gleiche Art erlangt hat. Die ökonomische Vorstellung des *Markts* bleibt ja hinsichtlich der gedanklichen Motivation von Bedarf und Nachfrage diffus.

Lässt sich nun mit dem theoretischen Rüstzeug der differenzierten Moderne auch aus den unter *Branding*, *Theming*, *Imagineering* firmierenden Strategien ein kritisches Entwurfspotential gewinnen? Wäre es möglich, den Rezipienten

---

4 Czech (wie Anm. 1), 78–79.

5 Czech: „Nur keine Panik" (1971), in: *Zur Abwechslung*, 63 (s. Anm. 1)

nicht als bloßes Mittel, sondern als Adressaten einer Wahrhaftigkeit, und sei es einer zynischen, zu setzen?

Ist nicht das heroische Ideal der Entsprechung von Innen und Außen fraglich geworden, da technologisch, wie von Markus Peter wiederholt erörtert, sich tendenziell kein Bauteil von außen nach innen fortsetzt, die außen und innen erscheinende Substanz vielmehr aus unabhängigen Schichten verschiedener Funktion gebildet ist? Und ist nicht das Definitionsfeld künstlerischer Qualität offener geworden, da in einer kulturwissenschaftlichen Betrachtung alles zum Zeitzeugnis werden kann – wie auch in einer zu Ende gedachten Denkmalpflege jeder Eingriff, auch der eigene, im Zurücklehnen erhaltenswert wird?

Meili und Peter unternehmen es, im Strudel dieser Gedankenstränge nochmals einen Schritt zurückzutreten. Angesichts der geläufigen Auswahl von Spielelementen, Versatzstücken, mit denen zu operieren möglich wäre: brauchbare Elemente sowohl aus der – historischen oder regionalen – Architekturgeschichte als auch aus der Welt des Trivialen, versuchen sie nochmals tiefer zu fassen. Ein – eigentlich unerlaubter – Einblick in fragmentarisch vorliegendes Experimentiermaterial lässt ein Kalkül vermuten, das auf einen Katalog formaler Assoziationswerte abzielt. Die hier zunächst versuchsweise applizierten Elemente sind offenbar Funde auf der Suche nach bewusst Hässlichem, insbesondere professionell Geringgeschätztem.

Hier haben wir noch kein Werk vor uns; wir sind zur Frage nach der Methode zurückgekehrt. Was mag daraus werden? Denn Methodik generiert die Entwurfsentscheidungen mehr, indem sie tiefere persönliche und kulturelle Quellen eröffnet und sie von hinderlichen Konventionen befreit, als indem sie logische Schlüsse liefert. „Künstler ist nur einer, der aus der Lösung ein Rätsel machen kann" (Karl Kraus).

„Sich wundern und verstehen“

Im Gespräch mit Gabriele Kaiser

(2008)

KAISER: *In welchem Zustand befand sich das Urbanihaus, als Sie mit der Planung begonnen haben?*

CZECH: Konstruktiv in einem sehr schlechten; es stand eher aus Gewohnheit noch. Neben erforderlichen Sanierungen bedingten die Umbauten Vorkehrungen für die Erdbebensicherheit.

Erlaubt ein solches Gebäude städtebauliche Überlegungen?

Kleinräumlich schon. Die Front ist Teil des Platzes Am Hof, an der östlichen Ecke; da ergab sich keine Änderung. Aber zur dort einmündenden Drahtgasse hin hat das Haus eine freistehende Feuermauer, seit das Nachbarhaus vor der vorigen Jahrhundertwende an zurückgesetzter Baulinie neu errichtet wurde. Die Sockelzone dieser Feuermauer wurde damals mit einer Bogenstellung verziert; jetzt wurden an dieser ehemaligen Feuermauer auch Fenster angebracht, die zum Judenplatz hin mindestens so interessante Ausblicke bieten wie die zum Platz Am Hof. Diese Wand sieht man aber eben auch vom Judenplatz. Sie sollte eine unselbständige, nichtssagende Wand bleiben; dazu musste sie aber in Kombination mit der Ziervormauerung sorgfältig überlegt werden. – Die von der Straße nicht sichtbare Aufstockung des turmartigen Hintertrakts mit Blick auf den Stephansdom, vor allem auf das riesige Dach der Kirche Am Hof kann man wohl nicht als Städtebau bezeichnen.

Welche Eigenschaften des Gebäudes haben Sie im Hinblick auf die neue Nutzung gedanklich am meisten beschäftigt?

Es war ein barockes Miethaus mit je einer Wohnung in den fünf Geschossen an einer Wendeltreppe. Die neuen Eigentümer wollten es als Stadthaus für ihre Familie nutzen. Ich warnte den Bauherrn, wenn er zu seiner Frau sagen würde: Ich gehe hinauf, würde sie fragen: wohin? Eine Hauptüberlegung war, wie die unteren Geschosse über die Wendeltreppe hinaus räumlich verbunden werden konnten.

Können Sie Ihre Überlegungen zu dieser internen Wegführung näher ausführen? Besteht nun größere Klarheit darüber, wohin „hinauf“ bedeutet?

Jetzt liegt über dem Eingang eine Art „Salon“, im 2. Stock ein Wohngeschoß mit Küche, darüber Arbeits- und Schlafräume, auch für andere Fa-

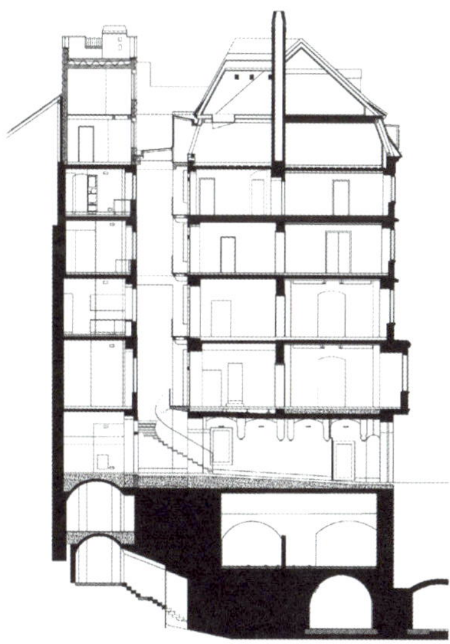

milienmitglieder und Gäste. Bis zum 2. Stock gibt es nun in verschiedener Lage offene Stiegen und Durchblicke, selbst von der Treppe in den ehemaligen Urbani-Keller aus.

Der Urbani-Keller hat ja eine 100-jährige Geschichte als Gastraum hinter sich. Strahlt er in der privaten Nutzung als Partykeller nicht etwas Geisterhaftes aus?

Ich war noch nicht bei einer Party eingeladen. Sonst schaut er aus wie ein Lokal außerhalb der Betriebszeit; es gibt ja ältere.

Haben Sie die unterschiedlichen Zeitschichten des Hauses – als Basis eigener Überlegungen – grundsätzlich gleichwertig behandelt? Also so, dass das ältere Element nicht zwangsläufig das kostbarere darstellt?

Eine erst während der Bauarbeiten entdeckte Fensterumrahmung des 14. Jahrhunderts zum Judenplatz wurde wiederverwendet; diese kleine Öffnung „stört" die Ansicht der Feuermauer noch zusätzlich. Aber das war ja zugleich billiger und einfacher. Man klassifiziert den Bestand eher nach seiner Brauchbarkeit – auch für die erzielbaren Wirkungen – als nach seinem Alter. Es ist auch selten so, dass die Erhaltung eines Elements die eines anderen zwingend ausschließt, oder dass ein räumliches Konzept ein solches Opfer erfordert und nicht daraufhin modifiziert werden kann. Grundsätzlich ist jeder Verzicht auf charakteristischen Bestand eine Verarmung.

Im 1. und 2. Stock haben Sie Querwände entfernt und zur Aussteifung eine Stahlkonstruktion eingezogen, die an der Decke räumlich wirksam wird, ohne Fremdkörper zu sein. Sie haben eine statische Maßnahme dafür genutzt, die beiden Hauptgeschosse des Vordertraktes in ihrer artikulierten Deckenuntersicht zu nobilitieren.

Jeder relevante Eingriff ist ein Fremdkörper im Verhältnis zum Bestand; es kommt auf den neuen Zusammenhang an, in dem er keiner ist. Es geht nicht darum, dass man „nichts merkt", sondern dass etwas profundes Neues entsteht.

Liegt es nicht in der Natur des „profunden Neuen" (als neue Quersumme aus

den Anlagen des Bestands) eben nicht sofort als Neuheit ins Auge zu springen?

Nicht generell; die Quersumme kann ja auch Gegensätze beinhalten. Sicher kann man die Chronologien verschleiern: War das schon vorher? Was ist da neu gemacht worden? In einem anderen Fall kann man sagen: das ist jetzt was anderes, hier ist ein Unterschied! Es ist beides berechtigt, es kommt darauf an was mehr bringt oder auch was praktischer ist. Freilich: in einer zu Ende gedachten Denkmalpflege wird jeder Eingriff im Zurücklehnen erhaltenswert.

Die Rahmenbedingungen müssen bei diesem Projekt für Sie eigentlich optimal gewesen sein. Gab es Zwänge – seitens der Auftraggeber, seitens des Denkmalamtes –, denen Sie sich beugen mussten?

Der Raumbedarf des Benutzers oder Vorstellungen, die aus dem Gebrauch kommen, sind ja nicht Zwänge, sondern Voraussetzungen. Kritisch wird es, wenn der Auftraggeber nicht nur weiß, *was* er will, sondern auch zu wissen meint, *wie*. (Auch diese Abgrenzung kann strittig sein.) Wirklich gravierende Differenzen würden allerdings schon das Zustandekommen der Zusammenarbeit ausschließen. – Das Denkmalamt agierte sehr verständnisvoll, weil es grundsätzlich Vertrauen zu mir hatte.

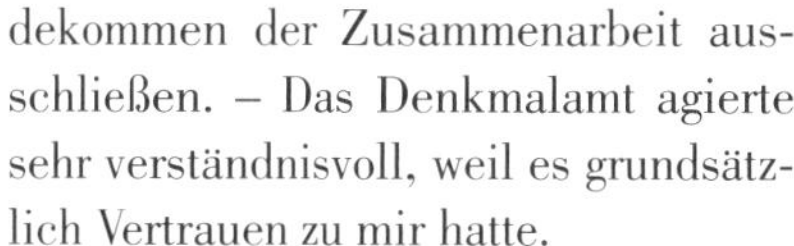

Wie kam der Kontakt zwischen Ihnen und den Bauherren zustande?

Den Kontakt stellte der Statiker (Peter Kramer) her, mit dem ich früher schon zusammengearbeitet hatte und der zunächst mit der Begutachtung für die Verkäuferin beauftragt war. Er meinte dem Käufer gegenüber, dass ich der Geeignetste dafür wäre.

Im Zusammenhang mit Ihrer Architektur fallen häufig Begriffe wie „Selbstverständlichkeit“ und „Ironie“. Während eine selbstverständliche Lösung ein weitgehendes Aufgehen im Bestehenden impliziert, stellt Ironie eine gewisse Distanz zum Bestehenden her. Würden Sie dieses Denken in Ambivalenzen für Ihre Arbeit als charakteristisch bezeichnen?

Ja.

Ihr bisheriges architektonisches Werk umfasst auch zahlreiche Umbauten von hoher Komplexität. Steigen Sie gedanklich gern in „fremde“ Entscheidungsreihen ein, weil Ihnen das Vorhandene (scheinbares) Zufallsmaterial in die Hand spielt, auf das Sie kritisch aufbauen können? Sehen Sie im Umbau eine plausible Möglichkeit, eine Umgebung „so zu gestalten, als wäre sie durch Zufall entstanden“?

Aus der Formel Josef Franks, unsere Umgebung so zu gestalten, „als wäre sie durch Zufall entstanden“, folgt ja nicht, dass man zufällig vorgeht, also quasi abwartet, was herauskommt. Gerade dann erreicht man das „zufällig“ erscheinende Ergebnis nicht, sondern es kommen Dinge heraus, die nach irgendwelchen Absichten ausschauen. Die Qualität, die Frank meint, ist ja eben nicht „durch Zufall“ oder einen dunklen Wachstumsprozess entstanden, sondern aus den zahllosen Motiven und Entscheidungen von anderen. Die sind – wenn auch oft unvollständig und sogar falsch – nachvollziehbar. Sie sind nicht irrational.

Unvollständig, vielleicht auch falsch nachvollzogen, jedenfalls gegeben. Aber woran liegt es, dass wir diese durch Überlagerung entstandenen Gegebenheiten als Qualität empfinden?

Sich wundern und verstehen: Das sind die einander abwechselnden Schritte der Kunstwahrnehmung. Jeder Bestand liefert dafür zusätzliches Material. So kommt Max Benses „Informationsdichte“ wieder zu Ehren.

„Architektur ist nicht das Leben“

Im Gespräch mit Judith Grohmann (2008)

GROHMANN: *Herr Czech, Sie haben erst unlängst den 34 Jahre jungen Architekten Clemens Kirsch ausgewählt, eine weltbekannte Flaniermeile, nämlich die Kärntner Straße in Wien zu sanieren: Ab 2010 werden die Bürger hier neben Magnolienbäumen auf großflächigen Granitplatten in fünf Farben lustwandeln können. Was fällt Ihnen denn persönlich zum Thema „Architekturnachwuchs“ ein?*

CZECH: Was Sie „meine Auswahl“ nennen, war die Mehrheitsentscheidung einer Jury auf Grund anonymer Wettbewerbsprojekte; ich habe das Projekt von Paul Katzberger vorgezogen. – Der „Nachwuchs“ allgemein ist so zahlreich, dass ich keinen kompetenten Überblick habe.

Wie entwickelt sich denn diese junge Architektur in Österreich heutzutage?

Es ist nicht anzunehmen, dass die Qualität heute dichter gesät ist als vor 50 oder 100 Jahren. Es gibt ganz allgemein in der westlichen Welt zu viele Architekten. Dass Jüngere heute eher gehört werden und zum Zug kommen als in meiner Jugend, wird durch ihre große Zahl wieder relativiert.

Dabei ist Ihr Beruf ein sehr schwieriger, der ein enormes Durchhaltevermögen verlangt …

Deshalb bleibt man lang jung als Architekt oder als Architektin. Sie selbst bezeichnen 34 Jahre als jung, und haben recht damit. Ein Entwurf entsteht ja aus Überlegungen im Kopf, am Papier oder am Computer. Ob die richtig waren, stellt sich erst nach der Ausführung heraus, also nach Jahren. Dann sieht man, ob das Ergebnis „funktioniert“ – im engeren und im weiteren Sinn. Diese Erfahrung kann man höchstens ein paar Dutzend Mal im Leben machen; deshalb ist Architektur ein Beruf für alte Leute.

Wie hält man diesen Beruf, das ewige Warten, das ewige sich Bewerben, denn eigentlich psychisch aus? Gewöhnt man sich daran?

Die Frage ist eher, ob sich die Bank daran gewöhnt. Es wird ja keinem anderen freien Beruf zugemutet, seine Tätigkeit auf die Teilnahme an Lotterien zu gründen. Die unkritische Wettbewerbs-Euphorie, der auch viele Architekten – gerade junge – unterliegen, wird sich über kurz oder lang volkswirtschaftlich erledigen. Wenn ein Architekt, sagen wir, 20 Wettbewerbe machen muss, um zu einem öffentlichen Auftrag zu kommen – wird der schließliche Auftraggeber dann die Kosten der anderen 19 tragen? Ich persönlich habe bisher an 45 Wettbewerben teilgenommen – was eher wenig ist –, davon sieben gewonnen – was eher viel ist – davon sind drei zu Bauten geworden; oder genauer: das letzte Projekt befindet sich erst in Planung. Also wir sprechen in meinem Fall von einem „score“ von 1 : 15. Im Durchschnitt ist es aber noch schlechter. Auch für den Auftraggeber wird die Situation immer uninteressanter, wenn bei offenen Wettbewerben die Zahl und die Qualität der Teilnehmer immer mehr sinkt.

Haben Sie einen Ratschlag parat für die Jungen, die Architektur studieren und sich das antun wollen?

Sich das zweimal zu überlegen. Ute Woltron hat einmal die gnadenlose Selbstvermarktung empfohlen. Nur: Wenn alle Wirbel machen, wird ein weißes Rauschen entstehen. Ich weiß dagegen kein anderes Mittel, als gleich den Mut zu haben, nicht bemerkt zu werden. Junge Architekten, die ich schätze, etwa Werner Neuwirth oder Klaus Stattmann, sind nicht unbedingt solche, die sich gleich ein „Logo“ zugelegt haben.

Nützen politische Kontakte wirklich, um die Architekten-Karriereleiter hinaufzusteigen?

Politische Kontakte sind nur ein schmaler Ausschnitt dessen, was angeblich erforderlich ist, nämlich eines umfassenden Networking. Ein ungestörtes Selbstverständnis dürfte auch dazugehören; Reflektieren über die eigene Tätigkeit „haut an net viere“. So gesehen ist die Qualität der Arbeit gar nicht notwendigerweise hilfreich.

Sie gelten als Proponent einer „stillen“ Architektur, die „nur spricht, wenn sie gefragt wird“. Wie hat sich diese – Ihre – Arbeitsmaxime entwickelt? Und wie leicht oder wie schwer ist es, dem nachzukommen?

Das stammt aus den 70er Jahren, als Architekten noch glaubten, die Welt würde an ihren Utopien genesen. „Architektur ist nicht das Leben. Architektur ist *Hintergrund*. Alles andere ist *nicht* Architektur“, habe ich 1971 geschrieben. Das heißt aber nicht, dass sie unscheinbar sein muss, sie kann durchaus präzise oder markant sein. Hintergrund heißt auch, dass man sich daran lehnen kann – und dass er hält. Aber Architektur soll nicht belästigen. Deshalb habe ich die Formel der schwarzen Pädagogik: „Ein Kind soll nur reden, wenn es gefragt wird“ auf Architektur angewendet. Wolf Prix hat das genau verstanden und eben gesagt: „Unsere Kinder sprechen auch ungefragt.“ Kinder sind freilich was andres, aber die wird man auch nicht zum Plärren ermutigen.

Sie haben in Wien sehr viele Lokale umgestaltet, die wegweisend waren: etwa das Kleine Café oder das Restaurant und die Bar im Palais Schwarzenberg. Wenn Sie sich die neuen Lokale in Wien ansehen, wie das Fabio's, oder das Indochine, usw. – Was ist da anders? Und: gefällt Ihnen das oder sagen Sie, das hat mit Architektur nicht viel zu tun?

Viele Menschen glauben, es müsse eine „Linie“ durchgehalten werden, deshalb auch der unglückliche Begriff „Styling“. Das macht ja nichts, solange es nicht in Behinderung ausartet. Das Missverständnis gibt es seit dem Begriff der „Sachlichkeit“: zu glauben, alles müsse gleich behandelt werden. Wenn Sachlichkeit aber heißt, die vielen verschiedenen Sachen, mit denen die Architektur zu tun hat, in ihrer Eigengesetzlichkeit sich entfalten zu lassen, dann führt Sachlichkeit nicht zu Einheitlichkeit, sondern im Gegenteil zu Heterogenität. Ein Tisch ist was andres als ein Sessel, eine Wand ist was andres als eine Leuchte und was andres als der

Boden. Das heißt nicht, dass man keinen leuchtenden Boden machen kann, aber dann möchte ich wissen, was ich damit erreiche, und möchte den Aufwand (auch in Gebrauch und Wartung) rechtfertigen – mir jedenfalls genügt die bloße Möglichkeit nicht.

Gibt es heute noch Respekt vor der Arbeit des Architekten?

Tendenziell immer weniger. Architektur wird als Dienstleistung angesehen, was sie in einem engeren rechtlichen Sinn auch ist. Aber statt einer Gesamtverantwortung wird zunehmend nur Spezifisches nachgefragt. Zum Beispiel gibt es *entweder* Denkmalpflege *oder* Architektur; die beiden schließen einander aus – wenn Architektur gefragt ist, dann geht es um ein mediales Bild, das möglichst viele glauben macht, so etwas hätten sie noch nie gesehen. Das dritte Tätigkeitsfeld ist „Abwicklung", Termin- und Kostenkontrolle, tendenziell zum Nachteil der anderen Zielsetzungen. Die Kriterien des alten Vitruv – Festigkeit, Zweckmäßigkeit, Schönheit – greifen nicht mehr; die ersten beiden sind zur *Haftungsfreiheit* verkommen, die letztere ist in den durch Star-Architektentum vermittelten News-Wert gestolpert. Solche Teilleistungen passen in den Modebegriff „Consulting", auf den manche Junge sehr stolz sind. Sie sehen nicht, dass sie damit schon im Ansatz zu bloßen Erfüllungsgehilfen (und -innen) werden.

Moderne Architektur oder Denkmalpflege – das ist ein ganz großes Thema in Wien. Gebäude, die sich aus konstanten Umbauten darstellen, sind heute rar geworden. Etwa solche, wie der Stephansdom, der ja schon fast ein „work in progress" ist. Wie gut oder wie schlecht ist eine derartige Einstellung für eine moderne, offene Weltstadt, Ihrer Meinung nach?

Der Stephansdom *war* ein „work in progress" bis ins 19. Jahrhundert; seit seiner Zerstörung gab es nur mehr „Wiederaufbau" oder touristische Anbiederung, von respektablen Ausnahmen wie der Orgel auf der Westempore abgesehen. Clemens Holzmeister hat nach 1945 vorgeschlagen, das Dach nicht mehr herzustellen und den Baukörper flach abzuschließen; statt dessen wurde der Umriss des abgebrannten gotischen Holzdachstuhls mit einer Stahlkonstruktion simuliert. Über die pseudobarocke Orgel im südlichen Chorschiff muss man kein Wort verlieren. – Aber Bauten wie der Dom oder die Hofburg sind heute nicht „rar", sondern unmöglich. Denken wir nur an die panische Wiederaufbau-Reaktion nach dem Brand der Redoutensäle. An sich belanglose Räume, an die man sich kaum erinnert, selbst wenn man öfters drin war – das Interessanteste daran waren die zahlreichen nicht ausgeführten historischen Umbauprojekte. Der etwas bessere „Kleine" war weniger zerstört; der „Große" ist so verzichtbar wie vorher. Aber hinter der wiederhergestellten Kulisse ist jetzt die Konferenz-Infrastruktur eingebaut. Aus deren Anforderungen und den erhaltenen Resten hätte ein Konzept für etwas Neues entstehen müssen. – Ein älteres Beispiel eines historischen Missverständnisses war das Mobil-Haus am Schwarzenbergplatz. Ferstels Konzept für den Platz hätte jedes Gebäude erlaubt, das man wollte; die Flexibilität war vorgegeben, es waren nur die Umrisse definiert. Und tatsächlich standen und stehen ja an diesen vier Ecken vier verschiedene Gebäude, eines davon das frühere Palais eines Erzherzogs. Es war ausgesprochen unsinnig, das eine Gebäude an der vierten Ecke, das zufällig zerstört worden ist, nachzubauen; dort hätte man mit dem vorgegebenen Umriss genau das hinbauen können, was man brauchte.

Wie entwickelt sich denn Wien in Ihren geschulten Architekten-Augen?

Wien ist durchaus eine Architektur-Weltstadt. Das heißt übrigens nicht, dass alles große Architektur ist; die ist immer einzeln. Urbanität erfordert groß*städtische* Architektur: Großzügigkeit und Intelligenz; auch Risiko. Auch Hässlichkeit kann produktiv sein, indem sie zum Bestand wird, aus dem man etwas anderes machen kann. Falsch sind ästhetisch begründete Baugesetze, soweit sie nicht bloß vorhandende Werte schützen. Ästhetische Regelungen gehen auf Kosten des Charakteristischen; sie verhindern weniger Schlechtes als Gutes. – Zu dem äußerst bedenklichen „Welterbe"-Thema hat die Stadtpolitik eine profunde Stellung eingenommen, indem sie der zeitgenössischen Architektur dezidiert eine Rolle im Kontext des historischen Bestands zugesprochen hat. Man muss sich vorstellen: Der Welterbe-Status der Wiener Innenstadt gründet sich auf die mittelalterliche, barocke und gründerzeitliche Bausubstanz. Wenn Wien also um 1850 zum Welterbe erklärt worden wäre – so etwas wäre damals schon vorstellbar gewesen –, gäbe es keine Ringstraße und wir hätten die heutige Qualifikation nicht! – Die kritische Diskussion, von der es ohnehin zuwenig gibt, darf nicht zu einer Kontroverse Baugeschäft/Tourismusgeschäft verkommen.

Was halten Sie von Ihren ausländischen Kollegen wie dem Spanier Santiago Calatrava, der in Wien eine Brücke über der Triester Straße errichten soll. Oder Jean Nouvel, der auf der Praterstraße einen Hotel-Tower bauen wird?

Nouvels Projekt ist Ergebnis eines geladenen Wettbewerbs. Calatravas Beauftragung ohne Wettbewerb ist die verantwortliche Zielsetzung eines Politikers, was ich nicht prinzipiell ablehne. Dass Calatrava für mich einen Irrweg des Ingenieurwesens darstellt, indem er das Tragwerk zur Dekoration macht, steht auf einem anderen Blatt.

Dr. Bruno Maldoner, Wiens oberster Denkmalschützer im Unterrichtsministerium, spricht bei Ihrer Umgestaltung des Urbanihauses im ersten Wiener Gemeindebezirk von „klaren Erhaltungsmaximen", die befolgt wurden. Was bedeutet dieses Projekt für Sie persönlich?

Maldoner spricht von den detaillierten Analysen, die zu den „Erhaltungsmaximen" führen, und von einem Projekt, das darauf aufbaut. Denkmalpflege – umso mehr im Zusammenhang mit einem Umbau – ist eben keine lineare Angelegenheit. Hier ist richtiggehend „weitergebaut" worden.

Was wäre denn für einen Spitzenarchitekten wie Sie es sind, ein „Parade-Projekt"? Gibt es das überhaupt?

Von Spitzen und Paraden einmal abgesehen, würde ich gern ein Theater bauen, egal welcher Größe. Ein Gebäude, das vom Zugang bis nach innen immer konzentrierter wird und wo man schließlich an der Grenze zwischen Sitzen und Spielfläche weiß, warum man hier herein wollte. Ein Versammlungssaal, in dem das Publikum nicht nur auf die Bühne, sondern auch vergewissernd auf sich selbst gerichtet ist. Moderne Zuschauerräume haben meist die parallelen Reihen eines vergrößerten Pfarrsaals; ihre einzige Spannung besteht darin, dass man weiter vorn sitzen möchte.

Gestatten Sie mir abschließend die Frage: wie wohnen Sie selber?

Wohnen fällt mir schwer; was das zwischen Arbeitstisch, Kaffeehaus und Bett sein soll, habe ich lange nicht gewusst. Aber man lernt. Ich wohne bei meiner Freundin; im Büro habe ich ein Kammerl von acht Quadratmetern mit Dusche.

Adolf Loos – Widersprüche und Aktualität

(1984/2008)

Zu den Grundlagen des Selbstverständnisses der modernen Architektur gehörte die Abschaffung des Ornaments durch Adolf Loos. Ähnlich wie bei Karl Kraus und Ludwig Wittgenstein ist es bei Loos möglich, sich auf Grund oberflächlicher Kenntnis ein sehr simples, leicht fassliches Bild seines Lebenswerkes zu machen.

Schwierigkeiten entstanden erst bei näherer Betrachtung. Ein Entwurf wie der für die „Chicago Tribune“ von 1922 konnte von der Position der klassischen modernen Architektur nur als Entgleisung oder als Scherz angesehen werden. Noch in den 1960er Jahren beginnt und schließt Nikolaus Pevsner einen Essay mit der Feststellung: „Adolf Loos bleibt ein Rätsel.“[1]

Im Zuge einer simplen „Funktionalismus-Kritik“ wurde natürlich auch Loos gestürzt; besonders von solchen Denkern, die unsere Probleme durch die Wiedereinführung des Ornaments lösen wollen. Aber einer differenzierten kritischen Betrachtung fielen jene Kräfte auf, die vom Hauptstrom der modernen Architektur an den Rand gedrängt waren, zu denen Loos zweifellos gehört. Und dann konnte er – einer der Väter der Moderne – von der Postmoderne in Anspruch genommen werden.

Tatsächlich kann man etwa die zehn Postmoderne-Kriterien, die Charles Jencks aufgestellt hat, zwanglos aus dem Werk von Adolf Loos illustrieren (etwa: volkstümliche und lokale Formen, historische Erinnerung, urbaner Zusammenhang, Repräsentation, Metapher, Pluralismus, Eklektizismus). Ich habe damals geschrieben, dass auch die Gleichung Loos = Postmoderne nicht ganz aufginge, und dass daher anzunehmen sei, dass Loos’ Werk auch noch in späteren Geschichtsabschnitten tragfähig sein würde[2] – das ist ja die Frage, die wir uns heute hier stellen.

Loos’ Werk liegen Gedanken und Begriffe zugrunde. Aber diese Gedanken und Begriffe sind ein offenes System. Ähnlich wie bei Kraus liegt die Präzision im Konkreten, nicht im Abstrakten. Widersprüche entstehen immer dort, wo die herangetragene Interpretation ein geschlossenes System daraus machen will.

Loos hat das Ornament bekämpft. „... evolution der kultur ist gleichbedeutend mit dem entfernen des ornamentes aus dem gebrauchsgegenstande.“[3] Aber Loos wandte sich nicht gegen das Ornament an sich, sondern gegen das Erfinden neuer Ornamente. Diese Tätigkeit hielt er für eines modernen Menschen unwürdig. Er hielt nur die Kopie alter Ornamente für zulässig, die allerdings genau sein musste. Aber auch das stimmt nicht: Loos erfand nämlich selbst ein Ornament. Meist als oberer Abschluss einer Holztäfelung taucht ein bestimmter Fries auf, der manchmal sogar die Zuschreibung einer Einrichtung an Loos ermöglicht. Er besteht aus dem damals handelsüblichen Halbfabrikat gefräster Profil-

1 „Adolf Loos remains an enigma.“ Nikolaus Pevsner: Introduction, in: Ludwig Münz and Gustav Künstler: *Adolf Loos. Pioneer of modern architecture*, London (Thames and Hudson) 1966, 13, 22.

2 Hermann Czech / Wolfgang Mistelbauer: *Das Looshaus*, Vorwort zur 3. Auflage, Wien (Löcker) 1984, 7.

3 Adolf Loos: „Ornament und verbrechen“ (1908), in: Franz Glück (Hg.): *Adolf Loos. Sämtliche Schriften*, Band I, Wien–München (Herold) 1962, 276–288: 277, dort kursiv.

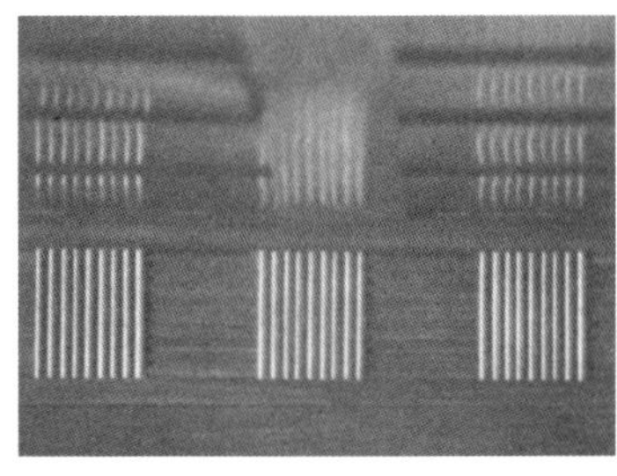

leisten, die von Loos in Stücke geschnitten und abwechselnd horizontal und vertikal aneinandergereiht wurden, so dass sie andeutungsweise den Eindruck eines klassischen Mäanderfrieses vermitteln.

Was also bedeutet der „Kampf gegen das Ornament"? Welches ist das Ideal, das gereinigt hervortreten soll?

Es ist nicht die Konstruktion. Wer das konstruktive Schema des „Looshauses", in dem wir uns befinden, ablesen will, muss in den Hof gehen. Dort findet sich – ein Jahr vor dem Fagus-Werk von Gropius – ein Skelett, eine Stiegenhausverglasung, ein Liftschacht, wie es der „Neuen Sachlichkeit" entsprechen würde – aber bloß aus praktischen Überlegungen hervorgegangen und ohne jeden pathetischen Anspruch.

Der Hof wurde zu Loos' Lebzeiten auch nie publiziert. In der Hauptfassade zum Platz verbirgt sich dagegen ein fünfgeschossiger, über die ganze Breite von sechzehn Metern gespannter Stahlbeton-Rahmen. Er hätte horizontale Fensterbänder ermöglicht, ist aber durch die tatsächliche Fensterteilung völlig unablesbar gemacht. Er dient ja auch nur der Entlastung der großen Säulen im Erdgeschoß. Die sollten aus echtem, wertvollem Material sein – das dann aber nicht die Last von sechs Geschossen tragen konnte. Neben diesen nichttragenden Säulen sind im Inneren des Geschäfts die quadratischen Stahlbetonstützen des Skeletts unproblematisch akzeptiert. Der Historismus hätte gerade diese Stützen als Säulen ausgebildet. Aber Loos ist auch weit entfernt von der Konstruktionswahrheit, die etwa Perret verlangt: „Wer eine Stütze verbirgt, begeht einen Irrtum; wer eine falsche Stütze macht, begeht ein Verbrechen."[4]

Das gereinigte Ideal ist auch nicht die Funktion. Das Looshaus ist nicht aus der Tradition des „Warenhauses" zu verstehen, sondern aus der älteren Tradition des großstädtischen Geschäftshauses, das gleichermaßen für Läden, Büros und Wohnungen geeignet sein muss. Von einem engeren funktionellen Gesichtspunkt her unterscheiden sich die Geschosse voneinander nicht: Skelett und Freizügigkeit des inneren Ausbaus sind in allen Geschossen fast identisch. Woher begründet sich also der markante Unterschied zwischen dem Unterteil und dem Oberteil des Michaelerhauses? Die Geschäfte des Unterteils öffnen sich direkt zur Straße, während die Räumlichkeiten des Oberteils nur „privat" über die Haustreppe zugänglich sind. Dieses Verständnis ist nicht ein funktionelles, sondern ein urbanes.

Loos' Entwurfsethos – die Begriffe „Wahrhaftigkeit" und „Verbrechen" – wurzeln nicht in konstruktiven oder funktionellen, sondern in kulturellen Vorstellungen. Er hatte ein klares, differenziertes (also präzis im Konkreten, nicht im Abstrakten) Bild vom modernen Leben, vom modernen Menschen mit modernen Nerven. In seiner Vorstellung vom Geschäftsleben zum Beispiel vereinigen sich seine Eindrücke vom Amerika der 1890er Jahre und von der Wiener Gesellschaft. Dieses Bild vom modernen Leben enthält sowohl das Element des Komforts wie das der Repräsentation; es ist eine kosmopolitische, demokratische, kommerzielle Kultur, getragen von Geschäftsleuten und Installateuren, die es in Amerika schon

4 z.B. in: Ernesto N. Rogers: *Auguste Perret*, Milano (Il Balcone) 1955, 50.

gab und die sich durchsetzen würde – geadelt von den Formidealen der Antike. Dieser antiformalen, „basis“-orientierten Haltung stand nicht nur die Stilarchitektur des Historismus, sondern noch mehr die Secession entgegen, die – wie später Werkbund und Bauhaus – die neue Kultur von oben her entwerfen wollte.

Von dieser Position aus war Loos imstande, Form zu analysieren, im Angebot seiner Zeit Rein und Unrein zu unterscheiden. Diese kritische Haltung, nicht ein formales Talent, befähigte ihn, neue Form zu schaffen. Die formalen Erfindungen Loos' sind durchwegs – wiewohl wiederholbar – Lösungen bestimmter baulicher und räumlicher Probleme. Alles, ob Städtebau oder die Täfelung eines Zimmers, hat einen Gedanken zum Ausgangspunkt: „Gute Architektur kann beschrieben, sie müsste nicht gezeichnet werden. Das Pantheon kann man beschreiben. Sezessionsbauten nicht.“[5]

So ist der Kampf gegen das Ornament nicht als Kampf für die glatte Fläche zu verstehen, sondern *gegen jede Form, die nicht Gedanke ist* – und sei es eine glatte Fläche. Loos' Kunst ist sentimentalisch im Sinne Schillers, d.h. reflektiert; nicht naiv geradlinig wie die Otto Wagners. Deshalb konnte secessionistischer Dekor bei ihm ebenso rasch auftauchen wie verschwinden – aber dann als falscher Gedanke radikal bekämpft werden. Auch Wagner kam im Spätwerk zur glatten Fläche, aber nicht durch Abwerfen, sondern durch langsame Reduktion des Ornaments. Wagners Verhältnis zur Antike – genauer: zur Säule – war ein anderes: Er war ein Architekt des Historismus gewesen und hatte sich davon befreit; er konnte sich der Säule noch nicht in zitierender Weise bedienen.

Andrerseits glaubt Loos an den kulturellen Zusammenhang, an den typologischen Ansatz der Architektur.

Der einzelne mensch ist unfähig, eine form zu schaffen, also auch der architekt. Der architekt versucht aber dieses unmögliche im-

5 Heinrich Kulka (Hg.): *Adolf Loos*, Wien (Schroll) 1931, Reprint Wien (Löcker) 1979, 18.

mer und immer wieder – und immer mit negativem erfolg. Form oder ornament sind das resultat unbewußter gesamtarbeit der menschen eines ganzen kulturkreises. Alles andere ist kunst. Kunst ist der eigenwille des genius. Gott gab ihm den auftrag dazu.[6]

Wenn Loos einen Herrenmodesalon oder ein Kaffeehaus gestaltet, stellt er nicht die Frage, wie dieses Lokal in einer anderen, erst zu schaffenden Kultur, wie es in Vergangenheit oder Zukunft aussehen müsste. Er erdenkt nicht jede Einzelheit von Grund auf neu. Wer neue Gedanken mitteilen will, kann sich nicht gleichzeitig einer neuen Sprache bedienen. Sein lebensreformatorischer Ansatz besteht nicht darin, eine neue parallele Außenseiter-Kultur zu schaffen, sondern darin, aus der bestehenden Kultur all das herauszufiltern, was für eine Kulturentwicklung brauchbar erscheint. Er knüpft im Handwerk dort an, wo sich der Künstler-Architekt noch nicht eingemischt hat.

Sein Architekt ist der „maurer, der latein gelernt hat".[7] Beide Ansätze: die gedanklich-ideelle Grundlegung und der Glaube an die bereits vorhandene moderne Kultur, sind gegen den Jugendstil, gegen die Secession, gegen Josef Hoffmann gerichtet. Um diese Polemik für unsere Gegenwart fruchtbar zu machen, sind mehrere Hinweise erforderlich:

1. Loos konnte davon ausgehen, dass der Bauausführende – der Handwerker – in einer gesicherten Tradition weitgehend selbständig arbeiten konnte. Das ist spätestens seit der Mitte des 20. Jahrhunderts nicht mehr der Fall.

2. Die Gegenpositionen Loos–Hoffmann in der Formulierung „gedanklicher" und „dekorativer" Ansatz sind heute dadurch verwischt, dass im letzten Viertel des 20. Jahrhunderts gedankliche, thematische Inhalte in der Architektur selbst bereits zu dekorativen Elementen geworden sind.

3. Und schließlich trägt in den letzten Jahrzehnten nicht mehr der Gedanke, sondern das Bild die mediale Vermittlung; nicht das Buch, wie Victor Hugo meinte, sondern das Bild erschlägt die Architektur. Der News-Wert, das *mediale Bild*, das möglichst vielen suggeriert, so etwas noch nie gesehen zu haben, wird zum Kriterium des Schönen, der Vitruv'schen *venustas*.

Zum Verständnis eines Gegenwartsbezugs von Adolf Loos ist es an dieser Stelle erforderlich, Josef Frank einzuführen. Frank führt die Gedankenwelt Loos' weiter und bewahrt sie davor, doktrinär zu werden. Sein Standpunkt ist nicht mehr der des Pioniers, sondern der des Skeptikers. Otto Kapfinger hat seine Botschaft im Verhältnis zu der von Loos mit dem Neuen Testament im Verhältnis zum Alten verglichen.[8] Frank kann toleranter sein, was das Äußere angeht; ohnehin kann „jedes moderne Haus ... ebensogut in jedem der historischen Stile ausgeführt werden, ohne daß seine Brauchbarkeit darunter leiden müßte".[9] Man kann wie Friedrich Kurrent und Johannes Spalt sagen, „daß Franks Weg eine Synthese herstellt zwischen denen von Adolf Loos und Josef Hoffmann,

---

6 Adolf Loos: „Ornament und erziehung" (1924), in: Glück (Hg.) (Anm. 3), 391–398: 393.

7 Ebd., 396.

8 Otto Kapfinger: „Der schöpferische Skeptiker. Zur Ausstellung ‚Josef Frank 1885 bis 1967'"; in: *Die Presse*, Wien 2./3. Mai 1981, 6. Yehuda Safran hat in einer Wiener Diskussion 2013 dazu angemerkt, dass ja Loos der Christ und Frank der Jude war.

9 Josef Frank: „Accidentism", in: *Form*, Stockholm, 54. Jg. 1958, 161–166. Erste deutsche Publikation: „Akzidentismus", in: *Baukunst und Werkform*, Nürnberg, Jg. XIV, Heft 4/1961, 216–218. Zuletzt in: Bojankin/Long/Meder (Hg.): *Josef Frank. Schriften, Band 2 (Veröffentlichte Schriften 1931–1965)*, Dt./Engl., Wien (Metro/Löcker) 2012: 362–387: 382.

welche zu ihrer Zeit unvereinbar schienen".[10] Allerdings ist es die gedankliche Basis Loos', die diese Synthese möglich macht. Franks Vision ist die einer Architektur, die „den ganzen Geist der Zeit, samt ihrer Sentimentalität und ihren Übertreibungen, samt ihren Geschmacklosigkeiten"[11] einschließt (1930). Noch 1958 fordert er, „daß wir unsere Umgebung so gestalten sollen, als wäre sie durch Zufall entstanden".[12]

„Akzidentismus" nennt Frank dieses sein – wie er ironisch sagt – „neues Architektursystem". Im Zusammenhang mit diesem Akzidentismus habe ich wiederholt auf die Gartenkunst und die Schauspielkunst, also auf Metiers verwiesen, denen der Umgang mit teilweise außerhalb ihrer Kontrolle liegenden Wirkungen geläufig ist.[13]

In dieser Vermittlung durch Frank spannt sich der Bogen des Loos-Gedankens bis zu den möglichen Grundlagen einer heutigen Architektur. Da ist einerseits die intellektuelle Basis, eine Haltung der Bewusstheit – nicht aber zur Durchführung von Reformprogrammen, sondern zur präziseren Erfassung des Konkreten. Und da ist zweitens die ästhetische Toleranz, aber nicht mit dem Ziel der Betäubung durch betrügerische Architekturmotive, sondern um aus dem Vorhandenen zu schöpfen, wo es lebendig und erlebt ist. Ich möchte das den wahren Manierismus nennen, der für eine Kultur der Partizipation nicht ein Hindernis, sondern die einzig mögliche Grundlage ist.

So begründet sich eine differenzierende Haltung gegenüber Ornament-Bestrebungen der letzten Jahrzehnte. Es kann nicht darum gehen, den Loos'schen Ansatz anzuzweifeln und aus der „Wiedereinführung des Ornaments" ein Heilmittel zu gewinnen. Das wäre ein anti-analytischer, theoretisch inferiorer Versuch, Symptome mit einem Medikament zu behandeln, Erkenntnis durch Zutaten zu ersetzen. Die prinzipielle Zurückweisung des Ornaments bedeutet ja nicht den Glauben an die simple Lösung. Die simple Lösung gibt es nicht, wenn die Komplexität der konkreten Situation erfasst und aufgearbeitet wird. Ornament im Sinn von Form, die nicht Gedanke ist, bleibt dann nicht übrig.

Lässt sich aber mit diesem theoretischen Rüstzeug auch aus den unter *Branding*, *Theming*, *Imagineering* firmierenden Strategien ein kritisches Entwurfspotential gewinnen? Gedanken-Losigkeit kann man denen nicht vorwerfen; es sind Meta-Strategien des Bauernfangs, zunächst also Mittel zum Zweck einer manipulativen Wirkung. Wäre es möglich, den Rezipienten nicht als bloßes Mittel, sondern als Adressaten einer Wahrhaftigkeit, und sei es einer zynischen, zu setzen?

Wie bei Karl Kraus eröffnet sich die Moral nicht aus allgemeinen Regeln, sondern aus dem konkreten Fall. In der Kunst kommt es nicht darauf an, ob die Richtung stimmt.

---

10 Friedrich Kurrent, Johannes Spalt: „Josef Frank" (unter d. red. Titel „Ein Architekt aus Wien"), in: *Die Furche*, Wien, 29/1965. Neuabdruck in: Friedrich Kurrent: *Texte zur Architektur*, ausgew., red. und mit Nachwort v. Gabriele Kaiser, hg. v. ÖGFA, Salzburg–München (Anton Pustet) 2006, 122–127: 126.

11 Josef Frank: *Architektur als Symbol. Elemente deutschen neuen Bauens*, Wien (Schroll) 1931, Reprint (mit einem Begriffsregister) Wien (Löcker) 1981, 2. verb. Auflage 2005. Zuletzt in *Frank. Schriften Band* 2 , 9–193: 166 (s. Anm. 9).

12 Frank: Akzidentismus 2012, (s. Anm. 9).

13 z.B. in: „Ein Begriffsraster zur aktuellen Interpretation Josef Franks", in: Hermann Czech: *Zur Abwechslung. Ausgewählte Schriften zur Architektur. Wien*, erw. Neuausgabe, Wien (Löcker) 1996, 111–122: 119–121.

Kann Architektur von der Konsumtion her gedacht werden?

(2009)

Vorbemerkung

Architektur war weithin eine Rechtfertigungskunst: Warum haben Sie das so gemacht, Herr Architekt; was haben Sie sich dabei gedacht? Eingeschlossen in diese Frage ist die Vorstellung, dass dem Entwurf eine autonome Entscheidungsreihe zugrunde liegt, auch wo er äußeren Bedingungen, profanen Zwecken folgt.

Einerseits nun erscheint die Rechtfertigungsfrage immer weniger angebracht; das „Warum?“ wird immer öfter mit „Warum nicht?“ beantwortet. Andererseits genießt die architektonische Leistung immer weniger Respekt und wird zu einem Mittel für andere Ziele.

Der News-Wert der Stararchitektur als Qualitätskriterium einerseits, das Aufspalten der Bauplanung in Consulting-Dienstleistungen andererseits – Strategien wie Theming/ Branding/Imagineering, überhaupt der Eintritt der Architektur in die Kulturindustrie, all die damit verbundene Blödmacherei – schließlich die theoretischen Begründungen von Ornament, von Atmosphäre:

Ein gemeinsames Kennzeichen vieler dieser Erscheinungen dürfte in der Versuchung liegen, Architektur nicht von der Produktion, sondern von der Konsumtion her zu denken – und es erhebt sich die Frage, ob das, ohne den Konsumenten und sich selbst zu belügen, möglich ist.

*

Erschließt sich Architektur aus dem Verständnis ihrer Produktion oder aus dem Erlebnis ihrer Konsumtion? Eine Formulierung dieses Gegensatzes findet sich 1910 bei Karl Kraus. Zu Adolf Loos’ nahezu fertiggestelltem Haus am Michaelerplatz in Wien, dem „Looshaus“, schreibt er: „Er hat ihnen dort einen Gedanken hingebaut. Sie aber fühlen sich nur vor den architektonischen Stimmungen wohl.“ [1]

Was ist mit „Gedanke“ gemeint? Zur Analyse dieser komplexen und widersprüchlichen Fassade hier nur einige Ansätze: Die Achsen des additiven Oberteils und des ganzheitlichen Unterteils stimmen nicht überein – oder vielmehr die beiden äußersten doch. Der auf den Säulen liegende Architrav ist viel zu schmal, scheint eher ein seitlich eingespannter Träger zu sein. Darüber stehen Postamente, die klassischerweise unter die Säulen gehörten. Diese scheinen entspannt im System zu schweben – sie tragen tatsächlich nicht. Die Stufen zum geneigten Platz sind nicht den Säulen vorgelegt, sondern zur intensiveren Verbindung dazwischen angeordnet; jeweils die unterste Stufe nimmt die Schräge auf.

---

1 Karl Kraus. *Die Fackel*, Wien, Nr. 313/314, 31. Dezember 1910, 5.

Seine eigentliche Begründung findet dieser *produktive* Umgang mit dem historischen Formenkanon im „Raumplan" des Inneren und in Loos' Vorstellung von Werbung, in die seine Eindrücke vom Amerika der 1890er Jahre und von der Wiener Gesellschaft einfließen. [2]

*

Hier findet keine Gedanken-Produktion statt. Es ist eine Dekoration vor der Volksabstimmung 1938 zum Anschluss Österreichs an Hitler-Deutschland. Mittels einer „Verschönerung" von Loos' Portal zu einem „Altar unserer Zeit" wird eine Stimmung erzeugt, deren wesentlicher Teil Einschüchterung ist. Der Teppich im rechten Bild geht sich kläglich nicht aus; wir wissen, warum.

In welchem Verhältnis kann ein Werk zum Publikum stehen? – Der Schriftsteller wendet sich laut Jean-Paul Sartre „an die Freiheit des Lesers, auf dass diese sich an dem Hervorbringen seines Werks beteilige"; Literatur kann sich „also keineswegs an seine Passivität wenden, d.h. versuchen, *ihn zu rühren* und ihm Regungen der Furcht, des Verlangens oder des Zorns zu vermitteln. Zweifellos gibt es Autoren, die einzig darauf aus sind, solche Regungen hervorzurufen, weil diese Regungen berechenbar und lenkbar sind und weil diese Schriftsteller über erprobte Mittel verfügen, um sie todsicher hervorzurufen" (Hervorh. im Original). [3]

*

Der Produktion architektonischer Gedanken möchte man zunächst die autonomen Mittel der Architektur zuordnen, also Mittel, wie sie Stanford Anderson als *selbstreferenziell* bezeichnet hat. Antonio Gaudí hat Gewölbeformen in ihrer Umkehrung durch Hängemodelle erforscht (er war keineswegs ein Irrationalist). Adolf Loos schuf in seiner American Bar von 1908 ein Raumgitter, das durch Einbeziehung von Spiegelbildern entsteht; das Auge wird nicht bloß getäuscht, sondern kann sich tatsächlich auf die gespiegelte größere Entfernung einstellen, so dass es in dem kleinen Raum nicht so rasch ermüdet.

2 Für die vollständige Analyse s. Hermann Czech / Wolfgang Mistelbauer: *Das Looshaus* (1976), Wien (Löcker) 19843, 90–115.

3 Jean-Paul Sartre: *Was ist Literatur?* (1947), Hamburg (Rowohlt) 1958, 30, 31

Mein Kleines Café von 1974 ist ebenfalls durch gespiegelte Räume „erweitert“; hier ergänzen sich jeweils einer und ein halber Pfeiler zu dreien, statt wie in der Loos-Bar ein halber zu einem ganzen. Diese Steigerung ist nicht belanglos, denn hier sind die Spiegel in Augenhöhe und deshalb ist die Illusionswirkung beeinträchtigt; die scheinbar durchbrochene Wand wird jedoch mehrschichtig und dadurch die Lage des Spiegels verunklärt.

Wir schreiten hier also von den bloßen autonomen Bauteilen über ihre durch Täuschung hergestellte Wahrnehmung zur Konterkarierung einer Raumillusion durch die Wahrnehmung des eigenen Spiegelbildes. Wir nähern uns immer dichter dem Befinden des Benutzers, ohne den Weg produktiver Entwurfsentscheidungen zu verlassen. Ich möchte dafür, auch wenn es eine Erweiterung zu sein scheint, den Begriff „selbstreferenziell“ beanspruchen: für alles, was von der Architektur in ihren gedanklichen Zusammenhang hereingenommen wird.

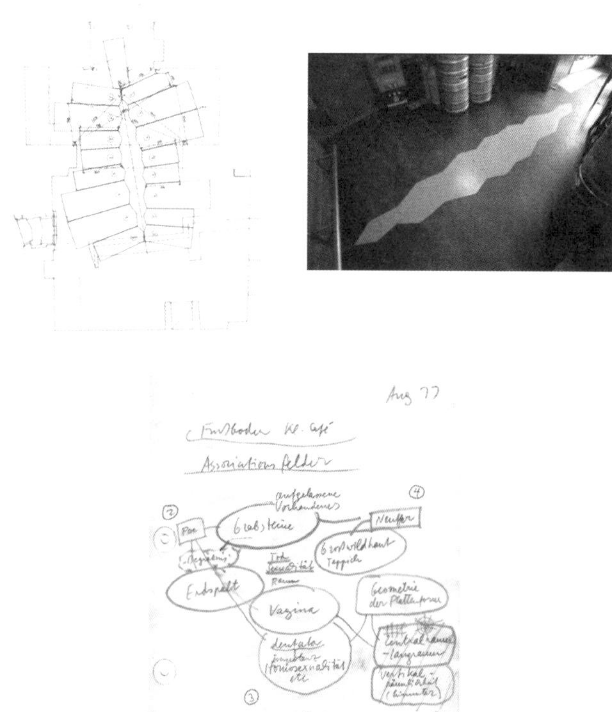

*

Im selben Kleinen Café, im unteren Raum von 1970, wurde 1977 der Fußboden mit Natursteinplatten erneuert, die aus etwa 100 Jahre älteren Grabsteinen geschnitten waren. Die Idee, Grabsteine aus den Lagerstellen der Gemeinde Wien zu verwenden, stammte von dem Bildhauer Karl Prantl, der die Fußgängerzone Stephansplatz damit pflastern wollte. Als Folge der klassischen Grabsteinform ergeben die Platten keine geschlossene Fläche, sondern ein zwingendes bogenförmiges Muster, das in dieser gedrängten Anordnung eine Kluft im Boden, einen Erdspalt und damit eine vertikale Dimension suggeriert, zum Thema des Todes hinlenkend, selbst wenn die Herkunft der Platten noch gar nicht bewusst sein sollte.

Ich habe damals gerade Edgar Allan Poe – einen deklarierten Methodiker der Produktion – gelesen und bin auf Marie Bonaparte gestoßen. Marie Bonaparte, eine Schülerin von Sigmund Freud, hat eine dreibändige Studie über Edgar Poe, wie es bei ihr heißt, verfasst, in der sie Poes Leben und Werk aus psychoanalytischer Sicht untersucht.[4] Sie liefert keine Erklärung – schon Freud hat sich dezidiert gegen eine psychoanalytische Erklärung von Genie verwehrt und schreibt das auch in seinem Vorwort zu diesem Buch.

4 Marie Bonaparte: *Edgar Poe. Eine psychoanalytische Studie*, Wien (Internationaler psychoanalytischer Verlag) 1934, 3 Bde.

Vor dem Hintergrund dieser Untersuchung tauchen jedenfalls weitere Bezugsfelder zur Geometrie des Bodens auf; die Assoziation der Vagina mag vielen schon in den Sinn gekommen sein, für andere blieb sie vielleicht bis jetzt unbewusst, doch auch unbewusst ist sie unweigerlich wirksam. Diese Assoziation ist hier noch mit einem anderen psychoanalytischen Topos kombiniert: den Zähnen (ihrerseits, zum Beispiel als Trauminhalt, ein bedeutsames Motiv in der Psychoanalyse), die Vorstellung einer „vagina dentata“ evozierend, einer Vagina mit Zähnen, die Furcht einflößt und in Zusammenhang mit sexuellen Ängsten und Impotenz stehen kann.

Ich kann diese Studie nicht kompetent referieren, aber es leuchtet ein: Wenn es eine Beziehung zwischen Architektur und Sprache gibt, kann uns diese in alle Gebiete führen, die sich der Sprache bedienen.

Eine weitere Assoziation geht auf den früh verstorbenen Co-Inhaber des Kleinen Cafés, Hans Neuffer, zurück, einen Geschäftsmann und Maler, der wiederholt in Afrika war und gelegentlich auch dort gejagt hat. Der Verlegeplan könnte an eine Großwildhaut erinnern. Den Architekten erinnert das gleichermaßen konzentrische wie längsgerichtete Muster auch an ein räumliches Thema des christlichen Kirchenbaus: nämlich an den Konflikt zwischen Längs- und Zentralraum – und schließlich an die Synthese der beiden, etwa den hochbarocken Ovalraum. – Wie man übrigens sieht, wäre eine flächendeckende Pflasterung aus dieser Grabsteinform nicht ohne totalen Gestaltverlust möglich.

Diese Bedeutungsschichten sind nicht kausal für den Entwurf; es sind nicht Bilder, die man sich *vorher* zurechtlegt. Der Vorgang ist viel maßgeblicher umgekehrt: Zwar sind die Grabsteinplatten ein gewähltes inhaltsreiches Motiv; aus deren Zuschnitt entsteht die modulare geometrische Figur. Erst danach werden die Implikationen nach allen Richtungen verfolgt – und nun stellen sich die Fragen, welche Wirkungen akzeptiert, verstärkt oder vermieden werden sollen. (Vermieden wird beispielsweise, die Inschriften der jeweils vordersten Grabsteinanschnitte zu zeigen, was eine Frivolität ohne kritischen Gehalt wäre.)

Mit einem Café haben die Inhalte nur als konkreter Sonderfall zu tun. Sie verleihen dem Fußboden seine „Informationsdichte“. (So kommt ein Begriff Max Benses wieder zu Ehren.)

Eine „Stimmung“ ist hier jedoch nicht vorausgesetzt; das Befinden des Benutzers bleibt in Freiheit.

*

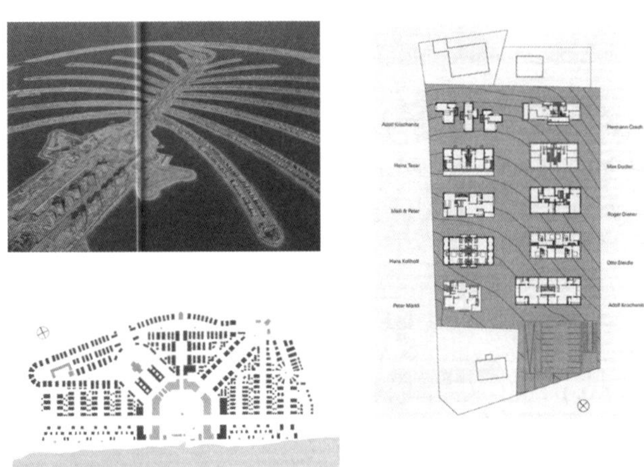

Was ist es, das das obere Bild fesselnd macht? Jetzt wird der Begriff „selbstreferenziell“ hilfreich: Dieses Vorhaben ist es nicht. Es beruht auf einem Kalkül, wie etwas fesselnd sein könnte.

Der Plan ist zunächst durchaus rational; auch die großen Kurven lassen ein gutes Straßen- und Uferbild erwarten (wie ja überhaupt niemals ein konkretes Entwurfselement als verwerflich bezeichnet werden kann: Immer wäre ein Meisterwerk denkbar, das genau dieses Element aufwiese). Aber auf welcher Seite liegt die Motivation dieses Vorhabens: bei Sartres „Wendung an eine Freiheit“ oder bei der „Wendung an eine Passivität“ mit dem Versuch, sie „zu rühren“? Natürlich ist das ein Qualitätsurteil: Der Konsument ist aufgefordert, seine Rolle im Spiel zu erkennen.

Auch gegen den mittleren Lageplan ist kaum etwas Einzelnes einzuwenden; aber im Ganzen bezieht er sich auf die vorausgesetzten Qualitäten einer Gründerzeit-Bebauung.

Dagegen der Lageplan von Adolf Krischanitz für eine Mehrwohnungshaus-Siedlung verschiedener internationaler Architekten: Der Plan ist sperrig, verstößt sogar gegen rationale Konventionen des Siedlungsbaus. Gebäude und Freiraum haben eine ambivalente Mehrdeutigkeit, die erst angeeignet werden muss – vielleicht darf man den Ausdruck „cool“ verwenden.

*

Im linken Bild also die ausgeführte Siedlung auf dem Lageplan Krischanitz – von links die Häuser von Meili & Peter, Tesar, Krischanitz, Czech, Dudler, Diener.

Was wir im rechten Bild beobachten, ist der Eintritt der Architektur in die Kulturindustrie. Ich spreche von der Konsum-Umwelt, wie sie sich im amerikanischen „New Urbanism“ darstellt. Was ist New Urbanism? Kurz gefasst, ist es die planmäßige Produktion von Siedlungen, die eine heile Welt repräsentieren (der Film *Truman Show* wurde in *Seaside*, Florida, einer ausgeführten Siedlung dieser Art, gedreht).

Den Begriff der Kulturindustrie haben Adorno und Horkheimer vor Jahrzehnten gefasst und analysiert. Deren Produkte sprechen nicht mehr zum Rezipienten, indem sie sich an seine Freiheit wenden, wollen ihn weder bewegen noch überzeugen, sondern sie betrügen ihn, nehmen ihn als bloßes Mittel, um an sein Geld zu kommen, das er möglicherweise auf gleiche Art erlangt hat – oder auch an seine politische Zustimmung. Es ist kein einfacher Betrug: „Nicht nur fallen die Menschen, wie man so sagt, auf Schwindel herein ... sie wollen bereits einen Betrug, den sie selbst durchschauen ... Uneingestanden ahnen sie, ihr Leben werde ihnen vollends unerträglich, sobald sie sich nicht länger an Befriedigungen klammern, die gar keine sind.“ [5]

*

Links ein Beispiel aus Arizona. Die „Produzenten“ der architektonischen Kulturindustrie sind ja nicht uninformiert: Sie wissen, dass Robert Venturi 1970 Häuser wie diese im rech-

5 Theodor Wiesengrund Adorno: *Gesammelte Schriften*, Frankfurt am Main (Suhrkamp) 1997, Bd. 10.1, 342.

ten Bild gebaut hat. Ich weiß, dass es, vor allem von Laien, viel verlangt ist, den Unterschied zu erkennen, dass es sich beim rechten Bild um ein analytisches, kritisches Herangehen an diesen Haustyp handelt, beim linken dagegen 30 Jahre später um schlaue Weiterverwertung vorhandener Qualität, die nichts Irritierendes, aber auch nichts Anregendes mehr hat.

*

Dieses 15 Jahre alte Projekt von mir geht von den ästhetischen Baubestimmungen einer konservativen Gemeinde aus. Aber da der Entwurf nicht an diese Regeln glaubt, interpretiert er sie in einer rationalen und rationellen Weise. Mieter konnten nicht nur den Grundriss ändern; sie konnten auch jedes Fenster jeweils innerhalb einer größeren konstruktiven Öffnung wählen. Eine informelle Erscheinung entsteht auf Grund rationaler Entscheidungen. Das Projekt unterwirft sich der Ästhetik der lokalen Bauordnung, tritt aber gewissermaßen zur Seite und lässt sie gegenüber den rationalen Vorteilen ins Leere laufen. Ich möchte das als *critical kitsch* bezeichnen.

Die kritische Substanz ist aus den Vorschriften gewonnen, die zum Ziel haben, was Sartre „berechenbare Regungen" nennt. Bauweise, Gebäudehöhe, Dachform, Zulässigkeit von Gauben etc. sind ja nicht mehr Ergebnisse der rationalen Entscheidungen, aus denen sie historisch entstanden sind, sondern Motive, die eine vorausgesetzte Stimmung erzeugen sollen. Wenn sie nun wertfrei oder sogar demonstrativ übernommen, analysiert und vielfach gegensätzlich rationalisiert werden, entsteht nicht so sehr eine Doppelkodierung, die dem verlogenen Gemüt trotzdem eine Heile-Welt-Stimmung erlaubt. Vielmehr irritiert die produktive Verwendung der Motive ihre Konsumtion und schafft eine Identifikation auf neuer Ebene.

*

Wenn es wahr ist, dass wir zu den Idealen der modernen Architektur ein differenzierteres Verhältnis haben als die Zeitgenossen ihrer Entstehung, dann ist alle heutige Arbeit „postmodern", der sogenannte Dekonstruktivismus schon überhaupt.

Aber gehen wir über die Moderne hinaus oder vor die Moderne zurück? Sollen wir gerade am Wege einer sensibilisierten Erweiterung des architektonischen Materials gegenüber der „heroischen" Moderne uns von Begriffen verabschieden und gewonnene Einsichten fallen lassen? Was bedeutet es, wenn uns in den letzten Jahrzehnten wieder empfohlen wird, Ornamente anzubringen, dann ginge es uns wieder gut?

An der Fassade meines Messehotels von 2005 in Wien ist blankes Aluminium als verwitterungsfähiges Material eingesetzt. Kenner warnen davor, dass diese Oberflächen auch „unansehnlich" verwittern können. Deshalb wechseln die blanken Flächen mit anthrazitfarben beschichteten Flächen ab, sind dadurch unterbrochen und „gefasst". Auch wenn nun einzelne Stellen ästhetisch unbefriedigend verwittern sollten, sind sie durch die bewusste Darstellung der Absicht in ein Gesamtbild eingebunden. Dass diese der Wandstruktur entsprechende Schichtung bei Loos – und bei älteren historischen Beispielen – vorkommt, spricht nicht dagegen. Die Breite der horizontalen Streifen ist durch die Breite der Bahnen bestimmt. Diese Maße überlagern sich mit der Geschoßhöhe (ca. 5 : 7) und verunklären dadurch die Geschoßzahl.

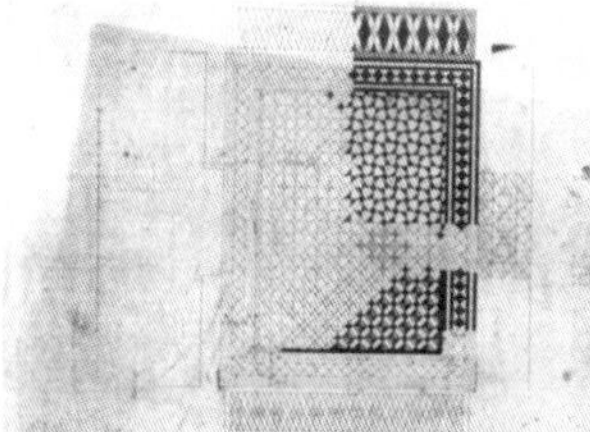

Aber es gibt noch ein anderes Muster am Gebäude, das keine technischen Gründe hat. Von der Wiener Messe führt ein Weg an einer Straßenfront des Hotels vorbei, die eigentlich die Hinterseite bildet und Serviceräume enthält. Eine mögliche Strategie, der Leblosigkeit und Inferiorität dieses platzbildenden Wandstreifens zu entgehen und ihn durch visuelle Information aufzuwerten, wäre eine Plakatfläche gewesen; das war jedoch für den Betreiber nicht vorstellbar.

Das gewählte Weiß-Schwarz-Muster ist ein Entwurf Leo von Klenzes um 1825 (für den nicht ausgeführten Fußboden eines Saals der Münchner Glyptothek). Es ist mir bereits Jahrzehnte vorher aufgefallen und wegen seiner fesselnden Erscheinung in Erinnerung geblieben. Klenze ist wohl eher zufällig auf diese irritierende Wirkung gekommen; wodurch diese trotz der einfachen Geometrie eigentlich entsteht, ist wahrnehmungspsychologisch schwer erklärbar (deshalb scheint es auch kaum möglich, diese Wirkung zu steigern).

Ich weigere mich nun, diese Entscheidungen als Ornamentierung zu verstehen. Es handelt sich in Wahrheit um *Muster* mit bestimmten Rollen in der Konzeption bestimmter Wahrnehmungszusammenhänge. Ist das ein unnötiger Streit um Worte?

Man muss daran erinnern, dass das Ornament ja nicht zufällig verloren ging, sondern bekämpft wurde – nicht nur wegen verlorener Arbeitszeit, sondern aus kulturellen Gründen. Sind die nicht mehr gültig? Hören wir wieder Karl Kraus: „Der Verschweinung des praktischen Lebens durch das Ornament, wie sie Adolf Loos nachgewiesen hat, entspricht jene Durchsetzung des Journalismus mit Geistelementen, die zu einer katastrophalen Verwirrung führt. Die Phrase ist das Ornament des Geistes“ und: „Die Phrase wird nicht abgeschafft, sondern in den Wiener Werkstätten des Geistes modernisiert.“[6] Würden wir mit der gleichen Unbefangenheit die *Phrase* wieder einführen wollen (wenn sie einmal verschwunden wäre)?

Nach wie vor ist Ornament das, was man weglassen kann. Es bringt nichts, diesen Loos'schen Ansatz anzuzweifeln. Wir sind nicht in einer historischen Situation, in der wir von der „Wiedereinführung des Ornaments“ etwas gewinnen könnten. Das wäre ein anti-analytischer, theoretisch inferiorer Versuch, Symptome mit einem Medikament zu behandeln, Erkenntnis durch Zutaten zu ersetzen.

Freilich ist schon Loos' Standpunkt komplexer als weithin verstanden wurde. Sein Kampf gegen das Ornament ist nicht ein Kampf für die glatte Fläche, sondern gegen jede Form, die nicht Gedanke ist – und sei es eine glatte Fläche.

---

6 Karl Kraus: *Die Fackel*, Wien, Nr. 279–280, 13. Mai 1909, 8

Die Zurückweisung des Ornaments bedeutet nicht den Glauben an die simple Lösung. Die simple Lösung gibt es nicht, wenn die Komplexität der konkreten Situation erfasst und aufgearbeitet wird. Ornament im Sinn von Form, die nicht Gedanke ist, bleibt dann nicht übrig.

*

Das letzte Beispiel ist vielleicht an der Grenze, als nostalgisches Stilinterieur missverstanden werden zu können. Aber dann ist der Konsument mit Sicherheit zumindest unbewusst nicht ganz zufrieden.

Gerade heute – da er zerstört wird – könnte man diesen Umbau des Palais Schwarzenberg von 1982–84 im Kontext amerikanischer bzw. weltweiter Konsumarchitektur sehen. Eben was in diesem Wiener Objekt *von der Produktion her* gedacht ist, aber als Ergebnis in den Zusammenhang von Anmutung, von „Atmosphäre" reicht, steht jetzt – von dem Philosophen Gernot Böhme bis zu dem Konsumwelten-Planer Jon Jerde – im Zentrum von Betrachtungen und Zielsetzungen, die Erlebnis- und Verkaufsarchitektur *von der Konsumtion her* denken wollen.

In Wahrheit handelt es sich gerade bei diesem Objekt um methodisches Denken von der Entwurfsproduktion her; lassen Sie mich das an dem verdächtigsten Detail zeigen, nämlich an der Kristallleuchte.

Ein Kristallluster ist ein Klischee von „Eleganz", aber zugleich ist er eine von zwei klassischen Lösungen für das Problem der Blendung, das besonders bei niedrig im Raum positionierten Leuchten akut wird. Die Kristallkörper verringern die Blendung, indem sie die Lichtpunkte vervielfachen. (Die andere Lösung ist die Mattglaskugel, die die Leuchtfläche vergrößert und damit ihre Leuchtdichte reduziert.)

Wachskerzen konnten an einem Kristallluster nur außen angeordnet werden, weil sie angezündet, „geschnäuzt" (die Dochte geschnitten) und ersetzt werden mussten, und weil sie rußten. Der klassizistische Typ des Kettenlusters (links) wurde mit dem Auftreten von Gas- und elektrischem Licht modifiziert, die Lichtpunkte ins Innere des Leuchtenkörpers versetzt. Mit dem barocken Typ wurde dieser Versuch nicht gemacht (Mitte). Die Kristallleuchte im Schwarzenberg (rechts) – abgesehen davon, dass sie als Kandelaber am Boden steht – versetzt die Glühlampen nach innen, obwohl sie den barocken Typ paraphrasiert. Die Kristallkörperformen stammen aus verschiedenen Zeiten und werden von der Industrie nach wie vor erzeugt und kombiniert.

Das Ergebnis entsteht also aus einer Reihe schlüssiger Überlegungen, nicht aus der Übernahme von Motiven. Die produktive Reihe von Entwurfsentscheidungen bleibt innerhalb der Architektur und ist füglich als autonom, sogar – ich bestehe darauf – als selbstreferenziell zu bezeichnen.

Im Gefolge von Gernot Böhme könnte man nun vermuten, es sei möglich, die Methodik umzukehren, sich einer Stimmung, Empfindung bewusst zu werden, sich einer „Atmosphäre“ hinzugeben, kurz: Architektur statt von der Produktion *von der Konsumtion* her zu denken.

Aber diese Möglichkeit ist nur scheinbar. Denn in Wahrheit kehrt sich – bewusst oder unbewusst – in der Realisierung jeweils diese Fragestellung um: Vom naiven Ansatz *Welche atmosphärische Anmutung schwebt mir vor?* komme ich erst recht zur praktischen Produktionsfrage *Wie kann ich diese beabsichtigte Wirkung erreichen?* Oder vielmehr: *Welche Mittel und welche von deren Wirkungen stehen mir zur Verfügung?* Die Betrachtung aus der Gegenrichtung verändert rückkoppelnd die Ausgangsfragen.

Schlussbemerkung

Auch die sensibelsten architektonischen Wirkungen unterliegen also selbstreferenziellen Entscheidungen, die verzweigtesten Entwurfsmotivationen sind solche der Produktion – es sei denn, wir entschlössen uns zu einer anderen Vorgangsweise. Wie könnte die begrifflich gefasst werden?

Nur als Verzicht auf genuine Kommunikation überhaupt. Den Konsumenten als Mittel betrachten heißt ihn auf niedrigeres Niveau stellen – es entsteht jenes Halbbewusstsein, das sich von der eigenen Produktion distanziert, die ja nur „für den Verkauf“ gemeint ist, sich ihr im Grunde überlegen und daher nicht verantwortlich fühlt. Mehr noch: Da jedermann irgendetwas einschließlich sich selbst „vermarktet“, beurteilt er eine Sache nicht unmittelbar, sondern „fachmännisch“, ob der Bauernfang „gut gemacht“ ist.

Kann Architektur diesem Adorno'schen „Verblendungszusammenhang“ entkommen, ihn durchbrechen? Das ist meine Frage: Lässt sich mit dem theoretischen Rüstzeug der differenzierten Moderne auch aus den unter *Branding*, *Theming*, *Imagineering* firmierenden Strategien ein kritisches Entwurfspotential gewinnen? Ist es selbst in solchem Zusammenhang möglich, den Rezipienten nicht als bloßes Mittel, sondern als Adressaten einer Wahrhaftigkeit, und sei es einer zynischen, zu setzen?

Wenn das eine moralische Frage ist, dann eine zentralere als die, ob wir in China bauen sollen oder nicht.

Vielleicht hilft auch Humor.

Kommentare

Ansätze zu einem Dialog mit Krischanitz

(2009)

Stadtstruktur. Gerade die historische Wiener Stadtstruktur legt den Gedanken nahe, man könnte eine allgemein gültige Figur/Grund-Struktur von Nutzraum/Erschließung finden, von der jede konkrete planerische Lösung jeweils einen Sonderfall darstellt. Unvergessen Dein (mit Heinz Neumann publizierter) Schritt des Masterplans für die Donau-City. Dessen gedankliche Erweiterung in die dritte Dimension: als Extension nach oben und unten von einer konzipierten Null-Ebene aus, die nicht die „gewachsene" – im gegebenen Fall ja selbst bereits künstliche – Geländeoberkante sein musste, habe ich schon damals als „säkularen Beitrag zum Wiener Städtebau" bezeichnet, wobei ich nicht nur einen Lokalbezug, sondern eine Geschichte von Planungsgedanken überhaupt im Auge hatte.

Auch Ihr (Du und Otto Kapfinger) seid neben den Gemeindebauten des Roten Wien auf die Stadtbahn als ein Stadtbildelement gekommen, eines, das zugleich die Struktur Wiens abbildet.

Pavillon. Der Gedanke eines Ein-Raum-Gebäudes, bei dem Außen und Innen notwendigerweise einander entsprechen (freilich gehören auch Kathedralen dazu), hat mich immer interessiert – zu dem gegen die Rainer-Schule gerichteten Satz, den ich als Student in der Plischke-Schule affichierte: „Architektur ist mindestens zweigeschossig" stellt er die Ausnahme dar (wenn er nicht auch Galerien und Emporen hat). Im Entwurf hast Du diesen Typus weiter gebracht; ich leider nicht.

Bricolage, Avantgarde. Darauf, dass die ohnehin als obsolet erkannte Metapher der Avantgarde aus der Kriegskunst kommt, hast Du in Deinem Buch von 1998 hingewiesen. Im Feld ist eben Avantgarde dort wo der Feind ist, also unter Umständen auch an der Rückfront.

Mich interessiert an Bricolage die den zusammengewürfelten Erscheinungen jeweils zugrundeliegende Logik; die ist eben nicht immer neu, sondern noch öfter Bestand. Heterogenität ist ja, da man es in der Architektur mit ganz verschiedenen Sachen zu tun hat, das allein glaubwürdige Ergebnis von Sachlichkeit. Vielfach sind die Formen da, werden aber durch ihren Kontext relativiert. Zerstörung der Form findet eben nicht durch Verwendung „zerstörter" Formen statt, wie man am Dekonstruktivismus sieht, der in seiner kurzen Lebenszeit schon sehr hübsch geworden ist.

Freilich kann man fragen, ob Architektur, wie Du schreibst, die „Vereinigung aller Dinge zu einem einzigen Wesen", ja dass sie die ganze Welt enthält, eher durch Reduktion oder durch Anreicherung erzielt – ich habe bisher den zweiten Weg beschritten (gestrafft durch Auswahl); bei Dir gab es einen Wechsel. Ich meine Deine (und Otto Kapfingers) Kataloge *Wiener Typen* und *Wiener Studien* von 1977, auch Eure kleinen Architekturen der frühen 1980er Jahre, was mir zu dekorativ, zu sehr der Reflexion von Atmosphäre hingegeben schien. Dieses Atmosphärische hast Du (oder habt Ihr) ja Mitte der 1980er Jahre schlagartig aufgegeben. Eine Rolle spielte dabei wohl Euer Essay über Hollein („Schöne Kollisionen") von 1984, während ich zugleich das Gastronomiegeschoß im Palais Schwarzenberg umbaute und dabei

– aus meiner Sicht auf methodischem, nicht motivischem Weg – stilistisches und triviales Assoziationsmaterial benützte – bis hin zur Produktion von Atmosphäre.

Die aktuellen theoretischen Begründungen von Ornament, von Atmosphäre, sind mir ja suspekt. Markieren sie nicht bloß den Eintritt der Architektur in die Kulturindustrie? Versuchen sie nicht, Architektur von der Konsumtion statt von der Produktion her zu denken, was eine Definition von (unfreiwilligem) Kitsch ist? Und ist das, ohne den Konsumenten und sich selbst zu belügen, überhaupt möglich?

Form und Funktion. An der apodiktischen Rolle der Funktion habe ich schon immer gezweifelt. Es müsste ja, wie Du sagst, das „ausschließlich gebrauchsfähige Ding an sich" geben, wenn Funktion so definitionsmächtig wäre. Aber auch der Begriffsansatz einer „Balance" ist doch unbefriedigend, insofern er der Funktion immer noch eine Rolle außerhalb des Entwurfs einräumt. In Wahrheit ist alles – Konstruktion, Funktion, Form – im Entwurf *vermittelt*, d.h. durch den Entwurf geschaffen, und vorher nicht da. Nutzung und Verhalten sind Wahrnehmungsweisen der Architektur; wie Musik mit Ohren vernehmbar ist (was schließlich noch niemand als einschränkend empfunden hat), so ist Architektur ihrem Wesen nach benutzbar.

„Architektur muss nicht Hintergrund sein", schreibst Du; aber bei meiner Behauptung „Architektur ist Hintergrund" war nicht bloß an die Fälle von trivialer Unbedeutung gedacht, sondern auch an einen Hintergrund mit Charakter, an den man sich lehnen kann und der hält.

Dafür ist ja der Stuhl (Sessel) das handfeste Beispiel. Auch die ergonomischen Untersuchungen der 1960er Jahre über das **Sitzen** haben nicht die „Anformung an den menschlichen Körper" ergeben, sondern ein „aktives" Profil, das definierte Punkte des labilen Körpers abstützt, der das als Komfort wahrnimmt – ein Profil, in dem ich das Sitzprofil der Tapeziererpolsterungen des 19. Jahrhunderts wiedererkannte. Die „Funktion" ist wahrscheinlich der irreführendste Begriff der Architekturtheorie.

Loos. „Erkenntnisfiguren" nennst Du in einer treffenden Wendung die Lösung gedanklicher Probleme bei Loos, die sich eben von formalen Errungenschaften anderer unterscheiden.

Freilich gibt es einen tragisch zu nennenden Zug bei Loos, der von Frank noch weitergeführt ist: die Vorstellung einer möglichen künftigen Veränderung durch andere. Erst Loos konnte (ich zitiere der Einfachheit halber aus meinem Artikel „Umbau") „die Geschichte vom armen reichen Manne schreiben, die besagt, dass eine Wohnung, ein Haus mit dem Benützer weiterleben und Entscheidungen eines anderen Geschmacks – das heißt einer anderen Ethik – ertragen muss … Loos lässt uns eine Architektur ahnen, die stark genug ist, eine Vorgabe zu sein, offen, vieles aufzunehmen, aber auch des Leids der Entstellung gewärtig." – So ist, was Mieter in unserer Betonsiedlung in Hadersdorf dürfen, zwischen uns noch nicht ausdiskutiert.

Kritik und Metakritik

(2010)

Nach der Matura verdankte ich meine Information über die Kunstszene dem Maler Jakob Laub. Durch ihn lernte ich auch Friedrich Achleitner kennen, der seinen Schritt zur Literatur bereits vollzogen hatte. Die erste öffentliche Lesung der (noch nicht so genannten) Wiener Gruppe 1957 im Theater in der Liliengasse hatte ich versäumt; die beiden „literarischen cabarets"[1] nicht mehr.

Die Einweihung der im Krieg zerstörten historistischen Hetzendorfer Pfarrkirche nach der inneren Umgestaltung durch Achleitner und Gsteu (1956–58) erlebte ich mit; der Entwurf war näher am Baubestand als der der Arbeitsgruppe 4, den mir Spalt und Kurrent (viel später) zeigten. Dieser war radikaler modern (die Seitenschiffe nicht rundbogig[2]); diese Radikalität war aber in höherem Maß durch nichtkonstruktive, scheinbar massive Raumbegrenzungen erzielt, was mir rückwirkend die Ambivalenz von Wahrheit und Wirkung bestätigte, die Wolfgang Mistelbauer und mir um 1960 (etwa anlässlich der Lokaleinrichtung des *Restaurant Ballhaus*) gedämmert hatte. Die Arbeitsgruppe 4 war diesem Dilemma damals ausgewichen und hatte den ursprünglich ihr zugedachten Auftrag an Achleitner und Gsteu abgetreten.

Eine Polemik meinerseits[3] wurde 1967 durch Achleitners Architektur-Essay „Aufforderung zum Vertrauen" in dem Sammelband *Aufforderung zum Mißtrauen* ausgelöst.[4] Nicht nur, dass darin, was heute als „Austrian Phenomenon" (Peter Cooks Bezeichnung) zusammengefasst wird, ein in meinen Augen unkritisches Verständnis fand – es wurde geradezu als Krönung einer zwingenden historischen Entwicklung dargestellt, als vorgebliche „Funktionalismus-Kritik" alles überwindend, was Achleitner selbst mitgeschaffen hatte. Gerade der Funktionalismus war doch – durch die bauliche und schriftliche Arbeit von Gsteu bis Uhl, von der Arbeitsgruppe 4 bis Puchhammer und Wawrik und schließlich bis zu Mistelbauer und mir – als Aushänge-, Schutz- und Geschäftsschild längst demontiert. Und jetzt sollte an seine Stelle ein

1 1958 in der Künstlervereinigung „Alte Welt" bzw. 1959 im Porrhaus.

2 Friedrich Kurrent korrigiert meine Erinnerung: Säulen und Kapitelle waren quadratisch verkleidet, vom Bestand aber sogar die Segmentbogen übernommen.

3 Hermann Czech: „Eine Welt, erfrischend jung. Konvulsionen der Architekturtheorie" (1969), in: Czech: *Zur Abwechslung. Ausgewählte Schriften zur Architektur. Wien*, erw. Neuausgabe, Wien (Löcker) 1996, 64–68.

4 Friedrich Achleitner: „Aufforderung zum Vertrauen. Architektur seit 1945" (1967), in: Achleitner: *Aufforderung zum Vertrauen. Aufsätze zur Architektur*, Salzburg (Residenz) 1987, 48–76.

erst recht begriffsloses Leuchtschild mit abgerundeten Ecken kommen, mit der dumpfen Aufschrift „Zukunft“?

Provoziert war ich, mehr als durch die Erscheinungen seit Holleins und Pichlers Ausstellung von 1963 in der Galerie St. Stephan selbst, durch deren mediale Resonanz im Vergleich zu der publizistischen Underground-Situation der von mir geschätzten Architekturpositionen, zu denen ich ja Achleitner selbst zählte. Das war dem „Austrian Phenomenon“ nämlich gelungen: die Medien zu interessieren, was vorher für Architektur praktisch undenkbar war. Und nun behauptete Achleitner auch noch die theoretische Notwendigkeit dieser „Rechtsabweichung“, wie ich sie nannte.

Aber mit der „liberalen Schule“, in der „jede Konfession vertreten“ sei, warf ich ihm eigentlich den moderneren Standpunkt vor. Ausgehend von einer Gleichwertigkeit der Erscheinungen kann sich der Zeithistoriker mit gleichschwebender Aufmerksamkeit den Fakten und Materialien hingeben – und vielleicht ist das sogar für den Entwurf eine brauchbare Konditionierung.

In Wahrheit ist Achleitners Artikel heute noch (oder wieder) höchst lesenswert, wenn man nur von der Teleologie absieht, mit der, wie er selbst sagt, „die Betrachtung der Entwicklung der letzten Jahre unserer Architektur absichtlich über den Leisten des Funktionalismus geschlagen“ wurde. Wenn man die Sicht der Entwicklung in größerem Rahmen akzeptiert – als Abfolge und nicht als Klimax –, wäre sie mit der „Star-Architektur“ fortzusetzen, von der ein Großteil dereinst sehr alt ausschauen wird – um noch später in einer Wunderkammer zu überleben, in deren Depot ich damals schon das „Austrian Phenomenon“ verwiesen hatte.

Aber eben diese Perspektive verdanken wir wiederum Achleitners sammelnder Sicht der Erscheinungen.

Vergabe einer geistig-schöpferischen Leistung

Umbau Parlamentssaal: ein Wettbewerbserfolg

(2010)

Über das Ergebnis des Wettbewerbs für den Umbau des Nationalratssaals gab es eine offizielle Publikation der Parlamentsdirektion. Ein Protokoll der Abwicklung fand man darin nicht; das muss vielleicht auch nicht sein. Aber etwas fand man darin, wo man sich fragte: Muss *das* sein?

Da sind die Verfassertexte der erstgereihten Entwürfe und die Jurykommentare dazu. Aber zusätzlich gibt es Schlagzeilen – in derselben Grafik wie jeweils die Überschrift „Kommentar der Jury". Da steht zu einem Projekt: *„funktionell, formenreich, freizügig"*, oder beim 2. Ankauf: *„sachlich, selbstständig, schwebend"*, zum 1. Ankauf: *„gestaltet, glasklar, großzügig"* – das sind also Stabreime, sogenannte Alliterationen, nämlich Wörter mit gleichen Anfangsbuchstaben (streng genommen müssten alle Anfangssilben betont sein). Beim 2. Preis heißt es: *„klassisch, kühl, konsequent"* – ich gebe gar nicht alle wieder – beim Siegerprojekt: *„sensibel, stimmig, signifikant"*.

Was für Leser sind da vorgestellt, von welchem Publikum glaubt ein Parlament, dass es mit solchem Nonsens angeblödelt werden muss?

Eines der Vorworte ist vom Juryvorsitzenden Boris Podrecca. Nun hat zweifellos der Vorsitzende in hohem Maß die Verantwortung für das ganze Verfahren (dieses war vielleicht nicht sein erfolgreichstes). Aber ich frage mich: Muss man als Juryvorsitzender tatsächlich die Endredaktion der Wettbewerbspublikation überwachen? Offenbar kann man nicht vorhersehen, was einer Redaktion einfällt. Wie vermeidet man so etwas? Schließlich könnte eine derart blamable Unterstellung jeder Jury passieren. – Dann dachte ich wieder: Es wird ja doch niemand so dumm sein zu glauben, dass eine Fachjury ihre Zeit damit zugebracht hat, völlig sinnfreie Stabreime zu verfassen.

Über ein Jahr später wird auf der Website des Parlaments über den Stand des Vorhabens berichtet: „... Sanierung des ganzen Gebäudes ... Saal gemäß Wettbewerbsergebnis ..." und nach einer vagen Beschreibung des Siegerprojekts heißt es: *„‚Sensibel, stimmig, signifikant' lautete das Resümee der Jury"*.

Da fällt also ein Texter auf den andern herein, oder auch eine Texterin auf eine andere. – Damit muss die Informationsgesellschaft leben.

Aber was sich hier repräsentativ abbildet, ist die Inhaltslosigkeit des aktuellen Diskurses über den Architekturwettbewerb. So blank schaut heute der allgemeine Bewusstseinsstand darüber aus. Und da reden wir nicht mehr über den Veranstalter und eine Redaktion, sondern über Architekten und Architektinnen! Die sind es, die diesen Bewusstseinsstand verantworten.

Der Wettbewerb war einmal eine mögliche Strategie in der komplexen Entscheidungsfindung bei einem Planungsvorhaben: Wie komme ich zu einer Lösung, zur besten Lösung? Wie schaut überhaupt das Feld von Lösungen aus – wie ist die Aufgabe einzugrenzen und andererseits offenzuhalten? Wer könnte da eine Lösung finden, wen kenne ich überhaupt, der oder die das könnte, kenne ich den „Markt" an Kompetenz? – Der Wettbewerb war auf dem Weg zur Entscheidung *ein* Mittel der Wahl; er beruhte auf Vorinformation und brachte – auch im Verlauf – weitere Information.

Heute ist er ein inhaltsloser Formalismus. Die Organisation wird an Professionals mit Abwicklungskompetenz ausgelagert, die die Bürokratie routiniert handhaben. Aber z.B. weiß niemand mehr, warum es mehrstufige Wettbewerbe gibt; man glaubt, das sei wegen der Aufwandsersparnis. Die ist schon in Ordnung; die Chance von mehreren Verfahrensstufen liegt jedoch in den Schnittstellen *zwischen* den Stufen! Angesichts der Projekte der ersten Stufe weiß ich mehr als vorher, ich sehe, was überhaupt geht und was nicht, und kann meine Ziele modifizieren – ich sehe auch, wenn mehr geht als man für möglich hielt: z.B. dass der Nationalratssaal nicht für eine kümmerliche Behindertenlösung verhunzt werden muss, sondern mit einer uneingeschränkten Behindertenlösung verwandelt und trotzdem erhalten werden kann. Freilich nur dann, wenn ich mich darauf vorbereite, Projekte und Ziele zu analysieren. Dafür schließlich wären als urteilsfähig angesehene Fachleute wie Boris Podrecca und Marta Schreieck in der Jury, dass nicht bloß ein Shopping von Bildchen stattfindet.

Aber kein anspruchsvolles Bauvorhaben mehr setzt irgendwelche Entscheidungsträger unter Qualitätsstress. Wenn hinter der treuherzigen Objektivität nicht ohnehin vertrauliche Absichten das Spiel machen, gerät die versuchte Vermeidung von Korruption zur gelingenden Vermeidung von Qualität: Ein kulturelles Thema wird zu einem Thema der *Vergabe*: an den „Bestbieter" – *offen*: wir rufen alle, *anonym*: wer da anbietet, wollen wir gar nicht wissen, auch nicht was da zu erwarten sein könnte; Markt brauchen wir keinen zu kennen, wir verlassen uns einfach auf ihn, den Markt, der wird's schon richten. Dafür reichen ein paar Stunden; Hauptsache, niemand kann uns einen Formfehler vorwerfen.

Nur dass auf diese Einladung „an alle" gar niemand kommt – das haben wir uns noch nicht vorgestellt, auch die blauäugig offene Wettbewerbe fordernden Architekten nicht. Aber als potentielle Teilnehmer, auf dem Umweg der Überlegung, kommen selbst diese Architekten drauf: Es ist eine Lotterie, und zwar eine mit sittenwidrigem Risiko. Den in Summe unternehmensgefährdend hohen Einsätzen steht gar keine Gewinnchance gegenüber: Selbst ein Preis – ohnehin nicht einmal den Einsatz deckend (was sinngemäß schon ein „Ankauf" müsste!) – wird im Auftragsfall wieder abgezogen; übrig bleibt im allerbesten Fall die knapp bis schlecht vergütete Berufstätigkeit eines der Teilnehmer.

Immerhin müsste man ein echtes Lotterieergebnis nicht durch Werbetexte rechtfertigen. Podrecca sagt vom Nationalratssaal-Resultat, es „wackelt nicht mit den Ohren". Mag sein (sei es Stärke oder Schwäche); aber wie dieses Resultat seither *präsentiert* wird, hat schon Gunther-Philipp-Format. (Wer sich nicht an österreichische Nachkriegsfilme erinnert: Der Schauspieler Gunther Philipp – übrigens hochintelligent und praktizierender Psychiater – konnte mit Kopfhaut und Ohren wackeln, durchaus als Teil einer Filmhandlung.)

So wird eifrig Behindertengerechtheit behauptet – von einer Lösung, die nicht einmal behinderten*freundlich* ist. Es ist schon wahr, dass Rollstuhlfahrer nicht überall sitzen können müssen – es genügen die Randplätze verschiedener Reihen, wie in einem Theater; man braucht nicht viele Behindertenplätze. Aber im Unterschied zu einem Theater muss man mit dem Rollstuhl zu jedem anderen Abgeordneten, oder zumindest zu seiner Reihe, hinfahren können – und auch mit ihm den Saal verlassen oder betreten, d.h. bei jedem Eingang herein- und hinausfahren können. Es wäre schon unzumutbar für einen Behinderten oder eine Behinderte, sagen zu müssen: „Können wir uns draußen wieder treffen?" – weil nämlich für sie ein anderer Ausgang vorgesehen ist. Im jetzigen Planungsstand könnte sich jedoch eine behinderte Person abseits des Rednerpults überhaupt nur durch Handzeichen oder ein Handy verständigen!

Dazu wird bedeutungsvoll der Satz wiederholt, das Plenum sei kein Zuschauerraum, sondern ein *Arbeitsraum* – in der Tat ein folgenreicher Unterschied. Aber so wenig wie die Folgen für Behinderte werden die für Galeriebesucher erkannt: Diese wirklichen Zuschauer wollen nämlich nicht die Stirnwand mit Adler beobachten (wo im Theater die Bühnenöffnung wäre), sondern eben die arbeitenden Abgeordneten unten im Plenum – darum reicht im bestehenden Saal von Fellerer/Wörle die Besuchergalerie bis über den darunterliegenden Pressebalkon, damit zumindest die meist allein besetzte erste Reihe über die Brüstung gut hinuntersieht. Wer da die vordersten Galeriereihen kappt (oder das zulässt), hat den – ähnlich dem Shakespeare-Theater, dessen Spielfläche ja ebenfalls im „Parterre" lag – halbzylindrischen Saal nicht verstanden, von den Wünschen des Denkmalschutzes ganz abgesehen.

Zum Ohrenwackeln gehört auch die stolze Berufung auf den „internationalen" Wettbewerb. Hier war so ein Fall, wo man wohl 50, 100 oder mehr Einsendungen erwartet hat; und dann waren es 21, davon 3 ausländische. Ein international wahrgenommener Teilnehmer war jedenfalls unter den 18 Inländern – der war in der ersten Stufe draußen; das war ich.

Aber das ist nicht die prinzipielle Kritik an dem Verfahren. Dass ein die Ziele zur Deckung bringendes Projekt im Wettbewerb war und die Auswahl der ersten Stufe zu leichtfertig, ist bloß die Zuschärfung des Debakels. Hätte das Projekt 19 gefehlt, hätte man wohl ohnehin nicht anders können! Ich spreche von der gedankenlosen Routine, sich verantwortungslos einem Zufall auszuliefern, den man dann als Gottesurteil verkünden muss.

Man muss sich also vorstellen: Wir veranstalten ein Verfahren, das heißt offener anonymer Wettbewerb, mit drei konfliktreichen Zielsetzungen – und dann erreichen wir *nichts* davon:

1.) Den *bestehenden Saal* haben wir *nicht erhalten*; für die Kompromiss-Behindertenlösung ist die Arena des Saals verstümmelt, aber darüber hinaus sind wesentliche Dinge willkürlich geändert, keiner weiß warum, auch mit funktionellen Nachteilen – und geradezu mit dem räumlichen Ausdruck der *Abwertung* des Parlaments (ein Theater-Guckkastenrahmen für die Regierung, davor eigens flacher gekrümmte Bankreihen: wie wenn die Volksvertretung nichts zu parlieren, nur zuzuhören hätte).

2.) Wir haben *keine Rednerpultlösung*, nicht einmal eine Diskussion darüber; dabei könnte das Parlament im In- und Ausland mediale Aufmerksamkeit gewinnen, wenn die parlamentarischen Vorgänge räumlich nachvollziehbar würden. Diskutieren kann man natürlich nur anhand von Vorschlägen; wenn wir die Vorschläge wegschmeißen, haben wir nichts zu diskutieren – aber warum haben wir dann überhaupt gefragt?

3.) Und wirklich *barrierefrei* (das war die Forderung Nummer eins) ist das Ergebnis *erst recht nicht*.

Dabei waren die Ansätze zur Lösung in der Ausschreibung und schließlich auch im Wettbewerb; die wurden zu Anfang entsorgt, unwiderruflich. – Das ist die Situation.

Man muss für ein solches Debakel ja dankbar sein. Ich gehöre zu der Minderheit, die seit mehr als einem Jahrzehnt gegen die begriffliche Inkompetenz des blinden Wettbewerbs-Optimismus auftritt. Früher hat man nur sagen können: Ihr werdet sehen, was einmal passieren wird, bei einem wichtigen Vorhaben. Jetzt haben wir das reale Beispiel.

Wie der Auftraggeber aus der Nummer herauskommt – durch weiteres Ohrenwackeln? – ich weiß nicht. Ich weiß nur, was da, schon allein funktionell, alles nachgebessert werden müsste.

Wettbewerbe

(Textentwurf 2009)

Laien des Entwurfsdenkens, zu denen die meisten Architekten, gläubige Liebhaber des ***Architektenwettbewerbs****, gehören, glauben, ein Preisgericht könne unter Wettbewerbsprojekten das „beste“ aussuchen wie ein Auto beim Händler (was immer noch eine Probefahrt erfordern würde und wo die Kenntnis des Herstellers erst recht eine Rolle spielt).*

Der Architekturwettbewerb fördert eine bestimmte Art von Entwurfsfertigkeit, die nicht notwendigerweise mit Qualität zu tun hat: in drei Wochen eine Lösung zu finden, die ein Juror in zwei Minuten versteht. – Die halbe Architekturgeschichte hätte es nicht durch ein Wettbewerbsverfahren geschafft, schon gar nicht durch eines der heute üblichen.

Der **offene** Architekturwettbewerb ist zudem notwendigerweise auf das zufällige Angebot angewiesen; selbst bei einer zutreffenden Qualitätsentscheidung kann das Ergebnis nicht besser sein als die beste Einsendung.

Aber in aller Regel sind vor **anonymen** Projekten für eine Jury als Gruppe weder ungewöhnliche Gedanken noch eben das Gewöhnliche, Selbstverständliche beurteilbar und konsensfähig – schon gar nicht eine Kombination dieser beiden Aspekte. Anonym für eine Jury derzeit im Allgemeinen geeignet ist belanglose, wenn auch „kühne“, glatt und flüchtig dargestellte „Modernität“. Alle sachliche, nämlich der Sache entsprechende Heterogenität, alle erst angedachten, noch offenen Punkte – also alles was Qualität kennzeichnet, schafft Zweifel und wird auf der Strecke bleiben. (Bei Siegerentwürfen profilierter Teilnehmer ist dagegen das faktische Aufrechtgebliebensein der Anonymität grundsätzlich zu bezweifeln.)

Die Wettbewerbs-Anonymität (so sie aufrecht bleibt) bietet der Jury keine Möglichkeit, die Potentiale eines vorliegenden Entwurfsstandes abzuschätzen, weil die notwendigerweise fragmentarische Einsendung nicht in Bezug zu einer Person oder einem Team und dessen Arbeit gesetzt werden kann. Der oder die Entwerfende kann nicht auf Befragen konkrete Erläuterungen geben, noch weniger kann die jeweilige Gesamtsicht der Aufgabe vermittelt werden, die im Entwurf und beim Juror bisweilen auch vor dem Standpunkt der Ausschreibung ansetzen muss. – Zudem ist manchmal eine ungewöhnliche architektonische Idee nur im Zusammenhang einer Autorschaft von einer Schnapsidee zu unterscheiden.

Anonyme schriftliche Erläuterungen können nicht unmittelbar auf die Fragestellungen der Jurymitglieder eingehen (und werden deshalb in der Regel, wenn überhaupt, gerade in der Entscheidungssituation nicht gelesen). Nicht nur in Bezug auf Einzelheiten, sondern auch in der prinzipiellen Entscheidungsfindung ist die Jury notwendigerweise von gruppendynamisch auf- bzw. abgewerteten Vermutungen beeinflusst.

Die Rezeption der Erläuterungstexte offenbart überhaupt das fundamentale Scheitern der Verständigung in der Anonymität. Wer je in einer Jury war, kennt den unterschiedlichen Bezugsrahmen für einen Text: die schriftliche oder mündliche *persönliche* Darlegung von Entwurfsgedanken vor den verantwortlichen Entscheidungsträgern, die auf diese Gedanken zunächst rückhaltlos eingehen müssen – und dagegen der flüchtig vergleichend gemusterte anonyme Text, in dem sich gerade die im Augenblick vom Juror erwogenen Kriterien nicht oder nur zufällig und punktuell finden, unter dem Zeitdruck stehend, dass man sicher nicht alle Texte zur Gänze lesen kann und womöglich wichtigere versäumt. – Dasselbe gilt übrigens für Einzelheiten des Entwurfs, der aber immerhin das Erlebnis eines – freilich nicht hinterfragbaren – Gesamteindrucks bietet.

Noch unsinniger ist die Anwendung dieses Verfahrens auf einen **Umbau**, weil dessen Aufgabenstellung von der Sache her nicht erlaubt, alle wesentlichen Vorbedingungen in einer Ausschreibung darzulegen und im Wettbewerbsprojekt zu erfassen. Hier ist die Abschätzung einer Herangehensweise statt der einer Lösung umso mehr geboten.

Und schließlich ist die Wirkung und sogar der gesamtheitliche Nutzen eines projektierten **Innenraums** mit hohem Qualitätsanspruch bloß auf Grund von Plänen und Darstellungen, ohne das geistige Umfeld des Entwurfs, nicht vergleichend zu beurteilen.

Wenn also die Anonymität schon an sich ein Hindernis der Beurteilung ist (und im Grunde dem Begriff des immer noch so genannten Architekt*en*wettbewerbs widerspricht), dann ist die Anwendung dieses Verfahrens auf einen Umbau – und dann noch auf einen Innenraum – ein Schwachsinn zum Kubus.

Darüber haben Architekten von Wagner, Loos, Hoffmann bis Venturi vielfach geschrieben; das wird freilich nie zitiert.

Zugeständnisse, angesichts der zahlreichen historischen Irrtumsfälle, wie: das Ergebnis sei „halt nicht immer optimal“, man könne „sich freilich auch einmal irren“, sind wohl keine Argumente für das Verfahren. Derlei könnte man ja auch für die Todesstrafe sagen. Aber in Wahrheit ist beim anonymen Architekturwettbewerb die zutreffende Qualitätsentscheidung geradezu *die Ausnahme*.

Würde jemand einen Koch nach unvollständigen anonym eingesendeten Rezepten auswählen?

Blindverkostungen dienen nicht der Bewertung der Weine, sondern der der Prüfer. Es sind Jux-Veranstaltungen, deren Unterhaltungswert im Fall von Architekturwettbewerben durch hinausgeworfenes Geld und inkompetente Entscheidungen zu teuer erkauft ist.

Fauteuil „Messehotel“

Stellungnahme zu einer behaupteten Urheberrechtsverletzung

(2011)

Für das Hotel Messe Wien (Fertigstellung 2005) sind – im Zuge der Errichtung und Innenraumgestaltung nach Entwurf von Hermann Czech – *26* (nicht, wie in der eidesstättigen Erklärung der Klagsvertretung fälschlich behauptet, 24) Fauteuils, ebenfalls nach Entwurf von Czech, hergestellt und im Foyer dauernd (vollzählig auch zum Zeitpunkt der Erhebung durch die Klagsvertretung[1]) platziert worden.

Diese Fauteuils beziehen sich auf einen Typus, der 1928/29 von Le Corbusier (zusammen mit Pierre Jeanneret und Charlotte Perriand) konzipiert wurde.

Dessen Elemente wurden nach verschiedenen Unterlagen grosso modo übernommen, jedoch im Einzelnen verändert. Insbesondere sind in der gegenständlichen Ausführung die Rohrprofile in der Dimension stärker, gröber hergestellt und – im Unterschied zur üblichen vernickelten oder verchromten Oberfläche – mit einer hellgrünen deckenden Farbbeschichtung versehen. Ebenso ist das Leder der Polsterung nicht – wie im Handel gewohnt – schwarz, sondern grüngrau. Diese akzidentiellen Veränderungen verfremden den Entwurf Le Corbusiers, lassen ihn aber erkennbar durchscheinen.

Die wichtigste Veränderung ist dagegen nicht nur wesentlich von der Entwurfsabsicht Le Corbusiers verschieden, sondern steht zu ihr in ausdrücklichem Widerspruch: An den Vorderkanten der Seitenpolster ist beiderseits je ein Handgriff aus Holz montiert, der „sowohl der Hand entgegenkommt wie das Aufstehen erleichtert“ (Czech).

1 Vermutlich ließen die beiden eidesstättig bezeugenden Rechtsanwälte zwei separate Exemplare bei der Aufzugsgruppe unbeachtet – nicht etwa die von ihnen besetzten.

Der Fauteuil-Entwurf Czechs ist ein Kommentar zu den Relativierungen der Ideale der klassischen Moderne im Laufe fast eines Jahrhunderts. Einerseits ist eine Konstruktion aus Metall statt aus Holz nicht mehr ein markanter Gegensatz zum Komfort eines Sitzmöbels (schon Le Corbusier bezeichnete den Entwurf mit „Fauteuil grand confort“) – andererseits sind gerade Komfortansprüche konkreter und spezieller geworden, auch im Hinblick auf Alters- und Behindertengerechtheit. Die – heute nicht mehr provokative – Materialideologie des Stahlrohrs wird durch einen berührungsfreundlichen Griff aus Holz relativiert.

Der Entwurf dieses Fauteuils von Hermann Czech ist demnach ein kritisches, ironisches architekturtheoretisches Design-Statement, das durch die Verwendung eines originalen LC (oder auch eines „Imitats“) einerseits – bzw. durch den Verzicht auf jeden Zitat-Bezug auf den Entwurf der klassischen Moderne andererseits – nicht erzielbar wäre.

Es handelt sich also nicht um einen Le Cobusier-Fauteuil der 1920er, sondern um einen Czech-Fauteuil der 2000er Jahre, der auch so bezeichnet ist und wird. Er würde nie als ein Werk von Le Corbusier nachgefragt werden, abgesehen davon, dass er nirgends im Angebot ist und nur im Zusammenhang der bestimmten Architektur von Hermann Czech Sinn macht.

Eine Schädigung von Interessen, die im Zusammenhang mit dem originalen Entwurf von Le Corbusier stehen, in geistiger oder kommerzieller Hinsicht ist weder beabsichtigt noch erkennbar. Dass der originale LC-Fauteuil ein weltbekannter Klassiker der Moderne ist und der gegenständliche Fauteuil ihm *eben nicht* gleicht, sind ja gerade die Voraussetzungen des Czech-Entwurfs. Allenfalls entsteht dem originalen Entwurf, wo immer der Czech-Entwurf besprochen wird, zusätzliche intellektuelle Aufmerksamkeit.

Der Fauteuil-Entwurf von Hermann Czech ist kein *Plagiat*, da nicht ein Werk von Le Corbusier als eines von Czech ausgegeben wird. Er ist keine *Fälschung*, da nicht ein (z.B. billiger hergestelltes) gleich aussehendes Werk für ein originales ausgegeben wird. Er ist keine *Kopie* und kein *Replikat*, da er dem Original absichtlich und erkennbar nicht gleicht.

Der Entwurf ist möglicherweise eine *Parodie, Persiflage* oder *Travestie*, allerdings nicht in dem Sinne, dass das originale Werk von Le Corbusier verspottet oder ins Lächerliche gezogen würde; vielmehr gründet er eben darauf, dass dieses zu seiner Zeit ernst zu nehmen und gültig war und es als historisches Objekt noch immer ist, dass aber seine Verwendung nach rund 80 Jahren nicht mehr den Kontext seiner Entstehung findet. Gegenüber der klischeehaften heutigen Verwendung des Originals als Ausdruck von „Modernität" nimmt der Entwurf allerdings eine *kritisch-ironische* Stellung ein.

Jedenfalls enthält der Entwurf ein *Zitat*, das durch erkennbare Veränderungen in neuen kritischen Zusammenhang gestellt und damit *antithematisch verwendet* wird.

(Hans Hollein bezeichnete den Czech-Entwurf in einer Diskussion als „geriatrische Version".)

In der österreichischen, von der Literatur abgeleiteten Rechtsprechung ist für eine zulässige Bearbeitung, also ein „selbständiges Werk von solcher Eigenart, dass ihr die eigentliche Bedeutung zukommt und der entlehnte Teil nur als notwendiger Anknüpfungspunkt für den parodistischen Gedanken erscheint",[2] erforderlich, daß das Original „verblasst". Nun kann das Kriterium der *Menge* der den Unterschied bildenden Abweichungen, deren *Volumen*, physisches *Gewicht* oder die Größe von deren *Ansichtsfläche* bei der Betrachtung oder auf einer Abbildung – abgesehen von der Unmöglichkeit einer solchen quantitativen Schwellenfestlegung – nicht ausschlaggebend sein gegenüber der „Gesamtwirkung" und dem geistigen und wahrnehmungsmäßigen Gewicht der Veränderung, insbesondere wenn diese dazu dient, ein durch ausreichende Elemente als Zitat erkennbares (in der Wahrnehmung eben *nicht* „verblassendes") Original in einem neuen, kritischen Zusammenhang darzustellen.

Eine Einstweilige Verfügung, die Fauteuils zu entfernen, erlangte zu Beginn des Verfahrens Rechtskraft – der Entwurfsvorschlag einer „Umgestaltung" mittels Schutzhülle wurde vom Hotel nicht verfolgt

Eben auf die Diskrepanz zwischen der geringen physischen Veränderung und ihrem inhaltlichen Gewicht weisen Berichterstattung und Kritik, auch die – wohl ohne Erläuterung ironisch zu verstehende – Wendung „klitzekleines Detailchen"[3] hin. Ohne dieses inhaltliche Gewicht würde die Veränderung nicht als bemerkenswert und Erkenntnis bringend kommentiert. – Andererseits wäre bei stärkerer Veränderung des zitierten Originals dieses in seiner antithematischen Verwendung nicht mehr erkennbar.

Es kann sich also nicht um eine quasi prozentuelle Abschätzung des Verhältnisses von veränderten und unveränderten Elementen handeln; vielmehr müssen für die Wahrnehmung des kritischen Entwurfsinhalts *beide* widersprüchlichen Inhaltskomponenten, *sowohl* das zitierte Original *als auch* die durch die Veränderung entstehende neue Sicht, klar erkennbar sein.

2 Gerhard Schricker (Hg.) *Urheberrecht*, München (C. H. Beck) 2006

3 Wojciech Czaja, *Der Standard*, 23. Juli 2005, Album S. A 8

Plan und Bild

(2013)

Gute Architektur kann beschrieben, sie müsste nicht gezeichnet werden. Das Pantheon kann man beschreiben. Sezessionsbauten nicht.

Adolf Loos

Durch Anwendung von Randleisten, Aufschriften, Details, durch das Hervortreten der individuellen Auffassung etc. kann selbst die harmloseste orthogonale Projektion in ein sehenswertes Kunstwerk verwandelt werden.

Otto Wagner

Realisierung

Den Loos-Satz kann man in zwei Richtungen verstehen: Zunächst können Raumvorstellungen so elementar sein, dass sie in verbaler Abstraktion wiedergegeben werden können. (Wiederholte Fehlzitate dieser Loos-Stelle setzen statt des Pantheons den Parthenon, was die Argumentation natürlich erledigt.) Eine enge Vorstellung von Industrialisierung meinte ja auch, der Entwurf könne so vollständig auf einem (Fertig-) Bausystem beruhen, dass er mittels Listen oder bloß telefonisch mitteilbar sei.

Etwas weiter gefasst könnte auch eine tradierte bauliche Konvention als Regulativ verstanden werden, so dass nur die Abweichungen davon gezeichnet werden müssten. Loos konnte vielfach davon ausgehen, dass der Bauausführende – der Handwerker – in einer gesicherten Tradition weitgehend selbständig arbeiten konnte, was spätestens seit der Mitte des 20. Jahrhunderts nicht mehr der Fall ist.

Jedenfalls handelt es sich hier um jenen Plan, dessen Zweck es ist, eine Planungsabsicht zu kommunizieren, und zwar an die in die Realisierung Eingebundenen.

Entwurf

Es ist verführerisch, Architektur in Sprache zu fassen. Der Architekt Wolfgang Mistelbauer (1934–2007) sagte über unsere gemeinsame Arbeit in den 1960er Jahren: „Czech verfolgte damals die Idee der Möglichkeit der Umsetzung des Begrifflich-Verbalen in eine Form. – Ich habe dagegen die Position vertreten, dass es dazu noch so etwas wie bildnerisches Denken gibt, ein Denken in nichtverbalen Zusammenhängen, eine innere ‚Logik' der Formen, des Raumes. Das kann man natürlich auch verbal beschreiben, aber das wäre eine Übersetzung in eine Fremdsprache."

Zeichnerisch versucht man, einen Gedanken zu verfolgen und zu prüfen, oder genauer: mehrere Gedanken zu kombinieren, zu verschneiden, zu verdichten. Aber das sind tatsächlich bildnerische Gedanken, wenn sie auch außerhalb der Zeichnung – manchmal daneben notiert – von Begriffen und Sprache begleitet und begründet sind. Die Gedanken – die bildnerischen wie die sprachlichen – sind auf verschiedenen Ebenen angesiedelt; sie reichen von Linien, Bauteilen, Räumen, Farben, Produkten, Vorbildern bis zu Assoziationen und Verhaltensweisen. Sie sind heterogen. Sie sind in verschiedenen Maßstäben oder unmaßstäblich.

Die Skizze, Zeichnung als Stufe des Gedankens ist, sobald der Entwurf fortschreitet, „überholt", wertlos und störend; man kann sie vernichten. Die spätere Analyse, die Architekturgeschichtsschreibung mag das bedauern (wenn es die dereinst gibt).

Aber ist man nicht sein eigener Historiker? Ein Merkmal von Konrad Wachsmanns Entwurfspädagogik war, dass die

Beiträge aller Gruppenteilnehmer gleiches Papierformat benutzten und kein Blatt weggeworfen werden durfte, so dass der Weg aller Argumentationen von jedem Teilnehmer jeweils zurückverfolgt und an einem früher erreichten Punkt wieder angesetzt werden konnte.

Und ist nicht der individuelle Entwurf einer Person ebenso eine Zeitreihe von Entscheidungen? Wer entwirft, muss jeweils mit früher getroffenen Entscheidungen leben – oder sie umstoßen, ganz wie bei einem Umbau Bestehendes akzeptiert oder geopfert werden muss. Dann muss man auf einen früheren Stand zurückkehren, dessen Dokumentation sich jetzt bewährt.

Aber diese methodischen Skizzen tragen keine Unterschrift, wogegen der Plan, der die Umsetzung durch andere sichern soll, die offizielle Signatur der Verfasser bzw. des Büros trägt. Warum sollte ich eine Skizze signieren? Ich weiß wie ich heiße; es ist überflüssig. Die einzige sinnvolle Angabe wäre ein Datum – und damit die Stelle in der Chronologie des Entwurfsprozesses. Eine unverfälschte originale Entwurfsskizze trägt nie den Namen des Autors.

Natürlich kann man auch Zeichnungen ausstellen, aber nur im Zusammenhang des sich entwickelnden Gedankens, als Teil des Prozesses, der zum Bauwerk führt. Die Schönheit einer Zeichnung ist irreführend. Der Reiz einer Skizze ist ihr transzendierender Charakter; sie weist über sich hinaus, als Medium einer Mitteilung oder als vorbereitende Studie für etwas anderes. Wie „Design" ist sie nur verständlich im Hinblick auf etwas anderes, zu dem sie erst dienen soll. Graphik und Design werden lügenhaft und lächerlich, wenn sie als Endprodukt betrachtet und ihre transzendierenden Aspekte aufgegeben werden.

Detail

Das Wort Detail gebrauchte man vielfach für das, was im Vergleich zum Ganzen weniger wichtig war und später behandelt wurde. Man wusste zwar, dass Gott und der Teufel im Detail steckt – nicht nur weil da das Wasser hereinkommt, sondern weil sich das Detail wiederholt und den Zusammenhang der Struktur herstellt.

Der Computer begünstigt eine weniger hierarchische Sicht der Entscheidungen. Der Plan am Bildschirm zeigt zwar nie die Einzelheit und den Überblick gleichzeitig. (Allenfalls müsste man ihn ausdrucken und wie einen handgezeichneten in voller Größe betrachten.) Aber er zwingt dazu, jede Einzelheit zumindest soweit zu definieren, dass sie ihren Platz im Überblick einnehmen kann; eine flüchtige maßstabslose Skizze von Teilproblemen würde die Aufwandsersparnis des Computers eben zunichte machen. (Wenn allerdings die Präzision der Maschine nicht von der des Gedankens getragen ist, verrät der Plan seine Fehler lange nicht.)

Nun ist jedes Detail zugleich ein Ganzes und umgekehrt. Es gibt keine Rangordnung der Maßstäbe. „Detail" ist das jeweils betrachtete Entscheidungsfeld; die Maßstäbe greifen ineinander. Der Terminus lenkt bloß im gegebenen Augenblick die Aufmerksamkeit auf etwas anderes. Christopher Alexanders Theorie der Formfindung beruht auf dieser Sichtweise: Seine „Muster" (patterns) sind Beziehungen zwischen verschiedenen Elementen, aber diese Elemente sind selbst Muster.

Freilich mag es Architekturen geben, denen die Auslagerung von Ausführungs- und Detailplanung nichts anhaben kann, weil sie auch dann noch seltsam aussehen.

„Atmosphäre“?

Was kann ein Entwurf zeigen, ehe er gebaut ist? Im Entstehen des Entwurfs hätte man doch gern eine vorwegnehmende Vorstellung und Kontrolle seiner Wirkung. Ist es möglich, ein Gebäude oder ein Interieur zu visualisieren „so wie es sein wird“?

Bevor ich an die Meisterschule von Ernst A. Plischke an der Wiener Akademie der bildenden Künste kam, hatte ich die strikte Meinung vertreten, dass dies nicht nur unmöglich, sondern auch als Versuch verwerflich sei; man betrügt die Leute, wenn man Schaubilder vorführt von etwas, das es noch gar nicht gibt.

Durch Plischke lernte ich, solche Perspektiven herzustellen, ja sogar ein methodisches Werkzeug daraus zu machen. Aber immer noch weigere ich mich, Leute hineinzumontieren; eher sollte sich der Betrachter in den Raum hineingezogen fühlen.

Was die aktuellen Computersimulationen betrifft, tendiere ich ebenfalls zu einem methodischen Ansatz. Ich zeige nicht mehr als ich weiß – was natürlich gerade bei Wettbewerben ein Handicap sein kann. Erst in einer sehr späten Phase des Entwurfs kann ein Rendering ein Gebäude oder einen Raum realitätsnah wiedergeben.

Überredung und Verführung

Oder ist es möglich, das Ergebnis in der Vorstellung vorauszusehen – und als Bild wiederzugeben? Das Otto-Wagner-Zitat am Anfang zielt ja auch auf einen Plan, der eine Planungsabsicht kommunizieren soll – allerdings an die über die Realisierung *Entscheidenden.*

Wagner spricht von der Zeichnung als Kunstwerk. „Kunst“ steht bei ihm in zwei Sinnzusammenhängen, die auf verschiedenen Ebenen liegen. Oft bedeutet sie den Aufwand an plastischer Erfindung, der – auch am Bauwerk – je nach Bedarf dosiert werden kann. Zum andern aber bedeutet Kunst den architektonischen Gedanken selbst; die Idee, die aus der Zusammenschau des Materials gewonnen wird: „Ein guter, großer Gedanke ist noch, bevor der Stift in Tätigkeit tritt, zu fassen und reiflich zu erwägen.“ Auch von Loos sagt Heinrich Kulka: „Loos sah mit seinem inneren Auge alle Wirkungen, selbst die komplexesten Raumanordnungen, wie ein durch das Haus Schreitender, bevor er einen Bleistift in die Hand nahm.“

Kann der Entwurf fertig dem Kopf entspringen? Die Erfahrung, Geplantes gebaut zu sehen, die jedes Mal Jahre braucht, mag zunehmend vermeiden, dass man von Wirkungen überrascht wird. Aber die Menge und Heterogenität des Entscheidungsmaterials und der Beteiligten macht den Entwurf zu einem Vorgang.

Sein jeweiliger Stand ist also begrenzt, soll aber jeweils argumentierbar sein. Es ist das die tragische Verstrickung von Architekturwettbewerben, da vermeintlich Ergebnisse beurteilt werden, die in Wahrheit nur erste Ansätze sind. Die Tragik liegt darin, dass über diese Tatsache kein Bewusstsein besteht. Nach wie vor glauben Veranstalter, Ausschreiber und Juroren, fertige Speisen auszuwählen, wo in Wahrheit bloß Teile von Rezepten vorliegen.

Freilich gibt es oft daneben in der Art moderner Kochbücher täuschende Abbildungen. Tatsächlich trägt das Bild, nicht der Gedanke, die mediale Vermittlung der Architektur. Bilder schwirren umher, auf denen man alles sieht; nur nicht, was gemacht wird.

Vermutungen

Die klassische Isometrie – also der unverzerrte Grundriss, schräggestellt und mit unverkürzten Vertikalen – trat seit dem frühen 20. Jahrhundert der perspektivischen Raumvorstellung mit der Vorstellung eines Feldes entgegen und lieferte ein „objektives“, nicht nur räumliches, sondern sogar messbares Bild eines Entwurfs; in der „Postmoderne“ trat noch die Betrachtung des offenen Grundrisses von unten hinzu, also in den Raum nach oben blickend, was die Vorstellung von (meist historischen oder historisierenden) Gewölben erleichterte. – Gerade diese Darstellungen sind mit handelsüblichen CAD-Programmen nicht möglich.

Vieles kann man am Schirm, was man mit dem Bleistift auf Papier nicht kann; etwa eine Kurve korrigieren, ohne sie vorher ausradieren zu müssen, sich schraffierend an das schließlich Gemeinte annähern, aber dann nur dieses ausfiltern.

Das Weiterarbeiten an bereits Vorhandenem, die selektive Darstellbarkeit verschiedener Zusammenhänge durch verschiedene Layers könnte vom Teamwork der Fachgebiete zu einem unkomplizierten Teamwork des Entwurfs führen.

Computerprogramme können in der Generierung von Form weiter gehen als die jeweilige räumliche Vorstellung; diese wiederum kann mit diesem Hilfsmittel ihren Erfahrungsbereich ausdehnen, was auch eine bereicherte Raumwahrnehmung erwarten lässt. Freilich führen diese Erweiterungen nicht – wie von manchen erwartet – in ein neues Weltbild, oft dagegen in triviale Ornamentik.

Und schließlich kann man Dreidimensionales digital ausdrucken, so dass Heinz Franks Utopie von 1971 näher rückt. Meine und die nächste Generation haben nicht mit dem Computer zeichnen gelernt. (Fritz Kurrent, noch ein wenig älter, sagt: Was wollen Sie, ich bin ein Architekt des zwanzigsten Jahrhunderts.) Wir sind darauf angewiesen, in den intensivsten Entwurfsmomenten Mitarbeitern zuschauend zu vermitteln, was wir meinen, können die erforderlichen Schritte meist nicht nachvollziehen, und müssen zur Wahrnehmung des Ergebnisses bitten, das Zappen zwischen den Maßstäben zu unterlassen.

Aber wer nicht prinzipiell neue Technologie ablehnt, kann ahnen, was möglich sein könnte, und sogar reklamieren, was noch nicht möglich ist.

Heinz Frank ALLES MACHEN

MAN SOLLTE DOCH DEN MENSCHEN ENTLICH WIEDER SEINE ARCHITEKTUR SELBST MACHEN LASSEN, HIER WÄHRE EINE MÖGLICHKEIT DOCH SCHEINBAR IST SIE ZUR ZEIT UTOBIE,

seit es das problem gibt, drängt der mensch. auch das volk drängt, weil es wächst. es braucht den raum unbedingt zum bequemen entfalten. der anspruch nach wohnlichkeit schießt in die höhe und drückt stetig auf die wissenschaft. das problem liegt dann auf der hand. ~~nicht lange,~~ jetzt ist der allesmacher da, handlich, und macht es wahrscheinlich chemisch. er macht es dort und ordentlich, wo der mensch es will und herrscht im raume.

wir haben ihn zur hochzeit bekommen, sagt das junge paar, und sind sehr glücklich. es geht kinderleicht, wir staunen nur. wir nehmen allesmacher und machen alles wie wir es uns immer gewünscht haben, gestern das bett und morgen das übrige. wir füllen den raum mit allesmacher, und der raum wird wohnlich und schön. wir freuen uns riesig, daß es klappt. wenn es nicht sitzt, verwenden wir den sogenannten alleslöscher, der alles löscht, und beginnen von vorne. auch waldi hat seine freude und waut. dank allesmacher ist er seit einer woche der stolze herr einer hütte. es ist einfach prima und funktioniert picobello. seit wir ihn haben, gibt es für uns kein problem. wir, unsere nachbarn, unsere freunde und bekannten und alle alle alle bauen alles alles mit allesmacher und machen im falle eines falles mit allesmacher alles ~~und alles~~.

WARUM TRACHTEN DIE MEISTEN ARCHITEKTEN NACH NEUEN MATERIALIEN WIE (POLYESTER KUNSTSTOFF U. VIELEN ANDEREN) WENN ~~[illegible]~~ EIGENTLICH (PFLASTERST. KANALGITTER VOGELFEDERN, MENSCHENHAARE EMAILLIERTES BLECH UND DAUERMAGNETEN) ~~VIEL~~ NÄHER SIND,
HIER SIND BEISPIELE VON MIR. DAS ERSTE IST UTOBIE DIE ANDEREN NICHT.

Der Hoffmann-Pavillon

(2013)

Ist Josef Hoffmanns Biennale-Pavillon von 1934 moderne Architektur? Vom Avantgarde-Standpunkt des „Internationalen Stils“ aus wohl nicht; auch nicht von Le Corbusiers vier Kompositionsregeln her. Aber sind diese Kriterien ausreichend? Gerade von Österreich aus sind ins 20. Jahrhundert einige zusätzliche Ebenen eingezogen worden. In Wien hat Le Corbusier auf seinen Reisen vor allem Josef Hoffmann wahrgenommen.

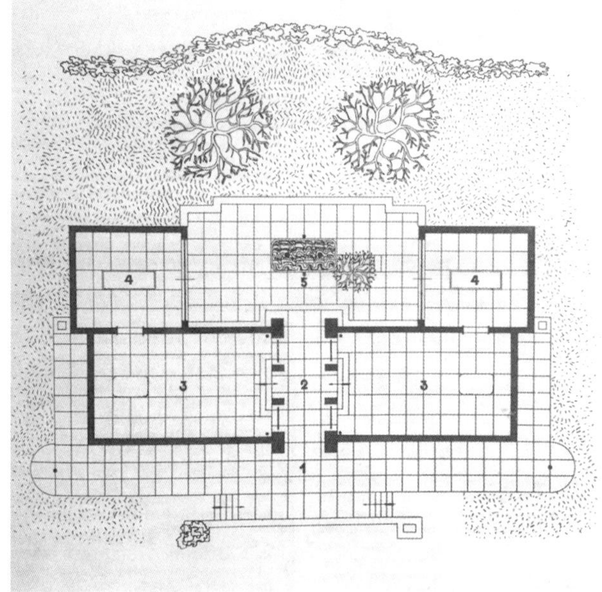

Zunächst versteht sich ein Gebäude wie dieses nicht als Bruch mit der Geschichte. Hans Hollein, der den Pavillon 1984 – nach 50 Jahren des Bestands – grundlegend restaurierte, sieht ihn als den „Traum (des Österreichers) vom Süden“ und vergleicht ihn mit den offenen „Lust-Gebäuden“ des älteren Fischer von Erlach und Hildebrandts, die nördlich der Alpen keinen Bestand hatten.

Sodann trennt den Pavillon wie viele andere in den Giardini eine Eigenschaft vom Hauptstrom der zeitgenössischen Moderne: die Symmetrie, hier vielleicht besonders zwanglos angewendet. Die Symmetrie ist zweiteilig. Das hat noch einen Aspekt: den der Wiederholung. Haupt- und Nebenraum wiederholen sich spiegelverkehrt.

Die Wiederholung des architektonischen Raums verhält sich anders als die Wiederholung in der Musik oder in der Sprache: Dort ist die Wiederholung erst „mit der Zeit“ zu hören; im Raum ist sie zeitgleich zu sehen.

Die visuelle Realität erlaubt der Symmetrie sogar ein „Wechselspiel zwischen Dualität und Singularität“ (Hollein), da in der Mittelachse ein drittes Raumelement möglich ist, ein einzelnes zwischen den beiden, die einander wiederholen. Eine Dreiheit von Räumen also, von denen der mittlere den beiden seitlichen übergeordnet ist, ihnen aber auch als Zugang dient.

Das sind die Bedingungen, die das symmetrische Ausstellungsgebäude bietet. Dem Inhalt des einen Raums kann ein zweiter gleichrangig gegenübergestellt werden. So sehr gleichrangig ist die Doppelpräsentation, dass man unsicher werden könnte, welchen Teil man zuerst betritt. Die Erfahrung zeigt, dass die meisten sich zuerst nach rechts wenden. Der simultanen Wahrnehmung des Doppelten folgt eine Zeitreihe des Vorher/Nachher, in der das Spätere nicht das Mindere sein muss, im Gegenteil.

Aber ist Symmetrie in der Architektur nicht ein autoritatives Herrschaftssymbol? In der modernen Architektur hat man so argumentiert und daher die Asymmetrie empfohlen. Der Pavillon fällt ja gerade in die Zeit, als sowohl in Österreich wie in Italien und Deutschland, ja schließlich auch in der Sowjetunion, reaktionäre Diktaturen herrschten.

Mein Lehrer Ernst Plischke, eine Generation jünger als Hoffmann, ist grundsätzlich gegen Symmetrie aufgetreten. Als ich in einem Diskussionsreferat die fallweise mögliche Sinnhaftigkeit symmetrischer Lösungen erläuterte und auch Beispiele von Le Corbusier zeigte, denen ich Symmetrie, wenn auch eine gestörte, zuschrieb, antwortete Plischke: „Also dann machen Sie eine gestörte Symmetrie."

Gestört ist die Symmetrie des Hoffmann-Pavillons nicht. Seine Symmetrieachse verläuft über die ganze Länge dieses Uferstreifens jenseits des Rio dei Giardini und bildet am anderen Ende die des Griechischen Pavillons. Aber sie ist nur die lange Nebenachse senkrecht zur kurzen Hauptachse über die Brücke. Ein axiales Zuschreiten auf den Hoffmann-Pavillon ist durch die Anlage des Parks nicht möglich; auch zum monumentalen Eingang gelangt man nur von den Seiten.

Aber würde man auf den Pavillon unbedingt auf der Mittelachse zugehen, wenn das möglich wäre? Bewegt man sich auf dem Petersplatz in Rom entlang der Mittelachse? Oder würde man ihn entlang der Querachse zwischen den gekurvten Arkaden kreuzen wollen? Vermittelt es nicht gerade ein freies Raumgefühl, sich diagonal zu solchen Achsen zu bewegen? Wenn solche Achsen nicht vorhanden sind, kann man sie auch nicht im konkreten Verhalten missachten; man bewegt sich dann in einem bereits offenen Feld, in das man seine eigene Bewegung einschreibt – das destruktive Vergnügen der Unbotmäßigkeit geht verloren.

Der unendliche Raum, der durch perspektivische Achsen vermessen wird und in dem sich die Volumen, eben auch die Volumen der Architektur, befinden, ist eine Schöpfung der Renaissance. Die Moderne hat diese Raumvorstellung durch die des *Feldes*, womöglich des vierdimensionalen Raum-Zeit-Feldes, ersetzen wollen. Der Begriff der Transparenz ist (von Colin Rowe und Robert Slutzky) nicht mit „Durchsichtigkeit", sondern mit der ambivalenten Mehrdeutigkeit, Mehr-Deutbarkeit, dieses Feldes definiert worden.

In der moralischen Frage, ob wir die „zeitrichtige" Vorstellung haben, hilft uns Josef Frank mit der Einsicht: „Unsere Zeit ist die ganze uns bekannte historische Zeit." Wir können gleichschwebend zwischen beiden Raumvorstellungen floaten und sie sogar überlagern. Josef Frank ist es auch, der (wie Friedrich Kurrent und Johannes Spalt sagen) aus den am Anfang des 20. Jahrhunderts unvereinbaren Gegenpositionen von Josef Hoffmann und Adolf Loos eine Synthese herstellen konnte.

Loos kann man einen gedanklichen Ansatz der Architektur zuschreiben, Hoffmann dagegen – etwas simplifizierend – einen dekorativen. Er hat es vermieden, auf die verbalen Angriffe von Loos zu antworten. Loos: „Gute Architektur kann beschrieben, sie müsste nicht gezeichnet werden. Das Pantheon kann man beschreiben. Sezessionsbauten nicht." Hoffmanns Räumlichkeit könnte man als ein „Einkasteln" der Welt sehen, das durch das flächige Ornament wieder aufgelöst, geöffnet wird. Loos fasst den Raum, der gleichwohl offen bleibt, durch kubische Struktur; er meint, die Welt würde lernen, „im Kubus Schach zu spielen".

Aber gerade Hoffmanns Venedig-Pavillon hat kaum ein Ornament; Kostendruck hat dazu beigetragen. Hoffmann verwendet klassische Formen: außen die entlastende horizontale Kannelierung der beiden Ausstellungsprismen, innen hohe dreifache Rundbogen, die beiderseits den mittleren Durchgang begleiten und den Durchblick zwischen beiden Sälen vermitteln. Aber er verwendet diese Formen in stilisierender Abstraktion – Loos hat auf getreuer Kopie bestanden, wo Ornamente wiederverwendet würden. Hoffmann war so anerkennend gewesen, Loos' Kärntner-Bar, die „Loos-Bar“ von 1908 in Wien, als „Schmuckstück“ zu bezeichnen: gerade dieses Wort für einen Raum hat Loos vermutlich verabscheut.

Aber vielleicht hätte umgekehrt auch Loos, der kurz vorher gestorben war, Hoffmanns Pavillon von 1934 aus seiner Sicht respektieren können. Der beruht ohne Zweifel auf einem Raumgedanken – und den „kann man beschreiben“.

Hoffmanns Knöpfe

(2013)

Sehr geehrte Frau Menasse,

Zu Ihrem freundlichen und für den gastronomischen Teil meiner Arbeit verständnisvollen Artikel, den Sie vor 12 Jahren in der FAZ anlässlich des Kunstpreises der Berliner Akademie über mich geschrieben haben, möchte ich, da ich ihn wieder im Internet lese, zum Dank doch noch etwas klären.

Es geht um die „lederbezogenen Sitzbänke … mit den vielen Knöpfen, die er [Hermann Czech] bei Josef Hoffmann abgeschaut hat“. Sie kennen wahrscheinlich die Antwort Mozarts auf den Vorwurf Josefs II., seine Musik hätte so viele Noten: „Nicht mehr als nötig sind, Majestät.“ Zum Unterschied von Hoffmanns Knöpfen, die meist wirklich ornamental angewendet sind, dienen diese Einzüge der Formung der Polsterung, nämlich als die einzige Möglichkeit, *konkave* Polsterflächen herzustellen, die zur Ausbildung eines Sitzprofils erforderlich sind.

Ich habe diese Technologie tatsächlich „abgeschaut“, aber beileibe nicht

bei Hoffmann, sondern in Wiener Incognito-Kutschen des Hochadels von etwa 1850, in der Schönbrunner Wagenburg. Zu der Zeit, als ich sie zuerst beim Kleinen Café (in der Erweiterung von 1974) anwendete, mit einem Tapezierer, der das noch beherrschte, bestand eine „moderne“ Sitzpolsterung üblicherweise aus zwei Schaumgummiziegeln.

Damals wusste ich noch gar nicht, dass seit den 1960er Jahren Ergonomen (u.a. Étienne Grandjean an Hörsaal- und Lastwagenführersitzen) das Lehnprofil mit der konvexen Beckenstütze und der darüberliegenden konkaven Fortsetzung entwickelt hatten; sie hatten einen Komfort neu erfunden, der das ganze 19. Jahrhundert hindurch *state of the art* gewesen war. Im „zivilen“ Bereich eines Gastlokals verwendete Wilhelm Holzbauer diese Polsterung nach mir als nächster – nach und direkt neben meiner Wunder-Bar von 1976. Zu unterscheiden ist diese Polsterungstechnik von nostalgischen „Club“-Fauteuils und -Bänken, wie sie durch alle Jahrzehnte hergestellt wurden und werden, deren sämtliche Flächen verständnislos mit Knopf-Einzügen übersät sind.

Heute, da uns ja tatsächlich neben Metallfedern auch der Schaumgummi zur Verfügung steht, der nicht mehr wie das Rosshaar auch gegen horizontale Verschiebung gesichert werden muss, kann das komfortable Lehnprofil auch einfacher hergestellt werden, wie das Foto einer Polsterung für das Theatercafé (für die Umgestaltung 2010) zeigt. Den Kunstpreis Berlin verdanke ich allerdings nicht bloß dem gastronomischen Werkausschnitt, wenn es auch „kaum eine andere Aufgabe [gibt], bei der man so direkt am Mann (und an der Frau) arbeitet wie bei einem Lokal“, wie es in einem ebenfalls eingefügten Text heißt.

Betrachten Sie wie gesagt diesen Kommentar als Dank für Ihren seinerzeitigen Artikel.

Herzliche Grüße
Hermann Czech

„Methoden der Verwirrung“

Im Gespräch mit Manuela Hötzl

(2014)

Hötzl: *Sie haben 1967 die Ausschreibung eines Designwettbewerbs wie folgt kommentiert: „Der Entschluss der Firma Holzäpfel, Möbel für das Jahr 2000 herzustellen, ist zu begrüßen. Ich halte jedoch einen Entwurfsbeginn im Augenblick nicht für notwendig. Ich würde mich außerordentlich freuen, wenn Herr Christian Holzäpfel oder ein Jurymitglied – vielleicht Herr Max Bill*[1] *– sich 1997 mit mir in Verbindung setzen würde.“*[2] *Warum haben Sie sich zu diesem Kommentar entschlossen? Als Architekt baut man doch immer für die Zukunft. Warum kann man dann nicht auch einen Stuhl für die Zukunft entwerfen?*

Czech: Es ging dabei weniger um das Können als um die Notwendigkeit.

Warum war der Entwurf nicht notwendig?

Was sollte ein Entwurf für die Situation von 32 Jahren danach anderes sein, als ein PR-Unternehmen mit dem damals erfolgreichen Label „Zukunft“? Ich habe ohnehin drei Jahre Entwicklungs- und Vorlaufzeit eingerechnet. Friedrich Kurrent[3] hat mir übrigens am 1. Jänner 1997 im Namen von Holzäpfel eine Karte geschrieben und mich aufgefordert, ich solle doch jetzt mit dem Stuhl anfangen.

Es gibt den Stuhl also?

Es gibt schon einen Stuhl aus 1992 von mir. Ich habe ihn erstmals 1993 im Restaurant für das Österreichische Museum für angewandte Kunst (MAK) verwendet. Aber nicht für Holzäpfel.

Der Stuhl aus dem MAK ist längst zu einem Klassiker des österreichischen Designs geworden. Wieso sieht der MAK-Sessel so aus wie er ausschaut?

Der Entwurf war für Thonet und geht von einem Werkmodell der späten 20er oder der 30er Jahre aus. Die Vorlage wurde von mir verändert, die Rückenlehne ist geneigter und deswegen bequemer; außerdem habe ich Armlehnen ergänzt. Der Stuhl lebt natürlich auch davon, dass er an den ursprünglichen klassischen – und in der Herstellung damals billigsten – Sessel erinnert. Heute ist diese Technologie logischerweise nicht mehr billig, weil die Arbeitskraft viel teurer im Verhältnis zum Materialwert ist. Heute sieht ein billiger Sessel wieder anders aus. Aus Kunststoff zum Beispiel.

Sie haben sich viel mit Adolf Loos, Josef Frank oder auch Christopher Alexander beschäftigt – Architekten, die großes Interesse an Regelwerken haben und die Idee einer guten Form nicht vom Entwerfer abhängig machen, sondern von anderen Parametern bestimmt werden. Loos meinte gar „der einzelne Mensch ist unfähig, eine Form zu schaffen, also auch der Architekt. Der Architekt versucht das Unmögliche immer wieder – und immer mit negativen Erfolg.“ Wer macht die gute Form also? Wie entsteht sie? Entsteht der Stuhl beim Tischler – oder bestimmt der Körper selbst die Form?

Der Begriff der „guten Form“ ist zunächst einmal verdächtig. Die gute Form ist ein Begriff aus der Gestaltung der 50er und 60er Jahre. Das hat schon Hans Hollein in der Ausstellung *MAN*

---

1 Max Bill, 1908–1994, 1927–29 am Bauhaus, 1951–56 Rektor der Hochschule für Gestaltung in Ulm.

2 Aus: Hermann Czech, *Zur Abwechslung. Ausgewählte Schriften zur Architektur. Wien*, erw. Neuausgabe, Wien (Löcker) 1996, 62

3 Friedrich Kurrent, geb. 1931, Architekt in Wien, Mitbegründer der bis ca. 1975 bestehenden „Arbeitsgruppe 4“.

transFORMS[4] 1976 thematisiert. Dort hat er zum Beispiel in einem Raum nur Hämmer verschiedenen speziellen Gebrauchs gezeigt, in einem anderen alltägliche Brotformen aus verschiedenen Kulturen; ein drittes Thema waren Sterne (kein Stern ist nämlich in Wirklichkeit sternförmig). Das Formproblem wurde so aus dem „Formalen" befreit: Die Hämmer wiesen auf funktionelle, die Brote darüber hinaus auf kulturelle Hintergründe hin, die Sterne stellten überhaupt Phantasieprodukte dar. Ich weise gerne auf die klägliche Rolle der „guten Form" beim Licht hin: Da ist der Irrtum besonders „einleuchtend". Es kommt ja nicht auf die Erscheinung des Beleuchtungskörpers an, sondern auf die entstehenden Lichtverhältnisse.

Sie haben auch einen anderen Klassiker „bearbeitet" und das Buch „Eine Muster-Sprache" von Christopher Alexander ins Deutsche übersetzt. Alexanders Wunsch ist es, mit diesem Buch, seinen Analysen und Empfehlungen schöne Architektur zu ermöglichen. Geht das überhaupt? Gibt es ein Rezept für gute Architektur?

Ja, das ist die Frage, ob das geht. Jedenfalls ist das seine Argumentation für das Buch. In den 1980er Jahren gab es in Harvard ein Streitgespräch zwischen Peter Eisenman und Christopher Alexander. Eisenman brachte das Beispiel der langen, zu dünnen Säulen an der Front eines Rathauses von Rafael Moneo als Ausdruck einer Distanz, einer Zerbrechlichkeit – eben gegen Alexanders Vorstellung von übergreifender Harmonie. Alexander blieb dabei, dass Moneos beabsichtigte Unstimmigkeit die Welt verunstalte. Alexander will in jedem Detail und in jeder Beziehung „schön" sein. Ich persönlich gehe nicht davon aus, eine übergreifende, ungestörte Schönheit zu etablieren, weder als erstrebenswert oder auch nur möglich. Schönheit ist für mich etwas, das eine geistige Beanspruchung oder auch eine Irritation sein kann. Und diese ist zunächst auch hässlich.

Und warum haben Sie dann Christopher Alexanders Buch übersetzt?

Weil ich seine „Methodik" für sehr wichtig halte. Die Idee, wie man die gewaltige Menge von Entwurfsentscheidungen listen und auf einfachere Relationen herunterbrechen kann – die komplexen Anforderungen und Überlegungen könnte man selbst mit einem Computer nicht erfassen. Schließlich braucht auch der Computer die Kriterien, die zu einem Ergebnis führen, die Anforderungen und Zusammenhänge stellt der Computer nicht von sich aus her. Ein Computer kann nur auswerten. Laut Alexander muss man verschiedene Anforderungen, die etwas mit einander zu tun haben, zusammenfassen. Und wenn man das richtig macht, kann man ein Thema lösen, ohne in das übrige System einzugreifen. Das heißt, ich kann die einzelnen Themen für sich optimieren und zusammensetzen. Das ist die grundlegende Idee von Christopher Alexander im Buch *A Pattern Language*.

Das klingt nach einer Anleitung für ein Management – oder besser nach einer Analyse, welche Kriterien zu einer Entscheidungsfindung überhaupt nötig sind. Also was ein Mensch oder Computer braucht, um zu Ergebnissen zu kommen.

Bei Computerprogrammierern ist das Buch beispielsweise auch viel bekannter als unter Architekten. Andererseits schreibt Alexander im Vorwort der Paperback-Ausgabe seines ersten Buchs, *Notes on the Synthesis of Form*, dass er die Entwicklung von „design methods" als eigene Disziplin, die seit der ersten Auflage 1964 entstanden ist, sehr bedauert. Er beschreibt die Unmöglichkeit, Methoden des Designs losgelöst von einer Entwurfspraxis zu behandeln und bezweifelt, dass Designtheoretiker in der Lage wären, über Gestaltung fundiert zu sprechen.[5]

---

4 Eröffnungsausstellung des Cooper Hewitt Museums, New York, USA; 1976.

5 Originalzitat: „Indeed, since the book was published, a whole academic field has grown up around the idea of ‚design meth-

Worüber sollten Praktiker – wie auch Designer und Architekten – dann diskutieren?

Wenn sie vernünftig sind, diskutieren sie „design practice“ und nicht losgelöste „design methods“. Dann gibt es in dem Sinn keine Methode – oder kein Rezept –, außer über möglichst vieles nachzudenken.

Und Sie würden sagen, dass man im Moment mehr über Methoden des Designs spricht.

Nein, das war in den 70er Jahren so. Schon seit den 80er Jahren hat sich das wieder verändert.

Dann bleiben wir bei der Praxis und gehen weg vom Ergebnis, dem Entwurf, hin zum Prozess des Entwerfens. Wie würden Sie die Entscheidungsfindungen in diesem Prozess beschreiben?

Wenn man das ernst nimmt, dann ist auf jeden Fall Form das Produkt eines Entwurfsprozesses und nicht die Voraussetzung. Also das Produkt kann vorher nicht bekannt sein. Andererseits wieder, wenn jemand in seiner Entwurfstätigkeit erfahren ist, dann passiert das auch gleichzeitig – also Form kann auch unmittelbar gezeichnet werden. Schon in den 30er Jahren hat Josef Frank argumentiert, dass, wenn man eine Linie zeichnet – eine beliebige Grundrisslinie, also eine freie Form – diese interessanter ist als ein rechteckiger Kasten. Nur, wenn Frank oder ein anderer Architekt nach jahrzehntelanger Architekturerfahrung eine Raumbegrenzung, eine Wand zeichnet, dann weiß er gleichzeitig, wie die Wand räumlich wirkt. Das ist nicht dasselbe, wie wenn ein Kind oder jemand Unerfahrener einen Raum zeichnet. Er denkt das Ergebnis mit. – Ähnlichkeiten der Form können aber auch täuschen, da ganz unterschiedliche Haltungen dahinter stehen können. Nehmen Sie zum Beispiel Häuser von Josef Frank und Hugo Häring: Da haben die sogenannten „organischen“ oder ungeometrischen Formen verschiedene Hintergründe.

Wie würden Sie für sich den Entwurfsprozess beschreiben und wie hilft Christopher Alexander dabei?

Den kann man, glaube ich, nicht allgemein beschreiben; er besteht aus sehr vielen Überlegungen in verschiedenen Maßstäben und Ebenen. Im städtischen Maßstab, im Quartiermaßstab oder im Straßenmaßstab; oder im Haus, im Zimmer, im Möbel und im Detail. Alles ist gleichwertig. Es gibt keine Hierarchie oder bestimmte Reihenfolge, weil alles gleich wichtig ist. Und es ist auch keine systematische Vorgangsweise nötig. Man kann nicht sagen: Zuerst muss man das machen, und dann das überlegen und erst wenn man damit fertig ist, kann man sich mit dem beschäftigen, und so weiter. Sondern man kann und soll durchaus mit der Aufmerksamkeit von einem zum anderen springen und die Fragen nach Entscheidungen verlagern.

Sie haben ja auch in Zürich an der ETH unterrichtet, wenn alles gleich wichtig ist, was muss man sich als zukünftiger Architekt an der Universität aneignen? Was sollte man lernen?

Lernen muss man eigentlich, nichts auszuschließen und nichts unter den Teppich zu kehren. Es gibt kein simples System, das man übernehmen oder anwenden kann. Ein simples Beispiel: Man könnte sagen, machen wir Türen- und Fensteroberkanten gleich hoch, dann hätten wir eine formale Ordnung. Bei kritischer Betrachtung stellt sich aber heraus: Eine Tür ist etwas anderes als ein Fenster. Beim Fenster sollte Licht hereinkommen; vielleicht sollte es deshalb weiter oben anfangen. Und umgekehrt: Wenn die Tür dann gleich

---

ods'—and I have been hailed as one of the leading exponents of these so-called design methods. I am very sorry that this has happened, and want to state, publicly, that I reject the whole idea of design methods as a subject of study, since I think it is absurd to separate the study of designing from the practice of design. In fact, people who study design methods without also practicing design are almost always frustrated designers who have no sap in them, who have lost, or never had, the urge to shape things. Such a person will never be able to say anything sensible about ‚how‘ to shape things either.“

hoch ist, ist sie vielleicht unnötig hoch. Wenn man es sich zu einfach macht, kehrt man diese Problematik unter den Teppich. Und das ist dann eine zu schwache Gedankenfolge.

Das heißt, es muss alles begründbar sein?

Ich würde es jetzt nicht als Rechtfertigungsproblem sehen – das ist es vielleicht auch –, aber es ist vor allem ein „den Dingen nachgehen" – es gibt ja das Wort Sachlichkeit. Das primitive Verständnis davon ist die Idee, alles einheitlich zu gestalten. Eine Einheitlichkeit ist aber meist gar nicht sinnvoll. Die Architektur hat mit sehr vielen Sachen zu tun und die sind nicht gleich. Darum ist das wirkliche Ergebnis von Sachlichkeit nicht Einheitlichkeit, sondern ganz im Gegenteil: Heterogenität.

Christopher Alexander versucht ja das Gegenteil. Er versucht Möglichkeit zu definieren. Rezepte zu liefern. Er beschreibt nicht nur Szenarien in der Stadt, sondern ebenso wie und wo Feuerstellen sein sollen. Ein Kapitel heißt gar: „Tanzen auf der Straße".

Das würde ich nicht als Rezept sehen – das wäre ein Missverständnis. Man kann zwar Christopher Alexanders Ausführungen wie ein Regelwerk verwenden – aber das ist nicht die Idee, die dem Buch zugrunde liegt. Er nennt es *eine* Muster-Sprache. Seine Ausführungen sind definitiv eine Möglichkeit für die Planung, aber die Betonung liegt auf *eine* von vielen möglichen. Man könnte auch andere Beziehungen zwischen Elementen aufstellen.

Wie würden Sie den Unterschied zur Bauentwurfslehre von Ernst Neufert definieren, die bereits in 40. Auflage erscheinen ist?

Der Neufert – oder andere Entwurfshandbücher – sammeln im Grunde Tatsachen. Dabei geht es um abgemessene Objekte, Maße, Bewegungsvorgänge, konstruktive oder bauphysikalische Anforderungen. Also gezielt auf Ursache und Wirkung ausgelegt: Wasserdampf taut in der Wand dort, wo er sich abkühlt. Dort entstehen Schäden. Daraus ergeben sich Anforderungen, die man quantifizieren kann. Oft ist es auch eine Frage von Maßen. Das sind Tatsachenmitteilungen, die kann man zwar auch missachten, aber man muss wissen, was man sich damit einhandelt und das Risiko abschätzen. Man kann auch einen Durchgang zum Beispiel bewusst enger machen (es gibt aber nicht nur „Entwurfsregeln", sondern auch Bauvorschriften; um diese zu erfüllen, muss ich dann anderswo einen Durchgang einplanen, der breit genug ist). – Bei Alexander sind es eben nicht Tatsachenmitteilungen. Er analysiert schöpferisch, wie sich Elemente jeweils zueinander verhalten. Diese Verhältnisse von Elementen bezeichnet er als Muster – oder früher als Diagramme. Die methodische Struktur dieses Arguments ist, dass die Elemente, zwischen denen jene Beziehungen herrschen, die das Muster bilden, selbst wieder Muster sind, nämlich wieder Beziehungen von kleinermaßstäblichen Elementen – und umgekehrt. Die Maßstäbe der Muster greifen ineinander. Und das verbindet er mit der Vorstellung einer Kosmologie; er stellt sich eine überwölbende Harmonie vor, so dass der Entwerfende das Naturgesetz vollzieht. Er möchte gern aus den Ergebnissen, die eine solche Arbeit an Mustern hat, „Tatsachen" machen. Das ist aber ein anderes methodisches Problem.

Kein ideologisches Problem?

Bei Alexander wird der Entwurf Teil des Kosmos. Wenn der oder die Entwerfende einerseits der Eitelkeit entsagen muss, aber andererseits die Autorität des Naturgesetzes beanspruchen kann, dann entsteht das Bild einer Welt, die das noch nicht Gedachte, das Unerwartete, Absurde, Peinliche ausschließt. Des Menschen zweite Natur ist aber, zu reflektieren und sich unnatürlich zu verhalten.

Verstehen Sie das als Manierismus, der immer wieder in Ihren Texten vorkommt?

Ja, durchaus. Der Unterschied ist, einfach gesagt, dass Alexander aus diesen

Entwurfsergebnissen Fakten machen will. Er möchte zwingend sein, nicht bloß schlüssig.

Im Ihrem Text „Einige Entwurfsgedanken“, erklären Sie die Wichtigkeit des Manierismus im Prozess des Entwerfens. Er wird zum begrifflichen Ansatz, um die Wirklichkeit zu akzeptieren. Ironie ist ein wesentlicher Aspekt. Wie darf man das verstehen?

Entwurf ist immer ein Prozess. Manierismus bezieht sich darauf, dass man Dinge einbezieht, die man nicht selbst einbringt, sondern die andere einbringen, Nutzer oder Auftraggeber, wer immer. Vor allem Nutzer haben natürlich das meiste moralische Recht, irgendwas zu verlangen. Das kann aber auch völlig absurd sein und einem selbst nicht gefallen, oder nicht in das eigene Gedankensystem passen, oder falsch sein. Mit Manierismus ist gemeint, dass man sich auch mit solchen scheinbaren oder wirklichen Regelverletzungen durch andere auseinandersetzt. Und dass man auch bereit ist, absurde Dinge zu akzeptieren. Das heißt aber nicht, dass das ein leidensfreier Vorgang ist. – Das ist ein Aspekt: Irreguläres oder Absurdes zu akzeptieren. Ein weiteres Merkmal dieses Manierismus ist, dass er eine bewusste Haltung ist. Also keine irrationale, unreflektierte Haltung. Man weiß, was man macht und weiß, warum das jetzt scheinbar eine Regelverletzung ist. Ein anderer Begriff, der da vielfach ins Spiel gekommen ist, ist die Verhandlung, die Verhandlung mit dem Nutzer. Aber das ist eben kein irrationaler Prozess.

Was haben Sie Ihren Studenten zu vermitteln versucht?

Die Publikation über die Arbeiten der Studenten ist leider nicht abgeschlossen. Sie hat den Titel „Confusions“. Eine meiner Fragen an die Studenten in der routinemäßigen Evaluierung meines Unterrichts war: „Sind Sie ausreichend verwirrt worden?“ Anfangs sucht sich der Student oder die Studentin Vorbilder. Dabei ist es völlig egal, woher die kommen: Der entscheidende Moment ist, wenn man an einen Punkt kommt, wo das Vorbild nicht ausreicht. Dann muss man weiter denken.

Das ist das Gegenprinzip von dem Meisterklassensystem.

Nein, das ist nicht wahr. Ein guter Meister hat natürlich genau das vermittelt. Der Meister ist jemand, der auch nicht alles weiß und das auch vorlebt.

Also möglichst viel Verwirrung? Und ist es gelungen?

Dahinter steht ja auch eine gewisse Haltung. Dass man nicht korrupt ist und das wirklich um der Sache willen macht und nicht irgendwelche prätentiösen oder lügenhaften Dinge in den Entwurf hineinbringt. Ich habe erst kürzlich einen Artikel über die Frage geschrieben, ob man Architektur von der Konsumtion her denken kann oder ob man sie von der Entwurfsproduktion her denken muss. Ob man sie also von der Wirkung her denken und den Konsumenten als bloßes Mittel ansetzen kann.

Es gibt auch Ähnlichkeit bei der Definition von Design, denn Alexander und Sie sprechen vom zeitlosen Design. Je mehr Architektur selbstverständlich oder zeitlos wird, desto besser. Aber wie kommt man zu einem zeitlosen Design?

Alexander spricht von der zeitlosen Qualität des Bauens. Das beschreibt wohl etwas, was bewegt, woran man sich erinnert, weil es seine Substanz behält. Josef Frank hat es anders formuliert. Er fordert, unsere Umgebung so zu gestalten, als sei sie durch Zufall entstanden. Alles, was man schön findet und alles, wo man sich wohl fühlt, ist, wie er sagt, zufällig entstanden. Das stimmt aber nicht. Es ist ja nicht zufällig entstanden, sondern es ist aus Motivationen von ganz vielen verschiedenen Leuten entstanden. Diese Motivationen kann man zum Teil nachvollziehen, aber zum großen Teil auch nicht. Diese Begründung, die verborgen bleiben kann, macht jene Substanz aus. Karl Kraus sagt, Künstler sei der, der aus der Lösung ein Rätsel machen kann.

„Mit dem Zufall planen"

Im Gespräch mit Christian Kühn

(2016)

KÜHN: *Die aktuelle Ausstellung über Josef Frank im MAK läuft unter dem Titel „Against Design". Das erinnert an Paul Feyerabends Buch „Against Method", das auf Deutsch „Wider den Methodenzwang" heißt.*

CZECH: Das passt gut; Feyerabend hat bei der Titelsuche auch eine Rolle gespielt. Frank hat ja erklärt: „Man kann alles verwenden, was man verwenden kann." Insofern ist er unter dem Titel gut zu verorten. Das Konzept der Ausstellung ist, Franks gedanklichen Hintergrund im Vergleich mit parallelen und analogen Positionen darzustellen, von Alberti bis Rem Koolhaas. Dem kommt der Ausstellungsraum entgegen: ein großes U, das eine Chronologie von Werken und Motivationen Franks enthält – von den frühen Wohnungseinrichtungen über die Möbel und Einfamilienhäuser, die Arbeiten für die Stadt Wien im Siedlungs- und Wohnungsbau bis hin zu den Möbel- und Stoffentwürfen für Svenskt Tenn – und parallel dazu ein innerer schmaler Umgang, der Frank eine Auswahl von Referenzen gegenüberstellt. Das unterscheidet die Ausstellung auch von der, die Johannes Spalt und ich 1981 im MAK gezeigt haben. Da war Franks Werk selbst ja noch kaum aufgearbeitet, und es waren noch nicht so viele Bewegungen populär, die solche Vergleiche gerechtfertigt hätten. Heute ist das anders, es gibt eine Tendenz zur Anti-Methodologie, eine gewisse Lässigkeit. Sogar das Wort Styling heißt nicht mehr, dass alles zusammenpassen muss.

Sie haben im vergangenen Jahr im Hauptgebäude der Universität Wien die Gestaltung einer Ausstellung über den Wiener Kreis betreut …

Auch da wurde die vorgefundene räumliche Struktur zum Vorteil der inhaltlichen verwendet.

Da gibt es einige Überschneidungen mit Frank, etwa über die Person Otto Neuraths und die Siedlerbewegung. War Frank von der „wissenschaftlichen Weltauffassung" des Wiener Kreises beeinflusst?

Frank hat vom Wiener Kreis vor allem die Einsicht mitgenommen, dass jede Dogmatisierung verfehlt ist. Er hat sich ja immer gegen jede Form des Totalitarismus gestellt, ästhetisch wie politisch. Wir hatten ursprünglich vor, dem politischen Frank in der Ausstellung einen eigenen Abschnitt zu widmen, aber dazu braucht es noch mehr Forschung. Für Frank hatten schon kunstgewerbliche Reformversuche einen Nahbezug zum Militarismus. Beim Forum Alpbach 1948 sagte er: „Ich bin der Ansicht, dass jeder, der den Wunsch hat, sein Hinterteil auf einem Rechteck auszuruhen, im Grunde seiner Seele einen totalitären Glauben hat."

Aus demselben Jahr stammt auch Franks Entwurf für den Hauptsitz der Vereinten Nationen in New York, ein Alternativvorschlag zum später realisierten Projekt, das eine Kommission unter Beteiligung von Le Corbusier und Oscar Niemeyer entworfen hatte, eine perfekte, völlig rationale Scheibe als Symbol für eine von der Vernunft regierte, einheitliche Welt. Frank schlägt dagegen mehrere unterschiedlich hohe, mit Ornamenten verzierte Türme vor, die durch zarte Brücken verbunden sind. Aus der Distanz von 60 Jahren betrachtet, entspricht diese Idee eher der Wirklichkeit. Diese Türme sind dabei nicht irrational, aber sie wirken trotzdem so, als wären sie bis zu einem gewissen Grad zufällig entstanden. Frank hat dafür Ende der 1950er Jahre ja auch einen Begriff geprägt: Akzidentismus.

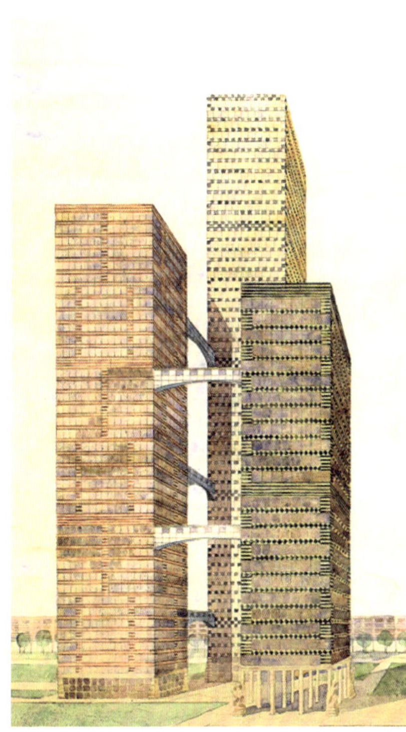

Abgesehen von dieser politisch visionären Bildhaftigkeit ist das UN-Projekt eines der Bezugsthemen zu Rem Koolhaas: nämlich die Auflösung der klassischen Hochhaustypologie. – „Akzidentismus" ist Franks halb ironische Zusammenfassung seiner lebenslangen skeptischen und anti-dogmatischen Haltung. Mit dem „wie zufällig Entstandenen" umschreibt er nichts anderes als den komplexen Begriff der künstlerischen Qualität. Es geht um scheinbare Absichtslosigkeit, wobei das Interessante ist, wie man das macht. Dafür gibt es kein Rezept. Ich stelle immer die Analogie mit der Gartenkunst her, dass man nämlich etwas betreibt, bei dem man sich klar ist, das Ergebnis nicht voll unter Kontrolle zu haben. Im Entwurf muss man bereit sein, das einzubeziehen.

Wie stark ist Frank dabei von der asiatischen Kultur beeinflusst? Er hat ja 1910/11 die Einrichtung für das Ostasiatische Museum in Köln entworfen, damals das europäische Zentrum für Sinologie.

Ostasien war natürlich ein zentraler Einfluss, der ja auch schon für die englische Gartenkunst wichtig war. Der japanisch-chinesische Begriff des Sharawaggi – für scheinbar absichtslose, höhere Harmonie in der Unregelmäßigkeit – war in England schon im 18. Jahrhundert bekannt. Das hat letztlich auch mit Partizipation als einem externen, nicht kontrollierbaren Einfluss zu tun, aber eben nicht in dem unpräzisen Sinn, dass man sich als Architekt zurückzieht und alles Ästhetische den Nutzern anheimstellt – das ist gar nicht möglich. Vielmehr muss das Entwurfsdenken breit genug sein, auch Unvereinbares aufzunehmen; allerdings ist das kein leidensfreier Prozess.

Gibt es da eine Verwandtschaft mit Hundertwasser, stellenweise auch ästhetisch? Manche Stoffe Franks und auch phantastische Entwürfe wie das Giraffenhaus mit Kaminen, die an Giraffenhälse erinnern, sind doch hart an der Grenze zum Kitsch.

Frank schrieb zum Beispiel: „Jedes große Kunstwerk muss an der Grenze des Kitsches stehen." Bei Hundertwasser – ich spreche vom späten, „architektonischen" Hundertwasser – ist das allerdings unfreiwilliger Kitsch, er simuliert Eingriffe des Nutzers. Bei Frank ist es die bewusste Verwendung solcher Elemente, so wie Rem Koolhaas kein Problem hat, sich aus dem „Trash" des „Junkspace" zu bedienen. Wenn Frank übrigens sagt, dass man sich an zufällig entstandenen Orten wohler fühlt als im „designten" Raum, dann ist das „Zufällige" ja durchaus aus Absichten entstanden, von einzelnen oder sogar vielen Leuten, aus Motivationen, die später aber nicht mehr nachvollziehbar sind und insofern etwas Fremdes darstellen, was eine gewisse Beruhigung ergibt. Frank sagt anlässlich seiner Wohnung in Wien, die teilweise von Dachschrägen geformt war, dass sie eben dadurch „angenehm und unpersönlich" wirkt. Das ist ein eigenartiger Gegensatz – wieso ist etwas zugleich angenehm und unpersönlich? Weil man zwar nicht weiß, warum etwas so aussieht, aber es offensichtlich doch einen Grund, eine Substanz hat.

Sie haben 1970 über Adolf Loos geschrieben, dass sein „Kampf gegen das

Ornament nicht zu verstehen [ist] als Kampf für die glatte Fläche, sondern gegen jede Form, die nicht Gedanke ist – und sei es eine glatte Fläche". Ist das nicht eine Überforderung der Architektur, dass jede Form Gedanke sein muss?

Ich habe im gleichen Text auch die Fähigkeit gefordert, „zu individualisieren, konkret und nicht abstrakt zu denken". Gott sei Dank muss die Architektur kein widerspruchsfreies philosophisches System aufstellen, sondern sie muss in bestimmten Situationen intervenieren, und zwar dringend. (Früher hätte man gesagt, sie muss „Probleme lösen".) Es nützt die abstrakte Theorie nichts, wenn die Intervention nicht gelingt. Der „Gedanke", den ich meine, ist nicht abstrakt, sondern: Denken zum Entwurf. Wenn man Qualität nur von Form ableiten wollte und dauernd Formen im Kopf haben müsste, dann hätte man es ja beim Entwurf noch schwerer. Wenn ich dagegen – ein unter Umständen tragfähiges Gedankenbeispiel – beim Bauen ein Industrieprodukt verwende, weil es da ist (und die Haftungsfragen damit geklärt sind), dann kann ich das Grübeln über Form aufgeben, weil das Produkt eh schon eine Form hat. Also das ist fallweise sogar leichter fürs Entwerfen.

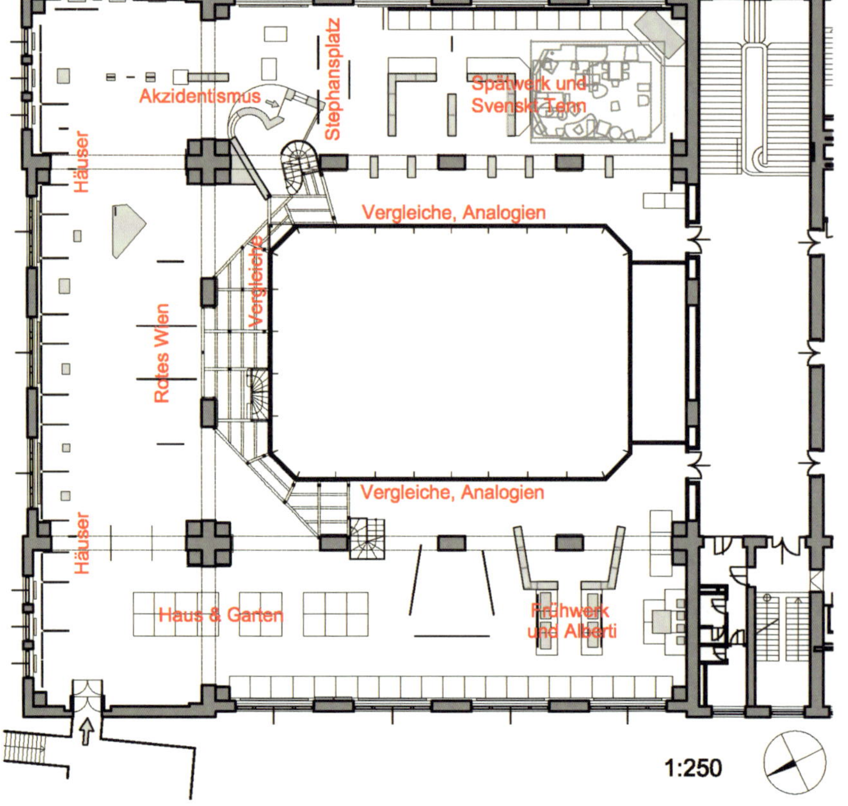

Hermann Czech, Ausstellung Josef Frank: Against Design, MAK Wien 2015–16

„Ich weiß nicht, was Wohnen ist"

Im Gespräch mit Matthias Dusini

(2016)

DUSINI: *Herr Czech, Sie sind am Abend häufig unterwegs. Wo wohnen Sie eigentlich?*

CZECH: Entweder bei meiner Freundin oder hier im Schlafkammerl mit acht Quadratmetern.

Also keine Architektenvilla?

Nein, nein. Kein Haus, kein Besitz.

Hatten Sie nie Sehnsucht nach einer Höhle?

Ich sage immer, leicht übertrieben, dass ich nicht weiß, was Wohnen ist. Mein Leben hat sich immer zwischen Arbeitstisch, Kaffeehaus und Bett abgespielt. Aber das hängt wohl auch damit zusammen, dass ich keine Familie mit Kindern habe.

Kommen Sie aus einem bürgerlichen Umfeld, wo man mit Architektur vertraut war?

Mein Vater war Kellner und meine Mutter Kassiererin. So haben sie einander kennengelernt und sich nach dem Krieg selbstständig gemacht. Zunächst haben sie eine Polizeikantine eröffnet, in der sich die Gäste das Besteck noch selbst mitbringen mussten. Aus der ist später das Restaurant Ballhaus geworden, das ich 1962 gemeinsam mit Wolfgang Mistelbauer und Reinald Nohàl gestaltet habe.

Hatten Sie eine unbeschwerte Kindheit?

Auf den Kinderfotos, die es von mir gibt, schaue ich immer mürrisch drein. Sorgenfrei und glücklich war die Kindheit nicht, weil sich der Krieg und die kriegsbedingte Abwesenheit des Vaters auf mein Leben ausgewirkt haben. Aber das weiß man selber ja nicht. Da bin ich erst durch eine Psychoanalyse draufgekommen, dass diese Zeit nicht so einfach gewesen sein kann, auch wenn ich vom Krieg kaum etwas mitbekommen habe.

Sie haben also lange nicht an Ihre Kindheit gedacht?

Ich bin jemand, der starke Emotionen eher ausblendet. Da lasse ich einen Rollbalken herunter. Das hat sich erst durch die Analyse geändert. Die 68er haben ihre Eltern zwar gefragt: Was habt ihr in der Nazizeit gemacht? Die Folgen für diese Generation selbst aber waren kein Thema. Es gibt erst seit den letzten Jahrzehnten wissenschaftliche Literatur über Kriegskinder und deren Traumata.

Haben Sie Erinnerungen an die Nazizeit?

Kaum. Ich habe etwa überhaupt keine Erinnerungen an Judenverschleppungen und hatte auch nie eine Antenne dafür, ob jemand Jude ist oder nicht, wie das Antisemiten suggerieren. Meine Eltern dürften solche Themen von mir ferngehalten haben. Es ist ja vorgekommen, dass Erwachsene sogenannte „Feindsender" im Radio gehört haben und die Kinder das in der Schule ausgeplaudert haben.

Haben Sie das Mürrische eher von der Mutter oder vom Vater?

Eher von der Mutter. Von ihr kam auch das Kulturinteresse. Sie ist gern ins Theater und in die Oper gegangen und hat Romane gelesen. Sie wollte unbedingt, dass ich studiere, und als sie zur Zeit meiner Matura gestorben ist, hat sich mein Vater verpflichtet gefühlt, mich studieren zu lassen.

Hatte der Architektenberuf damals einen hohen Status?

Gut im Ansehen, nicht so gut in der Bezahlung. Die Leute sind ja heute noch im Irrtum darüber, was man in dieser Branche verdienen kann. Mit Architektur kann man nicht reich werden.

Was muss man tun, um doch gut zu verdienen?

Heute würde man sagen: vernetzt sein. Früher hat man das Beziehungen genannt, und das war abfällig gemeint. Es galt eher als unehrenhaft, durch Beziehungen weiterzukommen.

In der Nachkriegszeit wurde viel gebaut. Gab es damals mehr Aufträge als heute?

Es gab vor allem weniger Architekten. Heute kommen junge Architekten allerdings auch schneller zu Aufträgen als in meiner Zeit.

Lange galt ein Architekt mit 60 noch als Nachwuchs.

Ich hoffe, dass das heute noch so ist, wo ich doch erst knapp über 60 bin. Diese verschobene Wahrnehmung des Alters liegt aber auch im Beruf selbst. Der Architekt überlegt sich etwas, und bis zu dem Zeitpunkt, wo der Plan ausgeführt ist, vergehen meist Jahre. Die Erfahrung, wie ein Entwurf sich zu einem Gebäude entwickelt und wie das Ergebnis schießlich ankommt und sich bewährt, macht man nur ein paar Dutzend Mal im Leben. Daher sage ich immer: Architektur ist ein Beruf für alte Leute.

Hat sich der Beruf des Architekten verändert?

Die Architektur ist heute so verrechtlicht, dass praktisch jedes komplexere Bauvorhaben mit Prozessen endet. Auch wenn das Gebäude funktioniert, treten Juristen und Controller auf und rechtfertigen ihre Rolle mit Ansprüchen aus nicht erfüllten Klauseln und Normen, abgesehen von den Gesetzen und Verordnungen, die manchmal sogar widersprüchlich sind.

Und die Rolle des Architekten selbst?

Auch die hat sich verändert. Er ist nicht mehr die Person, die eine Gesamtverantwortung übernimmt. Sehr oft werden bloß Teilleistungen vergeben. Man hat einen Wettbewerbssieger. Dann wird ein Büro mit der Ausführungsplanung beauftragt, ein anderes mit der Überwachung der Baustelle, abgesehen von den Fachkonsulenten. Manche sind stolz auf diesen Begriff des „Consulting". Kritisch betrachtet, wird der Architekt oder die Architektin zum Erfüllungsgehilfen von Auftraggebern, deren eigentliche Absichten gar nicht bekannt sind; ich bin aber nicht jemand, der jedem Wandel kulturkämpferisch nachtrauert. Man kann das Rad der Geschichte nicht zurückdrehen. Aber die Qualitätsbegriffe ändern sich.

Sie sind durch kleine Projekte bekannt geworden. Ist es da nicht besonders schwer?

Natürlich, vor allem wenn die Vergütung auch klein bleiben soll. Ein Konferenztisch kann in der Planung mehr kosten als in der Ausführung. Es ist ein Unterschied, ob ein Fenster drei Mal oder 300 Mal vorkommt.

Wie kam es dazu, dass Sie sich auf den kleinen Maßstab spezialisiert haben?

Es ist bei fast jedem Architekten so, dass er mit kleinen Aufträgen beginnt. Auch Josef Frank, dessen kürzlich stattgefundene Ausstellung im MAK ich mitkuratiert habe, hat am Anfang die Wohnung seiner verheirateten Schwester eingerichtet. Ich habe vor 40 Jahren ein Kaffeehaus gemacht, und wenn man dann noch ein zweites gemacht hat, und das war auch gut, ist man aus dieser Schubalde nicht mehr herausgekommen. Es ist allerdings auch ein Irrtum zu glauben, ein Lokal ist etwas für Anfänger.

Was muss man können?

Man muss zumindest einige Zeit in Lokalen verbracht haben. Ich habe über beträchtliche Erfahrungen auf diesem Gebiet verfügt.

War das Ausgehen früher anders?

In den 50er und 60er Jahren waren wir schon eine Minderheit, vor allem auch von Intellektuellen und Künstlern. Einerseits war die Ausgehzeit nicht so spät; heute gehen die jungen Leute mitunter erst um Mitternacht in einen Club. Die Kaffeehäuser – das „Beisl" ist übrigens ein touristischer Ausdruck, den früher keiner verwendet hat – waren andererseits meist bis zwei, mitunter auch bis vier Uhr morgens offen. Auch etwas zum Essen gab es meistens noch spät in der Nacht. Aber es waren viel weniger Lokale.

War das Unterwegssein am Abend für Sie eine Art zweiter Bildungsweg?

Das Kaffeehaus war jedenfalls eine Art Informationseinrichtung. Es hat unter jungen Architekten Diskurse gegeben, die außerhalb der Hochschulen stattgefunden haben. Für mich waren die Arbeitsgruppe 4, vor allem Friedrich Kurrent und Johannes Spalt, und deren Umkreis inoffizielle Lehrer. Konrad Wachsmanns Seminare in der Salzburger Sommerakademie von 1956 bis 1960 hatten auf die Wiener Szene einen maßgeblichen Einfluss. In den Medien spielte zeitgenössische Architektur damals aber keine Rolle, während ab 1963 – seit der Ausstellung von Hollein und Pichler in der Galerie St. Stephan – sich als visionär verstehende Architekturpositionen – Gruppen wie Coop Himmelblau und Haus-Rucker-Co – ein nie gekanntes Medienecho fanden. Ich vereinfache hier etwas – aber genau das tun Architekturhistoriker, die später auf diesen Medienhype hereinfallen und ihn als Beginn der konzeptuellen Architektur im Nachkriegs-Österreich bezeichnen.

Was war das Merkmal der Wachsmann-Schule?

Konrad Wachsmann war ein Theoretiker und Praktiker der Vorfabrikation; aber eben deshalb hat er mit Planungsentscheidungen eine hohe moralische Verantwortung verbunden. Wenn ein Bauelement in Serie produziert wird, muss sich jede Gestaltung hunderttausendfach bewähren. In diesem Sinn verstand ich Architektur als Rechtfertigungskunst. Die Frage lautete: „Was haben Sie sich dabei gedacht, Herr Architekt?“ Wenn man heute fragt: „Warum?“, lautet die Antwort vielfach: „Warum nicht?“ Diese Architektur hat den Begründungszusammenhang verloren. Man kann nicht sagen, diese Art von Bauen habe keine Qualität, aber sie hat eine Qualität, an die ich nicht glaube.

Die Moderne wollte die Geschichte auslöschen, eine Art Tabula rasa schaffen. Wie war das bei Ihnen?

Wir haben nicht mehr an die Idee eines Teils der klassischen Moderne geglaubt, dass man mit der Geschichte Schluss machen muss. Sie ist vielmehr ein Depot für Lösungen von Problemen, die es in der heutigen Architektur genauso gibt.

Im Sinne von Adolf Loos: Was es schon gibt, braucht man nicht noch einmal erfinden.

Genau. Es ist schon verständlich, dass jede Generation das Rad neu erfinden will. Aber man muss aufpassen, dass es nicht immer wieder eckig ist.

Das Interesse an der Geschichte war also keine Erfindung der Postmoderne, sondern immer schon da?

Natürlich. In Amerika konnte man vielleicht ernsthaft diskutieren, welcher moderne Architekt zum ersten Mal wieder ein klassisches Gesims oder eine Säule verwendet hat. In Österreich wäre so eine Auseinandersetzung lächerlich. Hier hat es, von Adolf Loos bis Lois Welzenbacher, immer Säulen gegeben, wenn es gerade gepasst hat.

Auch bei der Gestaltung des Kleinen Cafés haben Sie historische Elemente verwendet. Woran haben Sie dabei gedacht?

Das waren keine nostalgischen Regungen, sondern Kenntnisse. Die Polsterungen der Bänke im Kleinen Café zum Beispiel haben in der Lehne einen starken Buckel. Etwa 15 Zentimeter über der Sitzfläche sollte nämlich eine Polsterwölbung sein, die das Becken stützt, statt dass der Sitzende verhindern muss, dass es nach vorne oder hinten rollt. Diese Polsterung habe ich in der Wagenburg von Schönbrunn entdeckt, wo es einige unscheinbare „Incognito“-Kutschen des Hochadels um 1850 gibt. In den 1960er Jahren gab es wissenschaftliche ergonomische Studien über den Sitzkomfort. Der Schweizer Arzt Étienne Grandjean etwa hat die Lehnen von Hörsälen oder Lkw studiert und ist zu denselben Kurven gekommen, die bereits im 19. Jahrhundert State of the Art waren.

Man sagt, Sie hätten Ihre Lokale so gestaltet, als hätte es sie immer schon gegeben.

Mir hat es immer gefallen, wenn Architekten im Kleinen Café gestanden sind und gefragt haben: Wo ist das Kleine Café?

Ist das wie zufällig Entstandene der Kern Ihrer Architektur?

Josef Frank hat mit dem Zufall gearbeitet und daraus den halb ironischen Begriff des Akzidentismus gemacht. Er meint damit, dass man die Umgebung so gestalten sollte, als sei sie durch Zufall entstanden.

Frank sagt, man fühle sich in zufällig entstandenen Umgebungen wohler als in designten. Wie meint er das?

Er sagt, „alle Stellen, an denen man sich wohlfühlt, Zimmer, Straßen und Städte, sind durch Zufall entstanden", was natürlich nicht stimmen kann: Straßen und Gebäude sind so wie sie sind, weil sich sehr viele Menschen etwas gedacht haben dabei. Nur kennt man vielfach ihre Motivationen nicht mehr. Eines von Franks Beispielen waren die Dachbodenwohnungen. Er hat gesagt, auch in solchen Mansarden würde der Zufall mithelfen, dass die Umgebung angenehm und unpersönlich wirkt. Er meint damit, dass der Bewohner unbewusst wahrnimmt, da will mir nicht ein Architekt etwas oktroyieren, sondern das hat eine Substanz, auch wenn man nicht weiß, warum es so aussieht.

Wie erklären Sie sich den großen Erfolg der Frank-Ausstellung im MAK?

Vielleicht sind die Leute draufgekommen, dass man über Architektur auch nachdenken kann.

Argumentationen zur Würdigung und Erhaltung der Stadtbahn habe ich seit 1963 verfasst. *Die Stadtbahn wird unterschätzt* war der Titel meines ersten Artikels; er schloss mit den Sätzen: „Noch ein Jahrzehnt – dann wird die gesamte öffentliche Meinung hinter diesen Bauten stehen, wie sie nach 1945 hinter denen der Ringstraße stand. Dann wird die Stadtbahn geschätzt werden als das, was sie ist: neben der Ringstraße die bedeutendste städtebauliche Leistung Wiens."

Für mich war die Stadtbahn nicht primär ein Objekt der Denkmalpflege. Meine damalige Argumentation lief so: Wenn die Stadtbahn einem neuen schlüssigen Verkehrskonzept im Wege steht – dann fort damit! Aber wenn sich herausstellt, dass, wer die Stadtbahn nicht versteht, kein solches Verkehrskonzept hat, muss man sich auf den Standpunkt der Denkmalpflege stellen, „jener einzig berechtigten Denkmalpflege, die vorhandene Werte dort schützt, wo keine neuen geschaffen werden".

Dieser planerischen Haltung entsprach die Einsicht, dass die Stadtbahn in ein erweitertes neues Massenverkehrssystem eingebunden werden müsse. Mitte der 1960er Jahre verfestigte sich die politische Meinungsbildung für die Errichtung einer U-Bahn in Wien, ab 1968 (Gemeinderatsbeschluss) wurde sie in Angriff genommen und der Forderung nach einem Architekturwettbewerb entsprochen.

Otto Wagners Stadtbahn, schon zur Zeit der Errichtung Teil eines größeren Bahnsystems, ist also – trotz einiger Zerstörungen – Teil des Wiener U-Bahn- (und Schnellbahn-)Netzes geworden. Das Ende der Zerstörungen und der planungsamtlichen Geringschätzung der Stadtbahn ist 1983 anzusetzen, nämlich mit der Diskussion um Wagners Brückenanlage über die „Zeile" (den seit den 1870er Jahren angedachten, nie ausgeführten Boulevard auf dem bis Schönbrunn einzuwölbenden Wienfluss). Die Diskussion endete mit der Erhaltung dieser Brückentrasse in Funktion.

Für die Architektur der U-Bahn (und der punktuellen Umbauten an der Stadtbahn) bestimmend war lange Jahre Wilhelm Holzbauer (in der „Architektengruppe U-Bahn"); Mitte der 1990er Jahre gestaltete Johann Georg Gsteu wesentliche Elemente der U6-Stationen. Die befürchteten „Irrwege, die solche Aufgaben heute nehmen könnten", haben sich bei der Wiener U-Bahn nicht eingestellt. Von einer „stilistischen Vollendung" des – weniger und weniger einheitlichen – Stadtbilds kann in beiden Fällen freilich nicht mehr die Rede sein – zumindest nicht für uns Zeitgenossen.

Ganz allgemein ist das Verhältnis von Abstraktion und Konkretheit im architektonisch-planerischen Diskurs gestört. Die aktuelle Erörterung von visueller Identität der städtischen Umwelt hat sich nunmehr völlig auf das solitäre architektonische Werk zurückgezogen. Auf den Abstraktionsschritt zum planerischen Zusammenhang – wie immer dieser neu gefasst werden müsste – wird verzichtet. Inhaltlich wurde er einerseits durch von der Sache abgehobene Philosopheme, andererseits durch politisch/ideologische Planungs-Events ersetzt; der *reale* Zusammenhang wird weitgehend dem Investor überlassen. Das Massenverkehrsnetz Wiens scheint da noch eine Ausnahme zu machen; gerade die Kongruenz mit der Investment-Topographie kommt aber vielfach nicht zustande.

Gedanken zur Architektur

Im Gespräch mit Peter Reischer

(2013)

Reischer: *Die Vortragsreihe heißt: Sprechen über Architektur. In Anlehnung an die Beschreibung Ihrer eigenen Haltung zu einer „stillen" Architektur, „die nur spricht, wenn sie gefragt wird", frage ich Sie: Wie sprechen Sie über Architektur?*

Czech: Stille Architektur heißt ja nicht, dass sie nicht sprechen kann, sie nervt nur nicht. Mich hat immer interessiert, Architektur mit Sprache, mit einer Theorie zusammenzubringen. Denn die Architektur braucht Theorie; die kann aber nichts Abgehobenes, von Philosophien Abgeleitetes sein, sondern etwas, das zum Entwurf Kriterien liefert. Also Denken – oder Sprechen – zum Entwurf. Wie etwas entstanden ist, nicht im anekdotischen Sinn, sondern welche Absichten, Motivationen, welche Gedanken dahinter stecken.

Also der Prozess?

Damit ist ein Prozess gemeint. Beim Denken über Architektur wird ja bewusst, dass der Entwurf nicht in einem Guss dem Kopf entspringt, sondern eine Zeitreihe von Entscheidungen ist.

Also nicht die berühmte Skizze auf der Serviette . . .

Das, was auf der Serviette ist, ist ja nicht das Bauwerk, sondern nur ein Gedanke zum Bauwerk. Dieses entsteht erst durch viele weitere Gedanken. Das ist ja auch der methodische Fehler, der im Wettbewerbswesen gemacht wird. Nicht dass Wettbewerb als Verfahren an sich unbrauchbar wäre, aber ohne das Bewusstsein, dass ein Wettbewerbsprojekt nicht das fertige Bauwerk ist, führt er nicht zur besten Lösung. Man müsste eigentlich die zu erwartende Fortsetzung und nicht das Fragment als Endprodukt beurteilen, darin liegt der Irrtum.

Wer von der Jury sollte die Fortsetzungsmöglichkeiten beurteilen können?

Der gute Juror – oder die gute Jurorin –, die zum Projekt möglichst viel Information bekommt. Die anderen Teilnehmer wären übrigens auch gute Juroren, wenn sie von der Reihung des eigenen Projekts absähen. Ein Problem ist ja die Anonymität; keiner weiß, von wem die einzelnen Projekte sind, aber genau darüber denkt jeder nach. Anonymität schafft nicht Objektivität, sondern Desinformation. Wenn ich etwas sehe, und das interessiert mich, ist doch die erste Frage: „Von wem ist das?" Das bedeutet, dass ein Juror sich auch mit der Gedankenwelt der Person oder der Gruppe, die dahintersteht, auseinandersetzen können muss.

Wie könnte man das Problem lösen?

Ich habe kein generelles Rezept, wie das Wettbewerbswesen verfeinert und besser gemacht werden könnte, aber man sollte darüber nachdenken – und einmal die zahlreichen Ansätze, die es seit Jahrhunderten gibt, analysieren. Einen wichtigen Vorteil hat der Wettbewerb: Das Auswahlergebnis hat politische Autorität; spätere Entstellungen durch irgendwelche Einflüsse sind publizistisch schwerer möglich.

Sie haben einmal in einem Interview gesagt, dass Architektur – abgesehen von den Honoraren – in der Nähe des Showbusiness gelandet sei. Wie sehen Sie den Drang der Architekten, zu „erscheinen"?

Es ist eher das Bild im Vordergrund als der Gedanke. Nicht das Buch, wie Victor Hugo meinte, sondern das Bild erschlägt die Architektur. Architektur soll möglichst viele glauben machen, so etwas hätten sie noch nie gesehen.

Sollte Architektur schon in der Schule unterrichtet werden?

Warum nicht; über den Erfolg bin ich aber skeptisch. Wenn Architektur unterrichtet wird, wird die Schule eben die geläufige mediale Rezeption vermitteln. Es bedürfte aber einer viel differenzierteren Information.

Und warum soll die nicht in den Schulen vermittelt werden können?

Weil man sie zuerst den Lehrern beibringen müsste. Architektur ist für die meisten das, was komisch ausschaut – und das lernt man dann auch in der Schule.

Wann ist eine Architektur gut? Lässt sich das definieren?

Nein, nicht als allgemeines Prinzip. Man kann beim einzelnen konkreten Gebäude, bei der konkreten Intervention auf deren Absichten und Wirkungen eingehen.

Ihre Aussage: „Alles ist Umbau", da ja immer schon etwas vorhanden ist, lässt auf eine große Sensibilität für den Umraum, für den Raum schließen. Das ist nicht unbedingt das, was die zeitgenössische Architektur auszeichnet.

Jetzt langsam wird das schon aktuell; leider gibt es diesen elenden deutschen Ausdruck „Bauen im Bestand". Das macht das Ganze zu einem bürokratischen Thema.

Viele Architekten stört ja das Alte. Sie wollen unbedingt ihr Neues hinsetzen.

Es wird geradezu zu einem kommerziellen Metier, alte Bauten zu sanieren oder zu rekonstruieren. Trotz des immerhin inhaltlich korrekten Ausdrucks „Bauen im Bestand" gibt es weithin entweder Denkmalpflege oder Architektur. Die beiden schließen einander politisch aus. Und der politische Irrtum liegt darin, zu glauben, mit der Entscheidung für Denkmalpflege gehe die Verantwortung an das 14. oder 18. Jahrhundert – oder welche Entstehungszeit immer – zurück. In Wahrheit ist das Objekt, im Augenblick wo man es angreift, ein Werk des 21. Jahrhunderts.

Eine Planung, ein Entwurfsprozess spielt sich in einer Zeitachse ab. Diese Zeittiefe – wie ich sie nennen möchte – ist sicherlich in Ihren Bauten stark spürbar. Sie beziehen zum Beispiel Dinge, die während des Bauprozesses auftauchen, mit ein. Wie sehr müssen Sie oder wollen Sie auf schon Vorhandenes in Ihren Konzeptionen eingehen?

Das sind wesentliche Elemente des Prozesses!

Sehen Sie kein Konfliktpotenzial zwischen Tradition und Neuem?

Nein, das sehe ich nicht. Was sich in einem Entwurf ändert, beruht doch nicht auf der Frage Alt oder Neu. Der Entwurfsprozess selbst nimmt ja – und das ist den wenigsten Architekten bewusst – je länger er dauert, immer mehr die Zuge eines Umbaus an. Man hat eine gewisse Anzahl von Entscheidungen schon getroffen; mit denen muss man entweder leben oder sie umstoßen.

Ihre Architekturkritiken sind, ebenso wie Ihre architektonischen Entscheidungen immer nachvollziehbar, schrittweise. Durch die fast logisch wirkenden Schritte und Prozesse der Entwurfsgeschichte wirkt das Ergebnis fast „zufällig". Wie wenn es immer schon da gewesen ist.

Der „Zufall" ist von Josef Frank als Formel eingeführt worden. Frank sagt, wir sollten unsere Umgebung so gestalten, „als wäre sie durch Zufall entstanden. – Alle Stellen an denen man sich wohlfühlt, Zimmer, Straßen und Städte, sind durch Zufall entstanden." Das stimmt insofern nicht, als die Stellen, die er meint, durch Entscheidungen von zahlreichen bestimmten Personen entstanden sind. Teilweise sind die Absichten nachvollziehbar und teilweise nicht. Christopher Alexander spricht ja von einer ähnlichen Qualität, von der „zeitlosen Qualität des Bauens". Frank versucht sich dieser Qualität mit dem Zufall anzunähern. Dieses Ziel erreicht man aber eben nicht, indem man achtlos ist und quasi abwartet, was herauskommt.

Dann fehlt eben die Hinwendung und Begeisterung für die Architektur.

Ich würde sagen, dann fehlt die Arbeit. Das ist dann ein Fehlen von Gedanken. Man muss möglichst vielen Dingen nachgehen.

Bei der Architekturkritik könnte man dazu sagen, dass sie sich – durch die schrittweise Nachvollziehbarkeit – in eine Objektivität hineinbewegt, die sie unangreifbar macht. Gerade weil sie – durch die persönliche, authentische Begründung – sehr subjektiv wird.

Eben; ich würde nicht objektiv und subjektiv gegenüberstellen, sondern das Wort „schlüssig" verwenden. Über Geschmack kann man sehr wohl diskutieren; dadurch entsteht er nämlich.

„Man kann alles verwenden, was man verwenden kann."

(1978)

Josef Frank schrieb diesen Satz 1930, weil aus der modernen Architektur ein Einrichtungsstil geworden war.

Dreißig Jahre vorher ließ Adolf Loos eine Hausfrau sagen: „Wenn auf dem nachtkastel ein löwenkopf ist, und dieser löwenkopf ist dann auf dem sofa, auf dem schrank, auf den betten, auf den sesseln, auf dem waschtisch, kurz auf allen gegenständen des zimmers gleichfalls angebracht, so nennt man dieses Zimmer stilvoll."

Der jeweils neue Gedanke ist: Man darf etwas verwenden, was man vorher nicht durfte; oder besser: man will etwas nicht mehr verwenden, was man vorher verwenden musste.

Man kann nämlich nicht alles verwenden: dasjenige nicht, das dem Ausdruck, den man schaffen will, zuwiderläuft.

Jeder Nonkorformismus kann zum Konformismus werden. Einen Wohnstil (es ist ja gleichgültig, welches Wort man dafür wählt) fördern heißt alles unterstützen, was original und erlebt ist, und alles entlarven, was durch Einschüchterung bewirkt wurde oder Einschüchterung bewirken soll. Man soll verwenden, was man will.

Canaletto- und andere Blicke

(Leserbrief 2017)

Nein, es geht nicht um Höhe an sich,* sondern wo sie hinkommt. Der präzise Kontext der U-förmigen Ringstraßenzone besteht über zwei Quadratkilometer aus repräsentativen öffentlichen Gebäuden mit dazwischenliegenden niedriger oder gar nicht bebauten Räumen. Der Heumarkt-Turm würde dastehen wie ein Dodel. – „Canaletto blickt hier nicht mehr", witzelte Stefan Grissemann, Kulturchef des *profil*, gerichtet an die Leute, die der „dynamischen Zukunft" im Weg stehen, mit der das Publikum blödgemacht wird. Canaletto blickt hier nicht mehr. Aber die Gegenrichtung tät ma schon brauchen, in der würden nämlich die Anleger des Dodelturms auf das Schloss Belvedere mit Blumenterrassen blicken, weshalb die Aussicht stadtauswärts ebenso einträglich verwertbar wäre wie die über die Altstadt – der Turm müsste ja eben genau dort stehen, um auch vom 18. Jahrhundert abstauben zu können. Das ist der Fortschritt? Das ist das dynamische Zukunfts-Blickfeld, das allerdings nicht so weit reicht, dass die schließliche Zerstörung der ausgebeuteten Werte einsichtig würde.

Es geht eben darum, wo die Höhe hinkommt! Vor fünfzehn Jahren hat Klaus Steiner, ein Planungsbeamter, dessen souveräner alternativer Planungsbegriff gar nicht überschätzt werden kann, einen zentralen Hochhausstandort vorgeschlagen, der die Ringstraßenzone, die erwähnten U-förmigen zwei Quadratkilometer, respektiert, aber zusammen mit dem Ringturm die jenseits des gewundenen Donaukanals am Zentrum bestehende Hochhauszone stadtseitig einrahmt: am Herrmannpark! Sogar die öffentliche Zone des Sandstrandes dort könnte verbleiben und ist der versprochenen Nicht- oder Ja-Konsumationsterrasse am Heumarkt weit überlegen. Dieser Standort, in der Pufferzone und nicht – wie der Heumarkt – in der eigentlichen Welterbezone liegend, ist planerisch, stadträumlich und kontextuell tatsächlich plausibel argumentierbar. – Damals zog die Stadtplanung und -politik die Schwänze ein: Das können wir nicht machen.

Aber das können wir machen: unvermittelt in die geschlossene Ringstraßenzone einen Abstauber-Turm hineinstellen, mit keiner anderen Begründung, als dass er Geld bringt, und mit der dreisten Lüge, dass wir sonst keine Zukunft haben?

---

* Vielfach wurde das Argument gebraucht, bei der Beurteilung eines Bauwerks könne nicht bloß die Höhe das Kriterium sein.

Seltsame Bündnisse

Betrifft: Heumarkt Kommentar

(2019)

Eric Frey vernebelt – ganz im Tonfall der Projektbetreiber – die Argumentation zum geplanten Heumarkt-Turm. „Niemand will neue Türme innerhalb des Rings errichten. Aber auf dem ehemaligen Glacis braucht Wien … auch Hochhäuser." Frey will glauben machen, der „Ring" bestehe aus der Fahrbahn und den beiderseitigen Fassaden. Aber der Bereich der Ringstraße, in dem nur wenige öffentliche Monumentalbauten die einheitliche Gebäudehöhe überragen, umfasst eben alle ehemaligen Festungs- und Glacis-Flächen. Von den 25 Monumentalbauten liegen 17 außerhalb des „Rings". Dagegen fällt es niemandem ein, „den Bau von Hochhäusern in Zentrumsnähe zu verbieten", weil der „Ring" eben kein solcher, sondern ein „U" ist, der zu schonende Bereich deshalb am Donaukanal endet und sogar die Weltkulturerbezone die Hochhausdynamik bis ans Ufer zulässt. Und freilich braucht bei einer vernünftigen Stadtplanung niemand, nicht einmal die „einstige Kaiserstadt", einen Weltkulturerbestatus. Im Fall von Verständnislosigkeit allerdings muss die Vernunft seltsame Bündnisse eingehen.

Zehn Postmoderne-Kriterien in der österreichischen Architektur der Moderne

Die Komplexität der Moderne-„Vorläufer", Wien 2018

In der Zeitschrift *Architectural Design* erschien 1978 ein Beitrag von Charles Jencks zum Thema „Late Modernism and Post-Modernism". In Vorbereitung auf einen Vortrag von Jencks für die Meisterklasse von Hans Hollein an der Wiener Hochschule für angewandte Kunst erläuterte ich 1979 die in dem Artikel genannten zehn Postmoderne-Kriterien ausschließlich an Bildern von Bauten Otto Wagners, Adolf Loos' und Josef Franks. Die Message: Die Komplexität des postmodernen Ansatzes ist in der modernen österreichischen Architektur von Anfang an enthalten, ein Import gar nicht nötig.

1

2

3

4

5

6

7

8

9

10

1 Ornament (Otto Wagner)
2 Repräsentation (Otto Wagner)
3 Öffentlicher Bereich (Otto Wagner)
4 Historische Erinnerung (Adolf Loos)
5 Metapher (Adolf Loos)
6 Partizipation (Josef Frank)
7 Volkstümliche und lokale Codes (Josef Frank)
8 Eklektizismus (Adolf Loos)
9 Pluralismus (Otto Wagner)
10 Urbaner Zusammenhang (Otto Wagner)

„Die Veredelung des Banausenstandpunkts“

Im Gespräch mit Axel Simon

(2018)

SIMON: *Sie haben Anfang der 80er Jahre ein Solarhaus gebaut. Wie kam es dazu?*

CZECH: Der Bauherr ist Physiker und wollte ein hinsichtlich Energie hochqualifiziertes Haus bauen. Es hat eine experimentelle Wärmedämmung mit bewehrtem Dickputz und Vorkehrungen, die Sonnenenergie passiv zu nutzen. Die Dachfläche war für Photovoltaik vorgesehen; damals hat sich das aber nicht gerechnet.

Das mächtige Solardach prägt das Haus. Aber im Baukörper und den Räumen finden sich viele Erinnerungen an die Baugeschichte – Loos, Soane, Barockpaläste – wie man das bei Ihnen erwartet. Wie geht das zusammen?

Der Bauherr hat ja keinen Spezialisten beauftragt, sondern einen Architekten mit breiter Auffassung. Das Pultdach reicht hinten über das nördliche Flachdach hinaus. Darunter belichtet ein Fensterband die dort liegenden Badezimmer. Deren Südfenster werden vom überkragenden Holzdach mit sichtbaren Sparren verschattet. Man hat den Eindruck, man schaue aus dem Dachboden eines Bauernhauses hinaus. Schon deshalb entsteht keine technische Erscheinung, sondern eher eine konventionelle oder sogar traditionelle.

Die Dachfläche ist in der Mitte geteilt. An den Enden knicken beide Teile leicht nach vorne. Das Dach scheint eine Geste zu machen, als finge es die Sonne ein.

Ja, auf bescheidene Weise geht diese Geometrie auf den Sonnenverlauf ein und illustriert das auch.

Technisch erscheinen sollte das Dach nicht?

Die Fläche ist so groß, dass sie auf jeden Fall Teil des Hauses wird. Mit montierter Photovoltaik würde sich zwar die Oberfläche ändern, aber es wäre kein „aufgesetzer“ technischer Bauteil.

Welche Rolle kann Technik architektonisch spielen?

Eine markante. Sie hat Teil an der Gesamterscheinung. Architektur hat mit sehr vielen verschiedenen Sachen zu tun. Wenn man jeder dieser Sachen gerecht wird, dann bedeutet „Sachlichkeit“ nicht Einheitlichkeit, sondern im Gegenteil Heterogenität. Auch ein

Lichtschalter war einmal ein Fremdkörper im Innenraum.

War Anfang der 80er Jahre Solarenergie ein Thema?

Ja, das Fachgebiet war schon wesentlich entwickelt. Ich musste mir das erst aneignen. Dass ich die Technik in einem Architekturzusammenhang ohne technoide Wirkung verwendet habe, das war neu.

Kann Architektur einen Beitrag zum Klimaproblem leisten?

Ich habe einmal geschrieben, die Architektur würde nicht unsere Umweltprobleme lösen, so wenig wie Musik unsere Lärmprobleme lösen wird. Aber natürlich kann sie etwas beitragen.

Der heutige Königsweg der Architekten ist das Verstecken der PV-Technik hinter Farbschichten. Ist das für Sie vorstellbar?

Eine PV-Fläche ist eine strukturierte, ebenmäßige Angelegenheit. Da sehe ich erst einmal keine Notwendigkeit, die mit einer anderen Struktur zu verdecken.

Auch an der Fassade?

Prinzipiell hätte ich da keine Bedenken. Als Gastprofessor habe ich vor vielen Jahren mit einer Designklasse eine Umweltausstellung im Wiener Rathauspark konzipiert. Da haben wir auch Solarmodule an die neugotische Fassade des Rathauses gehängt. Das könnte ich mir auch permanent vorstellen.

Die meisten Ihrer Kollegen sind da anderer Meinung. Die haben in der Regel recht große Berührungsängste. Ihre Erklärung?

Die Architektur strebt eine künstlerische Einheit an, ein Ganzes. Die Einsicht, dass der Weg dahin auch über Heterogenität führt, erfordert ein hoch entwickeltes Entwurfsdenken. Es handelt sich sozusagen um die Veredelung des Banausenstandpunkts.

Funktion als Schöpfung des Entwurfs

(2019)

Ich danke für die Einladung, statt eines Projekts eine Einleitung vorzutragen. Diese Änderung kam zustande, weil ich zunächst mit der Behauptung geantwortet hatte, die „Funktion" sei der irreführendste Begriff der Architekturtheorie. Das muss ich nun freilich erläutern.

Sie kommt schon bei Vitruv vor, die Funktion: zwischen *firmitas* und *venustas* als *utilitas*, im Deutschen heißen die drei also: Festigkeit, Zweckmäßigkeit, Schönheit. (Curt Fensterbusch übersetzt *venustas* mit „Anmut".[1]) In einer schönen englischen Übersetzung der Dreiheit heißt es *firmness, convenience, delight;*[2] und da ist *convenience* gegenüber der deutschen Zweckmäßigkeit oder Nützlichkeit schon etwas breiter und komfortabler, nämlich auch ein Wohlbefinden, eine Annehmlichkeit (einst bezeichnete der Brite mit *convenience* auch ein Wasserklosett). Und *delight* heißt überhaupt „Vergnügen, Entzücken"; auch das klingt freundlicher, humaner und weniger abstrakt als die deutsche „Schönheit".

Gegenüber der bereits klassischen Vitruv-Übersetzung von Curt Fensterbusch übersetzt Günther Fischer in *Vitruv NEU* (2009) die *utilitas* so: „Der Nützlichkeit [wird Rechnung getragen sein], wenn die Konzeption (dispositio) der Räume fehlerfrei ist und den Gebrauch nicht behindert, und wenn deren Verteilung (distributio) nach Himmelsrichtungen und (gemäß ihrer Nutzung) passend und zweckmäßig ist."[3]

Das klingt nach Begründungen; aber sind das solche, die bereits vorliegen und denen zu folgen ist, oder solche, die der Entwurf erst zu leisten hat?

In der Mathematik ist „Funktion" eine Gleichung, die kausal von einem gegebenen Wert zwingend zu einem anderen führt. Etwas Gegebenes, das ich nicht ändern kann. Die früheren Aachener Themen waren „Ort", „Material", Dinge, die ich ebenfalls nicht ändern kann – allenfalls auswählen –, also müsste man „Funktion" ebenso verstehen. Im Wesentlichen sind Ort und Material etwas Vorgegebenes; und so eben auch die Funktion. „Form follows function" hieße also: Form ist kausal auf vorgegebene Funktion rückführbar.

„Schönheit" konnte man übrigens zuzeiten auch als kausal von vorgegebenen Regeln bestimmt verstehen. Denken wir an die Forderung nach Proportionen, an den Goldenen Schnitt, denken wir an die Säulenordnungen, an den Vergleich von Gesimsprofilen mit Gesichtsprofilen – erinnern wir uns an die Liniengitter, gezogen über Grundrisse und Fassaden, noch bei Le Corbusier. (Wenn man nämlich genug Linien zieht, werden immer einige stimmen.) Aber kaum jemand wird heute Schönheit so erklären. Viele würden sie sogar als Ziel anzweifeln.

Nikolaus Pevsner erläutert 1961 in einem Radiovortrag („The return of historicism") zunächst die Rolle der Funktion in der Moderne:

„Die neue Vorstellung war, dass Architektur, außer eine Kunst zu sein, auch ein Dienst an der Gemeinschaft ist. Die-

1 Vitruv: *Zehn Bücher über Architektur,* übers. und mit Anm. vers. von Curt Fensterbusch, Darmstadt (Wissenschaftliche Buchgesellschaft) 1964, 45.

2 Übersetzungsbeispiele in David Smith Capon: *Architectural Theory. Volume One. The Vitruvian Fallacy*, Chichester–New York u. a. (Wiley) 1999, 4, 8, 20, 21 u. a.

3 Günther Fischer, *Vitruv NEU oder Was ist Architektur?* (= *Bauwelt Fundamente* 141), Gütersloh u.a. (Birkhäuser Bauverlag) 2009, 132.

ser neue Sinn für soziale Verantwortung drückte sich im Prinzip des Funktionalismus aus – also daß Form der Funktion folgt in dem Sinn, daß ein Bau vor allem funktionieren muß und nichts an seinem Äußeren – auch nicht seinem Inneren – sein Funktionieren beeinträchtigen darf; oder, umgekehrt, daß die Schönheiten des Äußeren [nicht auch des Inneren? H. C.] nach der Sicherstellung der vollsten funktionellen Erfüllung ausgearbeitet werden müssen und nie auf deren Kosten."[4]

Nach dieser Darstellung könnte man also auch darauf *verzichten*, Schönheiten auszuarbeiten. Es müsste dann, wie Adolf Krischanitz einmal gesagt hat, „das ausschließlich gebrauchsfähige Ding an sich"[5] geben, wenn Funktion so definitionsmächtig wäre. Leute wie Hannes Meyer haben sich das so vorgestellt.

Nun ist Pevsner kein simpler Denker; und sein Verständnis für die englische Gartenkunst, seine produktive Rezeption und Analyse von deren komplexer Theorie lassen dieses Zitat nicht frei von Ironie erscheinen.

Aber auf dieser Stufe der Einsicht steht sogar Immanuel Kant; er definiert die Baukunst als jene, die Dinge wohlgefällig macht, die „einen willkürlichen Zweck zum Bestimmungsgrunde" haben, nämlich den „Gebrauch …, worauf als Bedingung die ästhetischen Ideen eingeschränkt werden".[6] Mit „willkürlich" meint er, dass jener Zweck nicht aus der Baukunst selbst, sondern von außen an sie herankommt; also *vorgegeben* ist. Auch hier könnte man darauf verzichten, die Dinge wohlgefällig zu machen.

Woher kommt also der vorgegebene Zweck von außen? Erinnern wir uns: Bei Pevsner ist er ein Dienst an der Gemeinschaft – vielleicht kommt er überhaupt vom konkreten Nutzer, dann wäre die Erfüllung des Zwecks eine Dienstleistung.

Aber nicht einmal die Theorie des Funktionalismus hat das Wort „Dienstleistung" verwendet. Architektur als *Dienstleistung*? – In einem engeren rechtlich-wirtschaftlichen Sinn: ja; aber was da zunehmend als Dienstleistung nachgefragt wird, ist nicht eine Gesamtverantwortung, der aufgegeben wird, *was* man will, aber nicht *wie*, sondern es sind zunehmend spezifische Teilleistungen aufgrund von Investment-Voraussetzungen, deren Ursprung im Dunkeln bleibt.

Genauer betrachtet greift *keines* der Kriterien Vitruvs noch wirklich: Die ersten beiden, Festigkeit und Zweckmäßigkeit, sind zur *Haftungsfreiheit* verkommen, die Schönheit ist in den *News-Wert* gestolpert, der durch Star-Architektentum vermittelt ist. Das sind nun tatsächlich getrennt zu vergebende Teilleistungen; die passen gut in den Modebegriff „Consulting", auf den manche Junge sehr stolz sind, weil sie gar nicht merken, dass sie damit schon im Ansatz zu bloßen Erfüllungsgehilfen (und -gehilfinnen) werden.

Ein Zitat von Adolf Behne (*Sachlichkeit*, 1926): Dazu, dass Architekten sich „auf den Zweck und seine Erfüllung bei der Erklärung ihrer Bauten berufen", schreibt er: „Berufung auf den Zweck macht jedenfalls das Denken nicht entbehrlich. Denn gerade die Setzung des wahren Zweckes ist eine wesentliche Leistung des Architekten … An seiner Deutung des Zweckbegriffes erkennt man den Rang des Architekten … Sachlichkeit bedeutet diszipliniertes, verantwortetes Denken: bedeutet ein Schaffen, das alle Zwecke mit und aus der Phantasie erfüllt."[7]

---

4 Nikolaus Pevsner: „The return of historicism", in: Stephen Games (Hg.): *Pevsner on Art and Architecture. The Radio Talks*, London (Methuen) 2002, 271–278: 272 (übers. v. H. C.).

5 Adolf Krischanitz: *Architektur ist der Unterschied zwischen Architektur*, Ostfildern (Hatje Cantz) 2010, 210.

6 Immanuel Kant: *Kritik der Urteilskraft* (1790), § 51.

7 Adolf Behne: „Sachlichkeit", in: *Der Aufbau*, Wien, 8–9/1926, 146.

Phantasie ist hier positiv gemeint, nämlich sinnhaft, das heißt in Gedanken begründet. Das ist die *gute* Phantasie.

Ob Architektur eine Kunst ist, ist kontrovers beantwortet worden. Adolf Loos hat das strikt verneint; er hat eine radikale Unterscheidung von Kunst und Architektur gefordert: „Das haus hat allen zu gefallen. Zum unterschiede vom kunstwerk, das niemandem zu gefallen hat … Das kunstwerk will die menschen aus ihrer bequemlichkeit reißen. Das haus hat der bequemlichkeit zu dienen."[8] Josef Frank hielt es für sinnlos, diese Frage entscheiden zu wollen; er hat diesen Unterschied konzilianter gesehen: „Der Architekt muß Fähigkeit und Willen haben, etwas Schönes zu machen, das kein Kunstwerk ist."[9]

Aber wenn Architektur Kunst ist, dann hat man sie jedenfalls über Jahrhunderte als eingeschränkt oder verunreinigt angesehen dadurch, dass Menschen sie gebrauchen können oder dass sie nicht einstürzen darf. Dieser Begriff einer „angewandten" Kunst, die gewissermaßen minderwertiger als die eigentliche Kunst ist, war schon in klassischer Kunsttheorie falsch – das Material der Architektur sind eben nicht bloß Baustoffe, Konstruktionen, Licht oder Raum, sondern zunächst und schließlich das lebendige Befinden und Verhalten von Menschen. Das ist *Material* der Architektur, nicht ihre Einschränkung. „Funktion" ist nicht etwas dem Entwurf Vorgegebenes, sondern sie wird durch ihn erst geschaffen.

Die Zwecke als Zwangsvorgabe von außen anzusetzen, ist eben ein Missverständnis. Die „Funktion" ist immer erst *im Entwurf vermittelt*. Vorher ist sie nicht da; so wenig wie Raum und Konstruktion. Wie Musik mit Ohren vernehmbar sein muss (was ihr schließlich noch niemand angekreidet hat), so ist der Bau seinem Wesen nach benutzbar. Haben Sie schon einmal überlegt, dass es eine Bedingung der Musik ist, dass man sie mit Ohren hören können muss – ist das eine Einschränkung? Oder nicht vielmehr das, womit die Musik arbeitet? Das, was ich höre und dabei erlebe und verstehe, ist die Musik; das, was ich gebrauche, worin ich mich befinde (oder darauf, darunter, daneben) und wie ich mich darin befinde und verhalte, unbewusst und bewusst, ist die Architektur. Nutzung und Verhalten sind Wahrnehmungsweisen der Architektur, und zwar die hauptsächlichen Wahrnehmungsweisen.

Und wie Musik die Sonderfälle der Stille und der schmerzenden Lautstärke anwendet, so der Entwurf die Sonderfälle der abwesenden oder verhinderten „Funktion".

Der kurze Text von Adolf Behne, den ich vorher zitiert habe, spricht nicht nur von Zwecken, sondern auch von Sachlichkeit; er ist mit „Sachlichkeit" überschrieben. Und Sachlichkeit kommt nicht wie die „Zwecke" von außen. Sachlichkeit tendiert in die andere Richtung: Gegenüber den „Forderungen der Sache selbst" hat der oder die Konsumierende überhaupt das Recht verloren. Sie stellen sich dem oder der Entwerfenden aus dem Material, das bearbeitet wird, aus den Fragen, die sich im Entwurf ergeben.

Das ist der Raum und seine Konditionen, die Konstruktion, die modulare Addition der Bauteile, Licht, Klima, Farbe, Assoziationen, kurz: alles, was in die Absichten von Architektur eingeht und in einer planerischen Entscheidungsreihe zu beantworten ist. Diese „Sachen" sind sehr verschieden und liegen auf verschiedenen Ebenen.

Loos schreibt schon 1898: „Man will eine steinerne Kirche haben, gut, man geht zum Steinmetz. Man will eine Rohbaukaserne. Die macht der Maurer. Man will ein Stuckwohnhaus. Man gibt dem Stuccateur den Auftrag. Man will einen hölzernen Plafond im Speisesaal. Den macht der Zimmermann.

8 Adolf Loos: „Architektur" (1910), in: Loos: *Sämtliche Schriften*, Band 1, hg. v. Franz Glück, Wien–München (Herold) 1962, 302–318: 314–315.

9 Josef Frank, Unveröffentlichte Schriften, Archiv Czech/Architekturzentrum Wien Sammlung.

Ja aber – so wird man einwenden – wo bliebe denn dann die gleichartige künstlerische Durchbildung. Ich leugne die Nothwendigkeit einer solchen."[10]

Architektur hat also mit sehr vielen verschiedenen Sachen zu tun. Wenn man jeder dieser Sachen gerecht wird, dann bedeutet Sachlichkeit nicht Einheitlichkeit, sondern im Gegenteil: Heterogenität.

Man muss gar keine künstlerische Einheit anstreben; die ist nämlich gar nicht anders zu erreichen als über die Heterogenität. Auch ein Lichtschalter war einmal ein Fremdkörper im Innenraum. Das ist die erforderliche Einsicht, dass der Weg zur Einheit eben über Heterogenität führt. Dieses ambivalente Ergebnis von verschiedenen Kriterien, die im Ergebnis zur Deckung kommen können, aber sich sogar dann noch durch ein Vibrieren verraten, dieses Ganze kann zu dem Anspruch werden, der mit Schönheit gemeint ist.

Zur Zeit meiner Ausbildung war Architektur eine Rechtfertigungskunst: Warum haben Sie das so gemacht, Herr Architekt? Was haben Sie sich dabei gedacht? Damit war gar nicht so sehr die Begründung durch Zwecke gemeint (also: „Wozu braucht man das, was hilft uns das?"). Ich habe überhaupt unter Entwurf eine Reihe von aufeinander aufbauenden Entscheidungen verstanden, Entscheidungen, die in den vielfältigen Materien, den verschiedenen Sachen, mit denen Architektur zu tun hat, und *aus* diesen Materien, zu einem schlüssigen Entwurfs-Ergebnis führen mussten. – Ein Aspekt dieses Ergebnisses war die Form, oder auch die Formen, die also nicht vorher bekannt sein konnten.

Diese Entscheidungsreihe war als nachvollziehbar vorgestellt – in dem Sinn: Meine Lösung ist so richtig, dass jede schlüssig denkende Person auf dieselbe Lösung kommen müsste.

Die einschneidende Erfahrung, die der Student oder die Studentin dazu macht, ist: Erstens: Überraschenderweise macht es jemand anderer ganz anders. Zweitens: Das bedeutet keineswegs Beliebigkeit. Diese andere Lösung kann ebenso profund sein. Die Antworten auf das „Warum" lauten dann eben anders, aber vielfach lautet heute die Antwort auf das „Warum?": „Warum nicht?"

Diese Antwort, so herzig sie ist, bedeutet, „die intersubjektive Begründung des Entwurfs überhaupt zu verweigern" und sich auf eine „freie schöpferische Kraft des Künstlers oder die Originalität seiner Idee zu berufen".[11] So ist die Phantasie bei Adolf Behne nicht gemeint, nämlich die sachfremde Phantasie. Loos verwendet polemisch diesen negativen Sinn von Phantasie; bei ihm sagt der Sattlermeister zum Künstler: „Herr professor! Wenn ich so wenig vom reiten, vom pferde, vom leder und von der arbeit verstehen würde, wie sie, dann hätte ich auch ihre phantasie."[12]

Das ist die *schlechte* Phantasie – die führt nicht zum Punkt. Aber ebenso wenig kann sich die Architektur mit von außen vorgegebenen Zwecken rechtfertigen, zum Beispiel weil sie vom Investor kommen. Der Entwurf *darf* sich gar nicht aus „Funktionen" herleiten, wenn sie nicht im Entwurf auf ihre Berechtigung befragt und „selbst als wohlbegründet eingesehen"[13] worden sind.

---

10 Adolf Loos: „Die alte und die neue Richtung in der Baukunst", in: *Der Architekt*, Wien, 3, 1898, 31–32 (Zweiter Preis einer Ausschreibung der Zeitschrift).

11 Elisabeth Nemeth: „Ein Versuch. Zum Verhältnis von Architektur und Philosophie im Werk von Hermann Czech", in: Eva Kuß: *Hermann Czech. Architekt in Wien*, Zürich (Park Books) 2018, 147–160: 151.

12 Adolf Loos: „Der sattlermeister" (1903), in: Loos, 219–220: 220 (s. Anm. 8).

13 Nemeth 2018 (s. Anm. 11).

Aber ich gehe weiter: Der Gebrauch, Nutzung und Wahrnehmung überhaupt – die Funktion als Ganzes – ist das Werk des Entwurfs, auch wenn sie Gegenstand von Umdeutung oder Entstellung werden kann. Ein Wechsel der Nutzung beruht ja wieder auf einem Entwurf, der neue Bedingungen schafft.

*

Am Ende einer Gastprofessur musste ich einmal ein Evaluierungsformular austeilen, auf dem Fragen an die Studierenden vorgedruckt waren, ich als Lehrender aber selbst Fragen hinzufügen konnte. Ich habe die Frage gestellt, ob der Student *ausreichend verwirrt* worden ist.

Möglicherweise kann der Funktion als dem irreführendsten Begriff der Architekturtheorie zunächst mit Verwirrung geholfen werden. Das ist vielleicht gelungen. Zur Lockerung möchte ich die entspannteste Fassung eines Funktionalismus-Konzepts referieren; sie findet sich bei Josef Frank: „*Man kann alles verwenden, was man verwenden kann.*“[14]

---

14 Josef Frank: „Der Gschnas fürs G'müt und der Gschnas als Problem“ (1927), in: Frank: *Schriften Band 1: Veröffentlichte Schriften* 1910–1930, dt./engl., hg. v. Tano Bojankin / Christopher Long / Iris Meder, Wien (Metro/Löcker) 2012: 288–298: 298 (kursiv im Original).

Museum mit zwei Inhalten

*Architektonisches Konzept und Ausstellungsgestaltung**

(2020)

Das Gebäude

Bei der Neugestaltung des Sigmund Freud Museums geht es nicht um die Erhaltung, Restaurierung, Rekonstruktion oder auch den Umbau eines architektonischen Objekts. Es stellen sich zwar ebenso die Fragen, ob und wie architektonische und räumliche Werte zu erhalten, Schäden und Fehlstellen zu reparieren und zu ergänzen (aber nicht zu verleugnen) sind, und wie allenfalls aus dem Bestand und erforderlichen neuen Interventionen ein neues Ganzes zu schaffen ist, aber diese Fragen stellen sich nicht primär aus dem Gebäude als einem Werk der Baukunst. Zielsetzungen, wie sie zum Beispiel bei David Chipperfields Wiederaufbau des Neuen Museums in Berlin 2003–09 gefasst wurden, sind in ihrer Reflexion und Konkretheit tragfähige Parallelen, haben aber einen anderen Ausgangspunkt.

Das Haus Berggasse 19 ist ein respektables, in Einzelheiten nicht unoriginelles Miethaus der Wiener Hochgründerzeit. Sein hoher Denkmalwert begründet sich aber nicht daraus, sondern aus der historischen Nutzung des Mezzanins und des Hochparterres. Diese Räume sind ein Museum ihrer selbst. Von der historischen Nutzung enthalten sie allerdings nur bauliche, teilweise verborgene Spuren. Diese authentischen Gedenkräume sind die Ursache und der zentrale Gegenstand der Intervention, und zwar als Ambiente der historischen Personen, nicht primär als architektonische Substanz.

Fassade 1938

Nunmehr sind für einen den Besuchszahlen entsprechenden geregelten Museumsbetrieb neue Serviceeinrichtungen erforderlich: ein Veranstaltungssaal im ersten Stock sowie die Museumskasse, ein Shop und ein Café im Erdgeschoß. Diese Eingriffe finden außerhalb der authentischen Räume statt. Lediglich die zusätzliche vertikale Erschließung durch einen Aufzug und eine Fluchttreppe beansprucht Flächen der historischen Nutzung, nämlich die ehemalige Küche und einen Nebenraum.

Fassade vor dem Umbau

Unseren Maßnahmen in diesen „nicht-authentischen“ Teilen des Hauses liegen keine speziellen denkmalpflegerischen

* In den Anfängen dieses gedanklichen Konzeptes haben sich Walter Angonese, Bettina Götz, Richard Manahl (die letzteren beiden als Büro ARTEC) mit dem Verfasser in der Wettbewerbsphase 2017 zusammengeschlossen und nach der Beauftragung den Umbau geplant. Walter Angonese ist wegen der geografischen Entfernung seines Büros während der Ausführungsphase aus der operativen Teilnahme ausgeschieden.

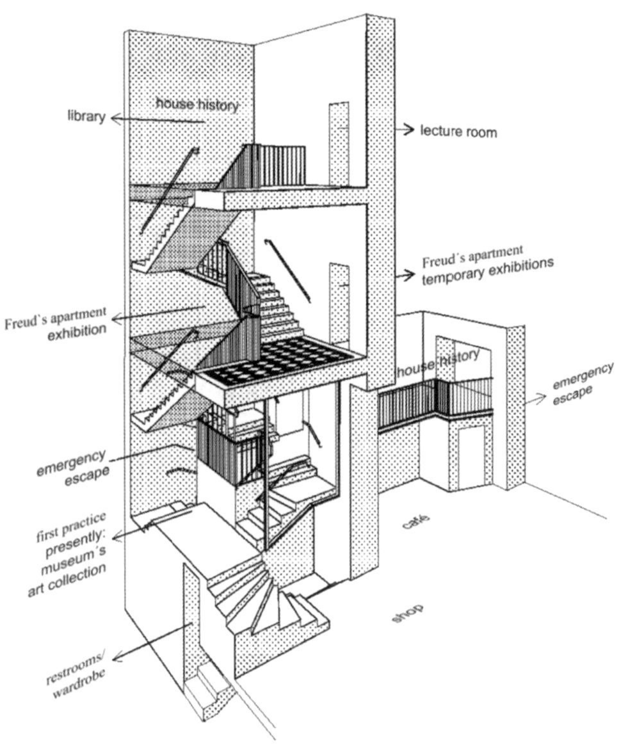

Entscheidungen zugrunde. Sie folgen sorgfältigen Überlegungen, wie sie bei jedem Umbau anzustellen sind, und die den Bestand sowohl respektieren als auch sinnvoll umdeuten und ein neues Ganzes ergeben.

Rekonstruktionen stehen in diesem Bereich nicht zur Diskussion, auch im Äußeren nicht. Die Straßenfassade der Obergeschosse ist im Bestand saniert, wie man das bei jeder respektierten Gründerzeitfassade machen würde. Im Erdgeschoß haben wir die originale in Putz ausgeführte Fassade mit ihrer Rustika-„Stein"-Teilung in keiner der voneinander abweichenden Fassungen (des Einreichplans und der tatsächlichen originalen Ausführung) rekonstruiert. Unsere reduzierte Gestaltung der Portale für Shop und Café verwendet die seit 1956 bestehende glatte Putzfront mit den drei seither gleichen Öffnungen (damals wurde die mittlere, ursprünglich symmetrisch dem schmäleren rundbogigen Haustor entsprechende Geschäftsportalöffnung vergrößert). In der westlichsten Achse, links vom Haustor, waren die Mauerpfeiler schon vor 1938 glatt verputzt; wegen der schadhaften Verkleidung wurde das damals nur verdeckte Gurtgesims jetzt freigelegt. Die Hoffassade blieb in der (nach 1945 hergestellten) Fassung ohne ornamentale Gliederung.

Das Stiegenhaus, insbesondere der zum Hof befahrbare Hausflur hinter dem Haustor und der rechtsseitige offene Aufgang ins Hochparterre gehörten zu der alltäglichen Umwelt der Familie Freud, ihrer Gäste und schließlich der Patientinnen und Patienten. Genau genommen sind sie der besterhaltene Teil dieses historischen Ambientes. Schon um dieser Erfahrung willen nimmt der reguläre Zugang zum Museum nach wie vor diesen räumlich charakteristischen Weg.

Die authentischen Räume

Persönliche Gedenkstätten können verschiedene Voraussetzungen haben. Fast immer durch den Ortsbezug definiert, kann ihr Originalbestand zwischen null und vollständiger Erhaltung variieren.

Ein extremes Beispiel: Das Erdgeschoß des Wohnhauses von René Magritte (1898–1967) und seiner Frau Georgette Berger (1901–1986) in einem Vorort von Brüssel – offenbar seit seiner Nutzung als Wohnhaus und Atelier der beiden (bis 1954) wenig verändert – wurde durch einen Sammler sorgfältig restauriert und 1998 eröffnet. Es bietet die nahezu perfekte Illusion, in das originale Ambiente einzutreten. Sogar der präparierte Hund auf dem Bett ist nicht unerträglich.

René Magritte, Wohnhaus

und der Druckerwerkstatt – lediglich aufgrund von historischen Versicherungsunterlagen.

Wenn Sigmund Freuds Wohnung und Ordinationen (letztere vor und nach 1908 in verschiedenen Geschossen) nunmehr praktisch ihrer Einrichtung und Ausstattung, ihrer Wandoberflächen beraubt sind, so ist das nicht einem Naturereignis und nur zum kleinen Teil (Wechsel der Ordination) unschuldigen Geschichtsläufen zuzuschreiben.

Freuds Familie wurde 1938 aus ihrer Mitwelt – von eben dieser – vertrieben. Sein Hab und Gut konnte Freud mitnehmen. Dass die originäre Gedenkstätte mit dieser Leere zurechtkommen muss, war seit ihrer ersten Eröffnung 1971 klar. Die gegenwärtige Direktion würde die – vielfach versuchte –

Franklin Court

Johann Wolfgang Goethes Haus in Weimar ist vom Bewohner selbst schon auf die Repräsentation seiner Persönlichkeit für die Zeitgenossen zugerichtet worden. Der Architekt John Soane hat drei Reihenhäuser des Georgianischen London zwischen 1810 und 1837 schrittweise in seine Residenz verwandelt, aber dabei schon für die Nachwelt als Museum für seine eigene und die Architektur überhaupt konzipiert.

Ein Gegenbeispiel: Das Haus, das sich Benjamin Franklin (1705–1790) in Philadelphia 1763 errichten ließ, wurde 1812 aus Renditegründen abgebrochen und durch eine Neubebauung ersetzt. Ab 1972 wurde eine Rekonstruktion diskutiert. Über einem unterirdischen Museum wurde schließlich eine *„ghost" reconstruction* durch Robert Venturi, John Rauch und Denise Scott Brown ausgeführt und 1976 eröffnet. Sie besteht aus den mit Stahlprofilen dargestellten Umrissen des Hauses

Montage zweier Aufnahmen des Behandlungsraums von 1938

Rückholung der Couch aus London sogar für eine Geschichtsfälschung halten.

Die Gedenkstätte kann nur auf den leeren authentischen Ort verweisen: *Hier war das* – hier lebten Freud und seine Familie, hier wuchsen die Kinder auf. Und hier entstanden die Anfänge der Psychoanalyse – nicht nur durch Freud selbst und seine Analysefälle, sondern auch durch die Teilnehmer der Psychologischen Mittwoch-Gesellschaft und schließlich durch Anna Freud. Aber *es ist nichts mehr da.*

Wir wissen zwar, wie die meisten Räume ausgesehen haben: 1938 hat der Fotograf Edmund Engelman ihren Zustand dokumentiert. Nada Subotincic hat 1997 nach diesen Schwarz-Weiß-Fotos minutiöse Wandansichten und einen Grundriss von Ordination und Arbeitszimmer gezeichnet. Fast alle Gegenstände, wie etwa der Schreibtisch mit allem, was darauf stand, befinden sich in London und sind dort genau dokumentiert. Könnte man versuchen, zumindest diese wichtigsten Räume im Zustand von 1938 nachzubilden?

Neben die methodischen Fragen, die ein solches Vorhaben aufwürfe (einmal die Farbwiedergabe, danach die Simulation der Wand-, Decken- und Bodenoberflächen, die Wiederherstellung der Möbel, schließlich die Repräsentation der anti-

Nada Subotincic, Wand im Behandlungsraum

ken Originale und der Bücher, überhaupt aller Gegenstände, bis zum Zigarrenstummel?), tritt alsbald die Einsicht, dass das Ergebnis nur ein Surrogat sein könnte. Schon der ersichtliche Aufwand dieser Bemühung würde vom Gegenstand der Ausstellung ablenken.

Das gilt aber auch für jeden Versuch einer „abstrakten", „symbolischen", also irgendwie reduzierten Wiedergabe, die sich jedenfalls mit der methodischen Klarheit der Texte Sigmund Freuds messen müsste.

Schließlich würde der Versuch einer Wiedergabe der Raumausstattung sogar einer anderen Zielsetzung im Wege stehen, nämlich der *sachlichen Information*. Das Sigmund Freud Museum soll auch wissenschaftliche, historische und biografische Information über die Psychoanalyse, ihre Entstehung und die beteiligten Personen vermitteln. Dieser Aspekt ist nicht an bestimmte Räume (nicht einmal an das Freud-Wohnhaus überhaupt) gebunden.

Für dieses nicht unmittelbar die authentischen Räume betreffende Ausstellungsmaterial werden nun gerade *nicht* die Wände dieser Räume benutzt. (Darin unterscheidet sich die neue Präsentation von der bisherigen des Freud-Museums.) Diese Information mit ihren zahlreichen Exponaten ist in Vitrinen angeordnet und bildet einen eigenständigen kuratorischen Zusammenhang, auf den Abfolge und Form der Vitrinen abgestimmt sind.

An den Raumwänden finden sich ausschließlich Hinweise zu den Hausräumen und ihrer historischen Nutzung, Einrichtung und ihren Oberflächen (deren konservatorisch-restauratorische Befunde werden gezeigt). Sie vermitteln die örtliche und räumliche Präsenz: die physische Erfahrung der wichtigsten authentischen Lokalität, in der die wissenschaftliche Arbeit und die persönliche Lebensführung der beteiligten Menschen stattfand. Insofern sind die authentischen Räume in diesem Gebäude ein Museum ihrer selbst. Dieser Aspekt kann nur im Haus Berggasse 19 wahrgenommen und erlebt werden – im Verständnis seiner Räume und ihres Zusammenhangs.

Die Ausstellung vermeidet es, den allgemeinen Informationsaspekt und den Örtlichkeitsaspekt medial zu vermischen. Zwar sind die beiden Aspekte im Museum gleichzeitig repräsentiert und werden simultan erfahren – in manchen Fällen treten die Räume und die Exponate der Vitrinen sogar in lose Beziehung –, doch dient es der Verständlichkeit der vermittelten Inhalte, wenn man sie gedanklich auseinanderhalten kann.

Der Weg durch das Museum bietet also einerseits eine Erfahrung der Räume und ihrer Anordnung, ihrer ehemaligen Nutzung und Geschichte, sowie einzelne Hinweise zu ihrem ehemaligen Aussehen. Andererseits liefert er – davon unterschieden – eine abgestufte allgemeine Information durch Exponate, Texte und Bilder.

Die Familie Freud verließ das Haus Berggasse 19 im Juni 1938. Sowohl vor als auch nach diesem kritischen Zeitpunkt haben Veränderungen ihrer Räume und des Hauses stattgefunden, welche für die Gedenkstätte relevant sind.

Vor 1938 betreffen sie den Wechsel von Mietflächen, den Wechsel der Ordination, den Wechsel in der Benützung durch die Familienmitglieder. Nach 1938 spiegelt das Haus die Zeitgeschichte: Teile des Hauses dienten als „Sammelwohnungen" für jüdische Menschen vor deren Deportation, wurden „arisiert", das heißt von nichtjüdischen, meist nationalsozialistischen Personen bewohnt, oft bis weit nach 1945. 1971 wurde eine Freud-Gedenkstätte eröffnet und Ende der 1980er Jahre umgestaltet; auch diese Eingriffe – und schließlich die jetzt vorgenommene Adaption – sind zu reflektieren und verständlich darzustellen. Das wäre bei der ausschließlichen Referenz auf den Zustand von 1938 nicht möglich.

Die Quellen für diese Information sind neben der Literatur (Beschreibungen, Briefe), die von der wissenschaftlichen Leitung des Museums, Daniela Finzi, gesammelt wurde, restauratorische Befundungen von Wand-, Decken- und Bodenflächen von Hans Hoffmann und aktuell vom Team Riff OG,

Befund, Riff OG

schließlich in Verbindung damit Foto- und Filmmaterial, das Gerhard Flora im Detail untersucht hat. Die daraus zu gewinnenden Aufschlüsse sind punktuell und vielfach zufällig. Außerdem müssen sie hinsichtlich ihrer beim Museumsbesuch verständlichen Darstellbarkeit ausgewählt werden.

Für die Präsentation der Hausgeschichte bieten sich die nunmehr nicht authentischen Wände der neuen Erschließungs- und Fluchttreppe an. Von den baulichen Interventionen durch Wolfgang Tschapeller (1989) haben wir im Zuge der Erweiterung der Ausstellungsfläche einige entfernt oder neu platziert, andere (etwa die Fluchttreppe zum Hof) belassen.

Der Parcours durch das Museum wird den Besucherinnen und Besuchern weitgehend selbst überlassen; möglichst früh sollte jedoch eine Orientierung (*mental map*) entstehen können, die eigenständige Rück- und Querwege begünstigt.

Außentreppe, Wolfgang Tschapeller

Heinz Frank

Grabrede

(2020)

Wer immer Heinz Frank gekannt hat, wird sich an seine Komik erinnern. Die Instrumente seiner Wirkung waren Sprache und Körper, das sind die Mittel des Schauspielers. Aber Franks Mittel gingen darüber hinaus: schließlich war auch das Kostüm von ihm, und vor allem der Text.

Sein Witz konnte durchaus aggressiv sein – aber doch nie so verletzend, dass man nicht selbst lachen musste. Es muss erlaubt sein, auch an seinem Grab zu lachen: Ich half ihm einmal in einer Ausstellung der Galerie Winter, in der schwere Betonplatten zum Einsatz kamen, und eine der Platten kippte mir auf den Rist. Als ich daranging, den Schuh zu öffnen, sagte Heinz: „Schau *net* eine." – Auch ich musste trotz des Schmerzes lachen. (Übrigens stellte sich heraus, dass eine ebenfalls dazwischengeratene Holzleiste den Schaden gemildert hatte.)

In dieser selben Ausstellung zeigte er eine abstrakt-geometrische Anhäufung von Eisblöcken, die nur bis zum Tag nach der Eröffnung existierte – Formen, die sich also auflösten und schon Franks späteres Motto verwirklichten: *Ungeformtes umformen in Formloses*.

Aber er hat nicht mit Kunstwerken begonnen. Das Kunstwerk ist eine *Nacherzählung*, wie er es nannte, „nur eine Vorstufe zu dem, wo man hinkommen kann, nämlich ein Papier und einen Stein unberührt zu lassen und trotzdem ein Mensch (Künstler) sein".

Dort also, wo man erst *hinkommen* müsste, war er ja vorher; er ist von dort aufgebrochen.

Franks wenigen architektonischen Arbeiten lag nicht die von mir postulierte Methodik zugrunde, was zwischen uns zu unterhaltsamen Diskussionen führte. Ich respektierte die Erfahrung, dass Qualität auch aus anderen Quellen möglich ist; bei seiner Wohnung für Hans Neuffer – im *Domus* 1971 als seine eigene Wohnung publiziert – war ich als assistierender Mitarbeiter beteiligt. Seine letzte Wohnung in der Guntherstraße ist eine Kostbarkeit, die erhalten werden muss.

An die Architektur anschließend, waren Franks zeichnerische Anfänge sachliche Utopien, sozusagen unmögliche Forderungen, so zum Beispiel der *Gehverstärker*, lange vor den heutigen *scootern*, ja noch vor den eher entsprechenden *inline skates*.

Heute kann man Dreidimensonales digital ausdrucken – das entspricht Franks Utopie vom *Allesmacher*, 1971: „jetzt ist der allesmacher da", schreibt er, „*handlich, und* macht es wahrscheinlich chemisch … wir haben ihn zur hochzeit bekommen, sagt das junge paar, und sind sehr glücklich … wir nehmen allesmacher und machen alles wie wir es uns immer gewünscht haben, gestern das bett und morgen das übrige … wir freuen uns riesig, daß es klappt. Wenn es nicht sitzt, verwenden wir den sogenannten alleslöscher, der alles löscht, und beginnen von vorne." Beigefügt war die Abbildung eines Kugelschreibers.

Der *Alleslöscher* allerdings, der das Müllproblem löst, ist eine auch derzeit noch unmögliche Forderung.

Schließlich kommen Architekturphantasien auf seine Blätter, nicht nur räumliche, sondern solche von ungewöhnlichen Materialien und inhaltlichen Assoziationen.

Von Walter Pichler hat er sicher Wege der zeichnerischen Darstellung gewonnen, nur ist Franks Bestreben, wie Georg

Schöllhammer schreibt, weniger auf Schönheit gerichtet; vielleicht könnte man sagen, nicht auf Vollendung. Dieter Roths Schokoladeplastiken sind ihm näher.

Wann Frank mit Plastiken begonnen hat, daran erinnere ich mich nicht mehr. Mit Franz West – zunächst auch einem Außenseiter – hat er eine gewisse Lässigkeit gemeinsam, aber in einem Interview von Christian Reder, 1988, sagt Frank, dass er nie „modern" gewesen sei – „im Unterschied", sagt er, „zum Beispiel zu Franz West, bei dem mir einiges gefällt, schon weil er von der Oberfläche her in einem ‚modernen' Sinn vieles negiert. Nur würde ich das nie so machen, weil er eben ‚modern' ist und ich nicht."

Was immer Frank mit „modern" meint – jedenfalls hat seine Sprache, nämlich seine Texte zu den späteren Plastiken, nichts mit seiner früheren sprachlichen Komik zu tun; seine Titel ziehen uns in eine ausweglose Spirale, die keinen Spaß mehr kennt. Die Sprache Franz Wests mag auch kryptisch und hermetisch sein; sie liefert jedoch humor-tauglichere Assoziationen.

Im selben Interview verweist Frank „auf die enormen Vorgaben in der Kunst, auf die wunderschönen Sachen, die es da gibt. Dabei hat mich dann zunehmend Kunst interessiert, die ursprünglich keine war …" Als Bub ist er in Altamira gewesen und „die Höhlenbilder haben mir schon damals unheimlich gut gefallen".

*

Nach dem Vorbild der *Kunst, die ursprünglich keine war*, strebt er nach Sachen, die auch jetzt keine sind, und nennt sie auch so: *Sachen*. Er nimmt *ungeformtes* Material aus Gedanken, Bildern, Gefühlen, *formt* es *um*; und das Ergebnis ist *Formloses*. Wir haben das Motto gehört: *Ungeformtes umformen in Formloses*. Also Form zerstören (was nicht heißt: zerstörte Formen verwenden, wie das der illustrative Dekonstruktivismus missverstanden hat). Das heißt vielmehr Form nicht als bloße Form zulassen. Frank fragt sich, „warum … ausgerechnet das Formloseste in unserem Körper", nämlich das Hirn, „interessiert ist, außerhalb von sich Form zu erzeugen".

Mit Wolfgang Mistelbauer habe ich den Kampf von Adolf Loos gegen das Ornament verstanden als Kampf gegen jede Form, die nicht Gedanke ist. Heinz Frank ist gar nicht so unmethodisch, wie ich ihm vorhielt – während es in der Architektur Gedanken faktischer Art sind, sind es bei Frank Gedanken poetischer Art, die die bloße Form durch Inhalt aufheben – das *Loch* zum Beispiel.

Franks *formlose Sachen* lassen nicht nach: weder im dreigeschossigen Keller von Erhard Löckers Antiquariat noch zum Beispiel 2014 in Lilli Holleins *Vienna Design Week* zwischen den Kristallkandelabern des Palais Schwarzenberg.

*

„I bin ka Künstler. Des Anzige wos i bin, is: am Leben." Das ist er nicht mehr; aber neben der Erinnerung bleiben seine *Sachen*.

„Eigentum ist Diebstahl“ – die Vulgärfassung

(2015)

Im Zuge der begrüßenswerten Skrupel über die Integrität wissenschaftlichen Arbeitens ist ein Begriff aufgetaucht, der gleich wieder die gedankliche Schlamperei mancher verrät, die, unbeschwert von kontinuierlicher Erkenntnisarbeit, sich ihrer Redlichkeit sicher sind: der Begriff des „Selbstplagiats“.

Wenn jemand unberechtigten Vorteil aus dem falschen Anschein zieht, eine eigene Erkenntnis werde jetzt erstmalig dargeboten, dann ist das Täuschung oder Betrug oder was immer. Der Begriff „Selbstplagiat“ jedoch ist eine *contradictio in adiecto* und kann nur einem – wenn auch „wissenschaftlichen“ – Redakteursgehirn entspringen, das berufsbedingt Inhalt und News-Wert verwechselt oder vielmehr glaubt, dieser sei jener.

Der einzige generelle Vorteil, den eine Wiederholung gegenüber der früheren, eventuell Priorität sichernden Publikation bringt: die größere Verbreitung – wieso sollte der unberechtigt sein?

Soll ein Forscher, Lehrer oder Politiker, überhaupt eine denkende Person ihre Aussagen wechseln oder verändern, nicht um sie zu entwickeln, sondern um sich nicht „selbst“ zu „plagiieren“?

Wenn ich einen Gedankengang zum dritten Mal darbiete – sei es in verbesserter Fassung oder in der ersten, weil diese die beste war, sei es in anderem oder gleichem Zusammenhang, sei es mit oder ohne Hinweis auf die früheren Texte –, dann wäre es einer Redaktion, selbst wenn sie ihn schon zweimal gelesen und verstanden haben sollte, angemessener, für die neuerliche Gelegenheit zu danken und sich darum zu kümmern, dass wenigstens diesmal Kursivstellen und Absätze nicht verloren gehen.

Gender und Sprache

(2014)

Der Autor lehnt es ab, dass seine Weltauffassung an einer Sprachregelung geprüft wird – egal ob deren Zielvorstellung eine bessere oder schlechtere Welt ist. (Er hat als Kind noch mit „Heil Hitler!“ grüßen müssen.)

Das Verschwinden der Architektur

CHRISTIAN KÜHN

anlässlich der Verleihung des Hans-Hollein-Kunstpreises an Hermann Czech

Die Begriffe „Denken" und „Gedanke" spielen eine zentrale Rolle in Hermann Czechs Architekturauffassung. Von beidem gibt es, wie Czech von Beginn seiner Laufbahn an nicht müde wurde zu betonen, nicht nur in der Architektur, sondern auch in ihrer Theorie einen spürbaren Mangel. „Bloßes Denken muss in die Architektur erst wieder eingeführt werden", erklärte er in einem Text über „Konvulsionen der Architekturtheorie" aus dem Jahr 1969.[1] In der damaligen Atmosphäre kollektiven Zukunftsrausches, die Czech als „gehirnlähmend"[2] empfand, forderte er von der Architekturtheorie, sich wieder auf das Eigentliche zu konzentrieren, auf das „Denken zum Entwurf".

Hermann Czech steht damit in einer Tradition, die auf Adolf Loos und Josef Frank zurückgeht. Beide verdanken, wie Czech, ihren besonderen Rang in der Architekturgeschichte der brisanten Verbindung von Denken und Bauen. Sie waren im Medium des Texts genauso zu Hause wie im Medium der Architektur, und sie konnten in beiden einen Gedanken ausdrücken. So hat schon Karl Kraus das Haus am Michaelerplatz von Adolf Loos und seine schockierende Wirkung auf das Wiener Publikum interpretiert: „Loos hat ihnen", schreibt Kraus, „dort einen Gedanken hingebaut, sie aber fühlen sich nur vor den architektonischen Stimmungen wohl."[3]

Ein architektonischer Gedanke darf nicht mit Begriffen wie Idee, Einfall oder gar Eingebung verwechselt werden. Einen Gedanken zu bauen bedeutet auch nicht, etwas zu bauen, was sich genauso gut sagen ließe. Loos' Vortrag mit dem Titel „Ornament und Verbrechen" ist mehr als der Beipackzettel zu seinem Haus am Michaelerplatz und Josef Franks Essay über das „Haus als Weg und Platz" mehr als die Gebrauchsanleitung für die Villa Beer. Text und Bau entfalten gemeinsam eine gesteigerte Sprengkraft, so wie eine verbale Aussage durch eine Geste begleitet und damit verstärkt und sogar in ihrer Bedeutung verändert werden kann. Ludwig Wittgenstein hat darauf in seinen vermischten Bemerkungen hingewiesen: „Erinnere Dich an den Eindruck guter Architektur, dass sie einen Gedanken ausdrückt. Man möchte auch ihr mit einer Geste folgen."[4] So wie nicht jede zielgerichtete Bewegung eine Geste ist, ist nicht jedes zweckmäßige Gebäude gute Architektur. Aber wenn es gute Architektur ist, kommt in ihr ein Weltbild zum Vorschein.[5]

In guter Architektur geht es immer um Fundamentales, oder genauer: Es geht um Fundamentales im Alltäglichen. Denn Architektur wird vorerst gerufen, wenn es ein Problem zu lösen gibt. Das erfordert eine architektonische Interven-

1 Hermann Czech: *Zur Abwechslung. Ausgewählte Schriften zur Architektur. Wien*, erw. Neuausgabe, Wien (Löcker) 1996, 68.

2 Ebd., 66.

3 Karl Kraus: *Die Fackel* 313/314 (Dezember 1910).

4 Ludwig Wittgenstein: *Vermischte Bemerkungen*, Werkausgabe Bd. 8, Frankfurt/Main (Suhrkamp), 481. Etwas weiter heißt es explizit: „Architektur ist eine Geste." Ebd., 510.

5 Vgl. Felix Gmür: „Architektur ist eine Geste. Zu einer Bemerkung Ludwig Wittgensteins", in: *ARCH+* 157, September 2001, 88–90.

tion, die auf Heilung des Problems ausgerichtet ist, so wie es Ludwig Wittgenstein von der Philosophie gefordert hat: „Der Philosoph behandelt ein Problem; wie eine Krankheit.“[6] Im Begriff der Intervention ist bereits angedeutet, dass der architektonische Entwurf immer in eine bereits vorgeprägte Situation eingreift. Das Vorhandene ist daher in jedem Entwurfsprozess präsent. Diese Überlegung führt bei Czech nicht zur Nostalgie, sondern zur Frage, was am Vorhandenen sich für die neuen Anforderungen sinnvoll verwenden lässt. Wie Loos verweigert er jede Veränderung, die nicht eine Verbesserung mit sich bringt, und zwar nicht formal, sondern im Gebrauchswert.

Das Vorhandene meint nicht nur bestehende räumliche Strukturen, sondern auch die Konventionen und Stereotype, die mit einer Bauaufgabe verbunden sind. Czechs Entwürfe für Cafés und Restaurants sind exemplarisch für diese Haltung. Sie nehmen bekannte Muster auf, aber nicht als Zitate, sondern als integralen Bestandteil eines architektonischen Gedankens. Das erklärt auch Czechs Interesse an Christopher Alexanders *Pattern Language*, die er 1995 in deutscher Übersetzung herausgibt.[7] Die Pattern Language ist eine systematische Sammlung von Archetypen, aber zugleich eine Entwurfsmethode, die auf die Abschaffung des professionellen Architekten und auf Partizipation im Sinne einer Ermächtigung der Nutzer zur Gestaltung ihrer Umwelt abzielt. Als Czechs Übersetzung erscheint, ist sie ein provokanter, aber kaum mehr gehörter Anachronismus: Auf dem Markt setzen gerade Star-Architekten wie Coop Himmelb(l)au, Zaha Hadid oder Daniel Libeskind zu ihrem Siegeszug an, der 1988 mit der von Philip Johnson und Mark Wigley kuratierten New Yorker Ausstellung über „Dekonstruktive Architektur“ begonnen hatte.

Auch Czechs Werk ließe sich als Pattern Language darstellen, freilich ohne jeden Anspruch auf eine harmonische Weltordnung, wie sie Alexander anstrebt. Eine Pattern Language im Sinne von Czech würde durchaus klassische Muster enthalten, aber auch Wucherungen zulassen, die jede Harmonie sprengen. In seinem Universum ist – im Gegensatz zu jenem Alexanders – Platz für Ironie. Diese wendet sich in erster Linie gegen den Anspruch, dass Architektur „schön“ zu sein hätte. Es wäre aber falsch, in Czechs Werk eine „Ästhetik des Hässlichen“ zu suchen. Wenn es bei ihm hässlich wird, dann nicht für einen formalen Effekt, sondern weil es sich so ergeben hat und Czech bewusst darauf verzichtet, verschönernde Maßnahmen zu setzen.

Czechs Interesse gilt nicht der Form, sondern der Ordnung und den Regeln, die der Ordnung zugrunde liegen, also der Methode. Zwei Mal hat er Ende der 1950er Jahre an der Sommerakademie Salzburg an der Architekturklasse von Konrad Wachsmann teilgenommen, die sich in erster Linie mit Fragen der modularen Ordnung befasste. In einem Text aus dem Jahr 1959 stellt er fest, dass die Erscheinung eines Gebäudes weder das Ergebnis ästhetischer Überlegungen sei, noch Ausdruck funktionaler Planung, sondern „eine von vielen Möglichkeiten einer abstrakten Ordnung“.[8] Die Suche nach Ordnungen und den sie bestimmenden Faktoren betreibt Czech mit großer Intensität. Im gebauten Werk werden diese Ordnungen meist nicht auf den ersten Blick sichtbar, denn

---

6 Ludwig Wittgenstein: *Philosophische Untersuchungen* 255, Frankfurt/Main (Suhrkamp) 2001.

7 Christopher Alexander, Sara Ishikawa, Murray Silverstein et al.: *Eine Muster-Sprache. Städte – Gebäude – Konstruktion*, herausgegeben und mit einem Nachwort von Hermann Czech, Wien (Löcker) 1995 ff.

8 Hermann Czech: *Allgemeine Gesichtspunkte zum vorliegenden Entwurf*, November 1959, unveröffentlicht, zitiert nach: Eva Kuß: *Hermann Czech. Architekt in Wien*, Zürich (Park Books) 2017.

Czech folgt in seinen Projekten der Empfehlung Josef Franks, dass Häuser so aussehen sollten, als wären sie durch Zufall entstanden. Frank gab dieser Idee, die er bereits in seiner Wiener Zeit verfolgt hatte, im Jahr 1958 den Namen „Akzidentismus". Das Prinzip ist in der Geschichte der Ästhetik nicht unbekannt. Czech verweist insbesondere auf die Idee des Malerischen in der Gartenkunst. In Analogie dazu arbeitet er mit Ordnungen, die damit umgehen können, dass sich ihr Material teilweise ihrer Kontrolle entzieht.

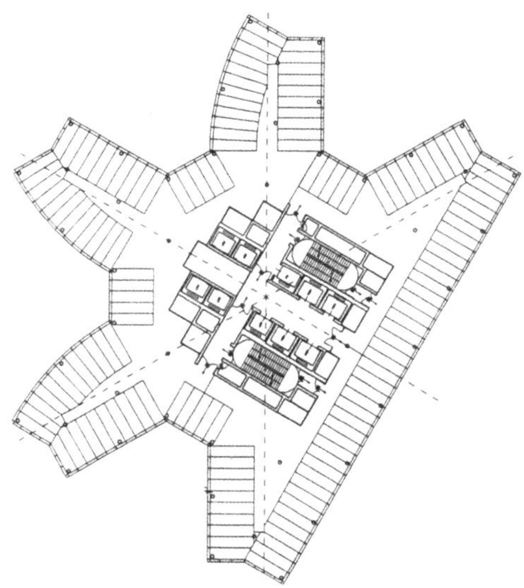

An diesem Punkt setzt auch Czechs Verständnis von Partizipation in der Architektur an. Die partizipative Demokratiekultur der 1970er Jahre auf die Architekturproduktion zu übertragen, indem man sich zurückzieht und die Gestaltung den Nutzern überlässt, hat er immer skeptisch gesehen. Der Architekt könne sich nicht einfach aus dem Spiel nehmen, aber er könne Strukturen schaffen, die Aneignung ermöglichen. Wenn Czech sich als Manieristen bezeichnet, versteht er darunter das Bekenntnis zu einer mehrschichtigen und vieldeutigen Architektur, die durch einen Überschuss an Bedeutung Pluralismus und damit Partizipation ermöglicht. Für Czech führt dieser Weg schließlich zu einer besonderen Form von Klassizität, die sich ihres amorphen, brüchigen Umfelds bewusst ist und damit auch das Chaos miteinbezieht, ohne es formal illustrieren zu wollen.

Bei den maßstäblich kleinen Umbauten, die Czechs Ruf begründet haben, wirkt diese manieristische Position so selbstverständlich, dass ihre eigentliche Sprengkraft erst beim genaueren Betrachten zum Vorschein kommt. In aller radikalen Deutlichkeit erscheint sie beim größten Projekt, das Czech bisher entworfen hat, einem Hochhaus für die Donau City in unmittelbarer Nachbarschaft des Vienna International Center, dem Wiener Sitz der Vereinten Nationen. Dessen Grundelement sind gekurvte Hochhäuser in einem hexagonalen Raster, eine typische Erfindung der 1970er Jahre. Czechs Entwurf für ein Bürohochhaus aus dem Jahr 2002 wirkt in der südöstlichen Hauptansicht, also von der Reichsbrücke her gesehen, wie das genaue Gegenteil: Eine schlichte, gut proportionierte Scheibe mit einer leichten Einkerbung an der Seite. Wenn sich der Betrachter um das Haus bewegt, ändert es aber plötzlich seinen Charakter: Aus der ruhigen Scheibe wird ein im Grundriss sternförmiges Gebäude mit mehrfach gefalteter, teilweise gekrümmter Außenwand. Die Scheibe selbst kann plötzlich auch ganz anders gelesen werden, nämlich als eine Verschmelzung und Glättung zweier Zacken dieses Sterns zu einem einzigen Volumen. Das Ergebnis gleicht einem Vexierbild, einem Vibrieren zwischen zwei Zuständen, die nicht gleichzeitig in die Vorstellung passen.

Dass ausgerechnet Hans Hollein schließlich den Auftrag für dieses Hochhaus erhielt, entbehrt nicht einer gewissen Ironie. Holleins Entwurf ist das genaue Gegenteil von jenem

Czechs, rein skulptural konzipiert, mit schillernder Oberfläche, eine räumliche Collage aus gläsernen Quadern, mit einem kleinen verdrehten Würfel an der oberen Gebäudekante und einem weit auskragenden Flugdach als dramatischem Abschluss. Czech hat sich bereits in den 1960er Jahren als Antipode Holleins verstanden und ihn mit Joseph Maria Olbrich verglichen, was keineswegs als Kompliment gemeint war. Hollein stehe, so Czech, für ein Entwerfen, das stets an den Motiven bleibe, aber nie zum Wesentlichen, zum architektonischen Gedanken vordringe, für „lautstarke Verkanntheit im Inland" und für „das Geschrei von der neuen Zeit".[9] Es spricht für Hollein, dass er Hermann Czech trotz dieser Fundamentalkritik als Assistenten an die Angewandte geholt und dass er ihn 1974 für seine wichtigste Ausstellung, „MAN transFORMS" in New York, zum Projektleiter gemacht hat. Und es spricht für Auslober und Jury des Hans-Hollein-Kunstpreises, mit Hermann Czech als erstem Preisträger ein Signal für die große inhaltliche Breite dieses Preises gesetzt zu haben.

---

9 Czech: *Zur Abwechslung*, 67.

Quellen- und Bildnachweis

Manche der Artikel enthalten überarbeitete Passagen aus früheren Schriften des Verfassers. Nicht angeführte Texte erscheinen hier zum ersten Mal. Die Abbildungen sind jeweils den Publikationen der Erstveröffentlichung entnommen und entstammen dem Archiv Czech. Das Archiv ist heute im Besitz des Architekturzentrum Wien, Sammlung. Autor und Verlag danken den Rechtsinhabern für die freundliche Abdruckgenehmigung.

Zukunft und Architektur *Die Furche*, Wien, 9/1967, 9.

Das Arbeitsamt in Liesing und seine Wiederherstellung Komitee 100 Jahre E. A. Plischke (Hg.): *Ernst Anton Plischke. Architekt und Lehrer*, Salzburg (Anton Pustet) 2003, 40–47 [mit Teilen aus: „Das Arbeitsamt Liesing", *UmBau* 17, Wien (ÖGFA) Oktober 2000, 68–75]. Abb. S. 13, 16 o.: Nachlass E. A. Plischke; S. 17: seg

Cleaning the Tools for Design engl. verfasst 1999, gekürzt in: Tom Fecht / Dietmar Kamper (Hg.): *Umzug ins Offene. Vier Versuche über den Raum*, Wien–New York (Springer) 2000, 286–287; engl. u. frz.: „Affûter les outils conceptuels", *l'architecture d'aujourd'hui*, Paris, Nr. 362, Jänner–Februar 2006, 46–51

Denkmal als Hindernis *architektur aktuell*, Wien, 10/2001, 59–61.
Abb. S. 22: Johann Bernhard Fischer von Erlach: *Entwurf einer historischen Architektur*, Dortmund 1988; S. 23: *Museumsquartier*, edition architektur aktuell 3, Wien 2001: 35 © MuseumsQuartier Wien

Das Lokal Romana Schneider (Hg.): *Le Bar du Paris Bar*, Tübingen–Berlin (Wasmuth) 2001, 17–20 [*Text v. Verlag stilistisch und grammatikalisch verunstaltet*]

Komfort – ein Gegenstand der Architekturtheorie? *werk, bauen+wohnen*, Zürich, 3/2003, 10–15. Abb. S. 28 re.u., 29 Mitte re.: Margherita Spiluttini / Architekturzentrum Wien, Sammlung; S. 29 li.o.: Harald Schönfellinger

Eine Strategie für das Unplanbare Josef Mikocki et al. (Red.): *wildwuchs. Vom Wert dessen, was von selbst ist*, Wien (Amt der Wiener Landesregierung, MA 22 Umweltschutz) 2003, 84–85

„Die Ausstellung tappt in eine Falle" [HC im Gespräch mit Matthias Dusini] *Falter*, Wien, 16/2004, 22 und 55.

Die Sprache der Verführung Karin Gimmi et al. (Hg.): *SvM. Die Festschrift für Stanislaus von Moos*, Zürich (gta) 2005, 150–157

„Übrigens bin ich einigermaßen schwindelfrei" [HC im Gespräch mit Christoph Mayr Fingerle] stark gekürzt unter: „Nein, um Gottes Willen, keinen Bezug zum Wein", *Punkt* (Hg. wein.kaltern Gen.m.b.H.), Kaltern 2006. Abb. S. 43, 44, 45: © Günter Richard Wett, Innsbruck

„Bedingungen für das Verhalten von Gästen" [HC im Gespräch mit Wolfgang Kos] Ulrike Spring / Wolfgang Kos / Wolfgang Freitag (Hg.): *Im Wirtshaus. Eine Geschichte der Wiener Geselligkeit*, Ausst.Kat. 336 Wien Museum, Wien (Czernin) 2007, 54–63

Helmut Richter *Ein Buch für Helmut Richter*, hg. v. Hemma Fasch / Hans Schartner, TU Wien 2007

„Wo Lager war, soll Stadt werden." *Österreichische Zeitschrift für Kunst und Denkmalpflege*, Wien (Bundesdenkmalamt) Jg. LXI, 1/2007 (Tagungsband „Erbe verweigert. Österreich und NSArchitektur"), 68–81; erw. Neuabdruck (Bildteil gekürzt), *Ästhetik und Kommunikation*, Berlin, Nr. 143, Winter 2008, 54–68. Abb. S. 66–68: Stadt Oranienburg in Zusammenarbeit mit der LEG des Landes Brandenburg mbH: *Gutachterverfahren Urbanisierung des Geländes der ehemaligen SS-Kaserne Oranienburg. Dokumentation* März 1993; S. 72: 2006 © geoconten/google; S. 73: 2006 GeoEye,i-Cubed/Yahoo! Inc.

Ungefähre Hauptrichtung *Marcel Meili, Markus Peter* 1987–2008, Zürich (Scheidegger & Spiess) 2008, 431–441; engl.: „Approximate Line of Action" in der gleichzeitig erscheinenden engl. Ausgabe; dt. Nachdruck in: *Hochparterre*, Zürich 10/2008, 66–68. Abb. S. 76: Meili Peter Architekten; S. 77: Heinrich Helfenstein; S. 78: Margherita Spiluttini / Architekturzentrum Wien, Sammlung

„Sich wundern und verstehen" [HC im Gespräch mit Gabriele Kaiser] engl. o. T., *Architecture Today*, London, Nr. 189, Juni 2008, 24–31. Abb. S. 82 re., 83: Margherita Spiluttini / Architekturzentrum Wien, Sammlung; S. 82 li.o.: André Kiskan

Architektur ist nicht das Leben [HC im Gespräch mit Judith Grohmann] *a3 BAU* Mödling, 11/2008, 20. November 2008, 24–26

Adolf Loos – Widersprüche und Aktualität erw. Neufassung des Texts von 1984; Inge Podbrecky / Rainald Franz (Hg.): *Leben mit Loos*; Wien–Köln–Weimar (Böhlau) 2008, 17–25

Kann Architektur von der Konsumtion her gedacht werden? Kristian Faschingeder et al. (Hg.): *Die Architektur der neuen Weltordnung / Architecture in the Age of Empire*, 11. Internationales Bauhaus-Kolloquium Weimar 2009 (Tagungsband), Weimar (Bauhaus-Universität) 2011, 236–248; dt. Wiederabdruck und unter „Can Architecture be Conceived by way of Consumption?" / „Pode a arquitectura ser pensada a partir do consumo?", Yehuda E. Safran (Hg.): *Adolf Loos: Our Contemporary / Unser Zeitgenosse / Nosso Contemporâneo*, New York–Wien–Guimarães (Columbia University, MAK, CAAA) 2012, 13–20, 93–100, 173–179, Bilder 232–235; engl. zuletzt in: Hermann Czech: *Essays on Architecture and City Planning*, hg. und übers. von Elise Feiersinger, Zürich (Park Books) 2019, 229–247. Abb. S. 93 re.: Albertina Wien; S. 94 li.: Vienna Photo; S. 94 re.u.: Rainer Graefe; S. 96 li.o.: Mike Reichmuth, Robert Schwarzenau; S. 96 re.: Atelier Krischanitz; S. 97 li.: Pez Hejduk; S. 97 re.: Françoise Lejeune; S. 98 re.o.: Steven Izenour; S. 98 li.u., 100 re.: Harald Schönfellinger; S. 98 li.o.: Harald Bodenschatz; S. 98 re.u.: © Rupert Steiner; S. 99 re.o.: Margherita Spiluttini / Architekturzentrum Wien, Sammlung; S. 99 li.o.: Wolfgang Beyer; S. 99 u.: Glyptothek München; S. 100 li.: Gert von Bassewitz

Kommentare. Ansätze zu einem Dialog mit Krischanitz Auszüge aus: „Alles in allem. Hermann Czech und Adolf Krischanitz im Gespräch" / „All Things Considered. Hermann Czech and Adolf Krischanitz in Conversation", in: Adolf Krischanitz: *Architektur ist der Unterschied zwischen Architektur / Architecture Is the Difference between Architecture*, Ostfildern (Hatje Cantz) 2010, 204–213.

Kritik und Metakritik *Hintergrund*, Architekturzentrum Wien, Nr. 46/47, Mai 2010 (Friedrich Achleitner 80), 38–39; engl. „On the Occasion of Friedrich Achleitner's 80th Birthday", in: Hermann Czech: *Essays on Architecture and City Planning*, hg. und übers. von Elise Feiersinger, Zürich (Park Books) 2019, 93–96. Abb. S. 104: Nachlass Achleitner

Vergabe einer geistig-schöpferischen Leistung *Architektur & BauFORUM*, Wien, 15/2010, 13. September 2010, 1–2

Plan und Bild Annette Spiro / David Ganzoni (Hg.): *Der Bauplan. Werkzeug des Architekten*, Zürich (Park Books) 2013, 267–269; unter „Plan and Image. Possible roles in the design process" in der zugleich erschein. engl. Ausgabe: *The working drawing. The architect's tool.* Faksimile S. 116: Heinz Frank: ALLES MACHEN, in: *Protokolle*, Wien (Jugend & Volk), '71/2: 144; © Nachlass Büro Heinz Frank – Lilli Breuer-Guttmann, Wien; <heinzfrank.com>

Der Hoffmann-Pavillon (dt./engl.) Diener & Diener Architects / Gabriele Basilico: *Common Pavilions. The National Pavilions in the Giardini in Essays and Photographs*. 13th International Architecture Exhibition, Venice Biennale 2012, Zürich (Scheidegger & Spiess) 2013, 148–154

Hoffmanns Knöpfe Brief an Eva Menasse, Berlin; Erstveröffentlichung. Abb. S. 119: © Holger R. Weimann

Methoden der Verwirrung [HC im Gespräch mit Manuela Hötzl] *NiVo* 3, Niederurnen (Eternit) 2014, 10–15; unter „Ways to Cause Confusion" und „Méthodes destinées à susciter le désarroi" in zeitgleich erscheinenden engl. und frz. Ausgaben.

„Mit dem Zufall planen" [HC im Gespräch mit Christian Kühn] *Die Presse / Spectrum*, 9. Jänner 2016. Abb. S. 127: Josef Frank. Graphische Sammlung Albertina, Wien

„Ich weiß nicht, was Wohnen ist" [HC im Gespräch mit Matthias Dusini] *Falter*, Wien, 44/2016, 27–30

Rückblick 2017 (zur dt. Fassung von *Otto Wagner's Vienna Metropolitan Railway*, 1976) Alfred Fogarassy (Hg.): *Otto Wagner. Die Wiener Stadtbahn*, Berlin (Hatje Cantz) 2017, 9–15

Gedanken zur Architektur [HC im Gespräch mit Peter Reischer] Folder zur ZV-Vortragsreihe „Sprechen über Architektur", © Reischer, Wien 2013

Canaletto- und andere Blicke Leserbrief, gekürzt in *profil*, 17.7.2017

Seltsame Bündnisse Leserbrief *Der Standard*, 23./24.3.2019

Zehn Postmoderne-Kriterien in der österreichischen Architektur der Moderne (dt./engl.) Sebastian Hackenschmidt / Iris Meder / Ákos Moravánszky: *Post Otto Wagner. Von der Postsparkasse zur Postmoderne*, Ausst.Kat. MAK, Wien, Basel (Birkhäuser) 2018, 96–97

„Die Veredelung des Banausenstandpunkts" [HC im Gespräch mit Axel Simon] *Solaris*, Zürich (Hochparterre AG), #01, Januar 2018, 24. Abb. S. 140 li.: Margherita Spiluttini / Architekturzentrum Wien, Sammlung

Die Funktion als Schöpfung des Entwurfs Hartwig Schneider / Uwe Schröder, RWTH Aachen (Hg.): *Identität der Architektur III. Funktion*, Köln (König) 2020, 18–21

Museum mit zwei Inhalten <www.freud-museum.at> (Pressemitteilung sowie in <magazin.wienmuseum.at/wiedereroeffnung-sigmund-freud-museum> und *Freud Berggasse 19. Ursprungsort der Psychoanalyse*, Berlin (Hatje Cantz) 2020. Abb. S. 147 re., 150: Edmund Engelman; S. 148: Gerhard Flora/Atelier Czech; S. 149 re.: © Independence National Historical Park

Heinz Frank 1939–2020 Grabrede; *springerin*, Wien 3/2020, 71

Das Verschwinden der Architektur Laudatio von Christian Kühn anlässlich der Verleihung des Hans-Hollein-Kunstpreises an Hermann Czech; BKA (Hg.), Hans-Hollein Kunstpreis, Wien 2016, 134–151

Register

Herausgegeben und gedruckt
mit freundlicher Unterstützung
der Kulturabteilung der Stadt Wien MA7
Wissenschaft und Forschung

sowie von der RD Foundation Vienna

RD Foundation Vienna
Research | Development | Human Rights
Gemeinnützige Privatstiftung

Herausgeberin: Claudia Mazanek
Herstellung: Medienfabrik Graz

ISBN 978-3-99098-113-9